"十二五"职业教育国家规划教材

FINANCE AND ECONOMICS

网络广告设计
第4版

主　编　杨英梅
副主编　赵　星　宁　萍

机械工业出版社
CHINA MACHINE PRESS

本书从岗位任务出发，按照网络广告设计流程，介绍网络广告策划、设计、管理的基本原理、方法与技巧。全书分为 13 个学习情境，包括知晓岗位工作技能要求、知晓网络广告、进行网络广告调查、进行网络广告预算、制订网络广告目标和媒体计划、进行网络广告创意、掌握网络广告设计原理、设计网络广告、网络广告制作软件、制作网络广告作品、网络广告投放、进行网络广告效果评估和综合技能实训。书中配有习题和案例，以指导读者进行深入学习。

本书可作为高职高专电子商务、市场营销、广告、信息管理、艺术设计等专业网络广告教学的教材，也可作为在职人员自学的参考书。

本书配有微课视频，扫描书中二维码即可观看。另外，本书配有电子课件，需要的教师可登录机械工业出版社教育服务网（www.cmpedu.com）免费注册，审核通过后下载，或联系编辑索取（微信：13261377872，电话：010-88379739）。

图书在版编目（CIP）数据

网络广告设计 / 杨英梅主编. —4 版. —北京：机械工业出版社，2023.1
"十二五"职业教育国家规划教材
ISBN 978-7-111-71961-8

Ⅰ. ①网… Ⅱ. ①杨… Ⅲ. ①网络广告-设计-高等职业教育-教材
Ⅳ. ①F713.852

中国版本图书馆 CIP 数据核字（2022）第 203576 号

机械工业出版社（北京市百万庄大街 22 号　邮政编码 100037）
策划编辑：和庆娣　　责任编辑：和庆娣　单元花
责任校对：张艳霞　　责任印制：李　昂
北京中科印刷有限公司印刷
2023 年 1 月第 4 版·第 1 次印刷
184mm×260mm·12.5 印张·325 千字
标准书号：ISBN 978-7-111-71961-8
定价：55.00 元

电话服务	网络服务
客服电话：010-88361066	机　工　官　网：www.cmpbook.com
010-88379833	机　工　官　博：weibo.com/cmp1952
010-68326294	金　书　网：www.golden-book.com
封底无防伪标均为盗版	机工教育服务网：www.cmpedu.com

Preface 前 言

在机械工业出版社的大力支持下,我们先后于 2005 年、2009 年、2015 年出版了《网络广告设计》第 1 版、第 2 版和第 3 版。前三版出版后受到广大读者的欢迎,同时收到许多宝贵意见。本书即是为了满足广大读者的要求,结合当前教学改革的需要,在第 3 版的基础上修订的第 4 版,不仅从岗位任务出发,按照网络广告设计流程,重新编排了内容,而且引用了大量新素材,升级了软件版本,更加适合不同类型的读者。基本内容和编写分工如下。

学习情境 1:知晓岗位工作技能要求,在分析实际工作不同岗位对网络广告知识技能要求的基础上,重点分析网络广告策划书的结构,由宁萍执笔。

学习情境 2:知晓网络广告,全面介绍网络广告的基础知识,由杨英梅执笔。

学习情境 3:进行网络广告调查,这是设计活动的基础,全面分析如何进行网络广告调查,由赵星执笔。

学习情境 4:进行网络广告预算,主要介绍企业如何进行网络广告的预算,由宁萍执笔。

学习情境 5:制订网络广告目标和媒体计划,主要讲述如何制订广告目标和编制媒体计划,由王京执笔。

学习情境 6:进行网络广告创意,主要介绍网络广告创意的方法和技巧,由马智萍执笔。

学习情境 7:掌握网络广告设计原理,从心理学、色彩学等不同角度研究网络广告设计时应遵循的基本规律,由杨英梅执笔。

学习情境 8:设计网络广告,将一个网络广告划分为文案、图像、声音和视频等部分,研究各个部分的具体设计方法,由杨英梅、赵星执笔。

学习情境 9:网络广告制作软件,从当今流行趋势出发,介绍网络广告制作需要的软件,由赵星执笔。

学习情境 10:制作网络广告作品,主要从具体实例入手,介绍不同形式网络广告的制作方法,由赵星执笔。

学习情境 11:网络广告投放,详细分析了站点、网站、电子邮件、信息流等网络广告的投放方法,以及网络广告交换的方法,由宁萍执笔。

学习情境 12:进行网络广告效果评估,从心理、经济和社会的角度分析如何评价网络广告效果,由马智萍执笔。

学习情境 13：综合技能实训，从实践中收集典型工作任务，组织学生实训，由王蕊、王建辉执笔。

在编写本书的过程中，我们参考了有关书籍和资料，并引用了部分学生的优秀作业，在此向相关书籍和资料的作者致以谢意。

由于编者水平有限，书中难免存在不妥之处，请读者提出宝贵意见。

编　者

二维码资源清单

序号	名称	图形	页码	序号	名称	图形	页码
1	图2-3		18	15	图8-9		119
2	图2-5		21	16	图8-10		120
3	图2-6		23	17	图9-1		121
4	图5-2		60	18	图9-6		126
5	图6-1		68	19	图9-8		130
6	图6-2		73	20	图10-2		134
7	图7-2		89	21	任务10.1 利用图形图像处理软件制作主页Banner		134
8	图7-4		93	22	任务10.2 利用图形图像处理软件制作Logo		135
9	图7-5		100	23	任务10.3 制作网络广告字体		137
10	图8-1		106	24	任务10.4 网站首页制作案例		140
11	图8-4b		110	25	任务10.5 文字动画制作案例		142
12	图8-6		119	26	任务10.6 运动产品广告制作案例		144
13	图8-7		119	27	图11-2		147
14	图8-8		119	28	图13-2		186

目录 Contents

前言
二维码资源清单

学习情境 1　知晓岗位工作技能要求 ... 1

任务 1.1　认识岗位工作技能要求特点 ... 1
 1.1.1　营销策划类工作岗位技能要求特点 ... 1
 1.1.2　设计、制作类工作岗位技能要求特点 ... 4
任务 1.2　认识网络广告策划书 ... 5
 1.2.1　网络广告策划书 ... 5
 1.2.2　网络广告策划书的结构 ... 6
习题 ... 7

学习情境 2　知晓网络广告 ... 13

任务 2.1　认识网络广告 ... 13
 2.1.1　网络广告的含义 ... 13
 2.1.2　网络广告的优势 ... 15
 2.1.3　网络广告的产生与发展 ... 16
任务 2.2　选择网络广告的形式 ... 16
 2.2.1　官方网站广告 ... 17
 2.2.2　网络论坛广告 ... 18
 2.2.3　门户网站广告 ... 19
 2.2.4　关键字广告 ... 20
 2.2.5　博客（播客）广告 ... 20
 2.2.6　即时通信广告 ... 20
 2.2.7　网络视频广告 ... 20
 2.2.8　信息流广告 ... 21
 2.2.9　网络游戏广告 ... 22
 2.2.10　移动广告 ... 22
 2.2.11　在线分类广告 ... 23
 2.2.12　电子邮件广告 ... 24
 2.2.13　交互式广告 ... 24
习题 ... 24

学习情境 3　进行网络广告调查 ... 26

任务 3.1　认识网络广告调查 ... 26
 3.1.1　网络广告调查的含义 ... 27
 3.1.2　网络广告调查的特点 ... 28
任务 3.2　进行网络广告调查 ... 28
 3.2.1　明确调查目标与内容 ... 30
 3.2.2　确定调查方法 ... 32
 3.2.3　设计调查问卷 ... 34
 3.2.4　分析调查结果 ... 36
 3.2.5　撰写调查报告 ... 37
习题 ... 37

学习情境 4　进行网络广告预算 ... 40

任务 4.1　认识网络广告计价方式 ... 40
 4.1.1　CPM ... 40

4.1.2 CPC ·········· 41
4.1.3 CPA ·········· 41
4.1.4 CPP ·········· 41
4.1.5 CPT ·········· 41
4.1.6 其他形式 ·········· 42

任务 4.2 分析影响网络广告预算的因素 ·········· 42

4.2.1 广告预算与企业销售 ·········· 42
4.2.2 广告预算与市场竞争 ·········· 44
4.2.3 其他因素对网络广告预算的影响 ·········· 44

任务 4.3 选择网络广告预算制定的方法 ·········· 45

4.3.1 销售百分比法 ·········· 46
4.3.2 销售单位法 ·········· 47
4.3.3 目标达成法 ·········· 47
4.3.4 竞争对抗法 ·········· 47
4.3.5 支出可能额度法 ·········· 48

任务 4.4 编制网络广告预算方案 ·········· 48

4.4.1 网络广告预算方案 ·········· 49
4.4.2 网络广告预算总额 ·········· 50
4.4.3 网络广告预算分配 ·········· 50

习题 ·········· 51

学习情境 5　制订网络广告目标和媒体计划 ·········· 54

任务 5.1 制订网络广告目标 ·········· 54

5.1.1 网络广告目标 ·········· 54
5.1.2 网络广告目标的类型 ·········· 55
5.1.3 网络广告目标的确立 ·········· 56

任务 5.2 编制媒体计划 ·········· 57

5.2.1 网络广告媒体策划 ·········· 58
5.2.2 网络媒体的评价指标 ·········· 58
5.2.3 制定媒体的运用策略 ·········· 61
5.2.4 网络广告媒体的组合策略 ·········· 62

习题 ·········· 63

学习情境 6　进行网络广告创意 ·········· 67

任务 6.1 认识网络广告创意 ·········· 67

6.1.1 广告创意的含义及作用 ·········· 68
6.1.2 网络广告创意的要求 ·········· 69
6.1.3 网络广告创意的理论 ·········· 71

任务 6.2 确定网络广告主题 ·········· 72

6.2.1 网络广告主题的基本要求 ·········· 73
6.2.2 确定网络广告主题的范围 ·········· 74
6.2.3 网络广告主题的表现方法 ·········· 76

习题 ·········· 79

学习情境 7　掌握网络广告设计原理 ·········· 83

任务 7.1 利用色彩学理论设计广告 ·········· 83

7.1.1 色彩三要素与广告设计 ·········· 84
7.1.2 色彩感觉与广告设计 ·········· 84
7.1.3 色彩性格与广告设计 ·········· 86
7.1.4 网络广告色彩运用法则 ·········· 86
7.1.5 网络广告色彩搭配 ·········· 87

7.1.6	计算机中的色彩使用 88	7.3.1	网络广告的形式美 93
		7.3.2	网络广告的形式美法则 94

任务 7.2　利用心理学原理设计广告 89

- 7.2.1　网络广告的传播心理过程 90
- 7.2.2　吸引人们对网络广告的注意 90
- 7.2.3　激起受众对网络广告点击的兴趣 91
- 7.2.4　提高网络广告记忆效果的方法 91
- 7.2.5　刺激联想的方法 92
- 7.2.6　促使人们采取行动的方法 92

任务 7.3　利用形式美法则设计广告 92

任务 7.4　遵循法律规范设计广告 95

- 7.4.1　《广告法》与广告活动 95
- 7.4.2　《电子商务法》与网络广告 96
- 7.4.3　其他 97

习题 98

学习情境 8　设计网络广告 ·········· 101

任务 8.1　创作网络广告文案 101

- 8.1.1　创作网络广告标题 102
- 8.1.2　创作网络广告正文 104
- 8.1.3　创作网络广告附文 105
- 8.1.4　创作网络广告标语 105

任务 8.2　网络广告文字的设计 105

- 8.2.1　网络广告中字体的选择 106
- 8.2.2　网络广告中文字的编排 108
- 8.2.3　网络广告中的文字设计 109

任务 8.3　网络广告图形图像的设计 110

- 8.3.1　网络广告图形的作用 111
- 8.3.2　网络广告图形设计的基本要求 111
- 8.3.3　图像格式 112
- 8.3.4　图形的分类 114
- 8.3.5　动画 114

任务 8.4　网络广告声音的使用 115

- 8.4.1　网络广告声音的作用 115
- 8.4.2　网络广告声音的分类与运用 116

习题 117

学习情境 9　网络广告制作软件 ·········· 121

任务 9.1　图形图像处理软件 121

- 9.1.1　Photoshop 软件介绍 122
- 9.1.2　CorelDRAW 软件介绍 122
- 9.1.3　Illustrator 软件介绍 123

任务 9.2　网页设计与制作软件的使用 124

- 9.2.1　网页 124
- 9.2.2　网站 125
- 9.2.3　软件介绍 125

任务 9.3　动画广告制作软件 126

- 9.3.1　动画的概念 126
- 9.3.2　动画的制作流程 127
- 9.3.3　Adobe Animate CC 2022 软件介绍 127

任务 9.4　短视频广告制作软件 128

- 9.4.1　帧、帧速率、分辨率及像素比的概念 128
- 9.4.2　视频的概念 129
- 9.4.3　视频的分类 129
- 9.4.4　视频的制式与区别 129

Contents 目录

9.4.5　Adobe Premiere 软件介绍 …………… 130
9.4.6　After Effects 软件介绍 ………………… 131
习题 …………………………………………………… 131

学习情境 10　制作网络广告作品 …………………………………………………… 133

任务 10.1　利用图形图像处理软件制作主页 Banner ………………… 133

10.1.1　Banner 设计概述 ……………………… 133
10.1.2　Banner 设计与制作案例 ……………… 134

任务 10.2　利用图形图像处理软件制作 Logo ………………………… 134

10.2.1　Logo 的基本概念 ……………………… 135
10.2.2　Logo 设计与制作案例 ………………… 135

任务 10.3　制作网络广告字体 ……………… 135

10.3.1　字体设计的基本原则 …………………… 136
10.3.2　文字在网络广告中的应用 ……………… 136
10.3.3　字体设计的常用方法 …………………… 137
10.3.4　"慕衣格"5 周年店庆限时购活动案例 …………………………………… 137

任务 10.4　网站首页制作案例 ……………… 138

10.4.1　网站前期规划 …………………………… 138
10.4.2　建设网站前的市场分析 ………………… 139
10.4.3　建设网站的目的及功能定位 …………… 139
10.4.4　网站内容规划 …………………………… 139
10.4.5　网页设计 ………………………………… 139
10.4.6　网站维护 ………………………………… 139
10.4.7　网站测试 ………………………………… 140
10.4.8　网站发布与推广 ………………………… 140
10.4.9　制作企业网站首页案例 ………………… 140

任务 10.5　文字动画制作案例 ……………… 140

10.5.1　制作基本动画 …………………………… 141
10.5.2　制作高级动画 …………………………… 142
10.5.3　制作文字动画 …………………………… 142

任务 10.6　运动产品广告制作案例 ………… 142

10.6.1　数字视频基本概念 ……………………… 143
10.6.2　标清与高清 ……………………………… 143
10.6.3　流媒体与移动流媒体 …………………… 143
10.6.4　线性编辑与非线性编辑 ………………… 144
10.6.5　运动产品广告制作案例 ………………… 144

学习情境 11　网络广告投放 ……………………………………………………………… 146

任务 11.1　网络广告的站点投放 …………… 146

11.1.1　建立企业网站 …………………………… 148
11.1.2　提高站点的访问率 ……………………… 149

任务 11.2　在他人网站发布广告 …………… 150

11.2.1　广告服务商的选择 ……………………… 151
11.2.2　注意事项 ………………………………… 152

任务 11.3　信息流广告的投放 ……………… 153

11.3.1　信息流广告媒体 ………………………… 155
11.3.2　微信平台信息流广告投放 ……………… 156
11.3.3　百度信息流广告的投放 ………………… 158
11.3.4　今日头条信息流广告的投放 …………… 159

任务 11.4　通过电子邮件投放网络广告 …… 161

11.4.1　电子邮件广告的概念 …………………… 161
11.4.2　电子邮件广告的内容设计 ……………… 162
11.4.3　电子邮件广告的发送 …………………… 163

习题 …………………………………………………… 163

学习情境 12　进行网络广告效果评估 …… 166

任务 12.1　认识网络广告效果评估 …… 166
　　12.1.1　网络广告效果的含义 …… 167
　　12.1.2　网络广告效果的评估 …… 169
任务 12.2　评估网络广告的效果 …… 170
　　12.2.1　评估网络广告的经济效果 …… 171
　　12.2.2　评估网络广告的传播效果 …… 172
　　12.2.3　测评网络广告的社会效果 …… 174
　　12.2.4　网络广告效果测评的方式 …… 174
习题 …… 178

学习情境 13　综合技能实训 …… 181

任务 13.1　毕业生求职电子名片的设计 …… 181
　　13.1.1　撰写策划与设计报告 …… 182
　　13.1.2　求职名片的设计 …… 183
　　13.1.3　考核标准 …… 183
任务 13.2　北京随园养老中心网络广告策划 …… 184
　　13.2.1　撰写企业年度网络广告策划书 …… 187
　　13.2.2　考核标准 …… 187
任务 13.3　北京××科技有限公司网站构建与推广 …… 188
　　13.3.1　撰写企业网站构建与推广方案 …… 188
　　13.3.2　考核标准 …… 189

参考文献 …… 190

学习情境 1　知晓岗位工作技能要求

如今网络已成为传递信息最快、最经济的媒体。2020年，我国互联网营销仍维持了13.85%的增长态势，互联网广告全年收入达4971.61亿元（不包含香港、澳门、台湾地区）。可以这样说，网络广告以其独有的魅力，吸引着越来越多的企业利用网络广告为自己服务。面对巨大的市场前景，很多高校开设了网络广告类课程，目的是根据形势对职业的要求，培养出适合网络经济发展需要的网络广告专门人才，让更多的人运用网络广告的知识为企业服务。

本学习情境从岗位出发，详细分析各岗位对网络广告相关知识、技能的需求，在此基础上分析"网络广告设计"课程的最终教学目标——写出优秀的网络广告策划书。

任务 1.1　认识岗位工作技能要求特点

◯ 任务引例

下面是智联网招聘广告中"全媒体运营师"的岗位职责和任职要求。

1. 岗位职责

根据公司发展战略目标，独立制订运营计划，全面落实全媒体运营工作；负责公司所有产品线的运营数据分析工作，并给出数据分析报告；根据数据分析结果，制定产品用户体验改善及产品质量内容改善方案；统筹规划，并制定公司各产品线上与线下的活动方案，做好产品粉丝运营；做好并改善客户服务；做好线上用户管理及维护好线下客户关系；全面落实并做好运维支持工作。

2. 任职要求

有三年以上互联网线上从业经历，精通微信、微博、抖音等全网运营；运营专业能力强悍，有狼性，敢打敢拼，有着强烈的进取心；能够承受高强度、高压力的工作；适应能力强，沟通能力强，团队管理沟通协作能力强。

资料来源：智联招聘

◯ 任务要求

1. 全媒体运营师岗位职责和任职要求对应聘者提出了哪些知识和能力的要求？
2. 收集分析互联网营销师、电子商务师、市场营销专业人员、装潢美术设计师等职业岗位职责和要求，并进一步分析各职业的技能要求。

◯ 相关知识

1.1.1　营销策划类工作岗位技能要求特点

需要网络广告设计知识和技能的营销策划类岗位很多，例如泰康人寿的"互联网推动及运营""信息流投放""直播产品经理""搜索广告效果运营""搜索推广""产品推动""数字化营销""信息流投放优化师""数据化运营师""新媒体策划""互联网运营 SEM""网络营销推广""销售支持（媒体及互联网营销策划）""品牌宣传"等。不同的岗位需要的知识和技能不同，但一个总目标是必须具备能利用网络广告工具的能力，能通过网络广告进行企业形象推广，让更多人通过不同网络广告媒介物，知道企业、企业产品、企业品牌等，进而爱上企业和它的一切，成为企业的忠实客户。下面按照人力资源和社会保障部公布的职业分类具体从四大类分析。

1. 互联网营销师

（1）互联网营销师　2020 年 7 月，互联网营销师正式成为一种新的职业。互联网营销师是指在数字化信息平台上，运用网络的交互性与传播公信力，对企业产品进行营销推广的人员。

互联网营销师的主要工作任务为：研究数字化平台的用户定位和运营方式；接受企业委托，对企业资质和产品质量等信息进行审核；选定相关产品，设计策划营销方案，制定佣金结算方式；搭建数字化营销场景，通过直播或短视频等形式对产品进行多平台营销推广；提升自身传播影响力，增强用户群体活跃度，促进产品从关注到购买的转化率；签订销售订单，结算销售货款；负责协调产品的售后服务；采集分析销售数据，对企业或产品提出优化性建议等。

根据实际情况，互联网营销师分为 4 个工种（职业方向）：选品员、直播销售员、视频（短）创推员、平台管理员。

（2）互联网营销师的岗位职责

1）选品员。负责平台的选品，满足公司对于商品的需求；给出商品的定价、质量、货期等要求，安排采购，并有效落实跟进；不断开发和优化适合平台销售的新商品；协助运营部做好营销活动及品宣工作。

2）直播销售员。直播销售员的工作是通过各类直播平台进行品牌宣传、产品销售等工作。其岗位职责为：负责包括主播和直播用户的日常运营，能准确识别和深刻理解用户需求并清晰表达；配合直播活动，完成用户触达、主播挖掘、招募及培训等工作，保证活动参与度和活动效果；通过对直播用户行为的分析，有针对性地策划用户激活、召回、转化等运营方案，提升活跃度；整理用户意见反馈和建议，协助推进产品优化，达成用户黏性和留存指标；维护用户关系，让核心用户保持活跃，提升用户对产品的满意度。

3）视频（短）创推员。视频（短）创推员岗位要求从业者是各视频平台的深度用户，有较好的创意和较强的分析能力，熟悉网络传播理论知识。其岗位职责为：负责包括抖音、快手、微博等自媒体平台内容的视频输出；了解各自媒体平台的规则，策划出吸引粉丝的短视频内容；完成视频选题策划、脚本撰写、拍摄和剪辑；结合产品及品牌特性，在目标客户群体当中投放吸引注意力的视频作品；挖掘用户习惯、情感需求并结合新闻热点，策划出具有较高传播度的视频内容；熟悉各视频平台的运行模式，提高粉丝数量和粉丝活跃度。

4）平台管理员。利用各种网络资源对公司品牌、产品进行推广；负责官网及阿里巴巴等平台的优化和推广；负责微信平台、微博平台、官网 BBS 的维护和管理；收集平台和论坛注册的会员资料并整理分类；定期对网络推广效果进行跟踪评估，及时提出改进建议，给出可行方案并实施。

（3）互联网营销师的基本要求

1）掌握职业道德基本知识，遵守职业守则。

2）掌握计算机及网络应用知识和营销、传播内容制作、安全法律法规等基础知识。

（4）互联网营销师的技能要求　人力资源和社会保障部《互联网营销师国家职业技能标准》征求意见稿，将互联网营销师应具备的技能归结为 7 个：推广前准备技能、产品信息收集技能、产品确定与规划技能、直播营售技能、视频创推技能、技术支持与互动管理技能、售后与复盘技能等。

2．电子商务师

（1）电子商务师的岗位类型　电子商务师是利用计算机技术、网络技术等现代信息技术从事商务活动或相关工作的人员。

电子商务师岗位可以划分为 3 类。

1）设计类，包括电子商务平台设计、电子商务网站设计、电子商务平台美术设计等。电子商务平台设计代表性工种为网站策划/编辑人员，主要从事电子商务平台规划、网络编程、电子商务平台安全设计等工作。电子商务网站设计代表性工种为网站设计/开发人员，主要从事电子商务网页设计、数据库建设、程序设计、站点管理与技术维护等工作。电子商务平台美术设计代表性工种为网站美工人员，主要从事平台颜色处理、文字处理、图像处理和视频处理等工作。

2）商务类，包括企业网络营销业务、网上国际贸易、新型网络服务商的内容服务、电子商务支持系统的推广、电子商务创业等。企业网络营销业务代表性工种为网络营销人员，主要是利用网站为企业开拓网上业务、进行网络品牌管理和客户服务等工作。网上国际贸易代表性工种为外贸电子商务人员，他们主要利用网络平台开发国际市场，进行国际贸易。新型网络服务商的内容服务代表性工种为网站运营人员/主管，这些人主要从事频道规划、信息管理、频道推广、客户管理等工作。电子商务支持系统的推广代表性工种为网站推广人员，负责销售电子商务系统和提供电子商务支持服务、客户管理等。电子商务创业人员，借助电子商务平台，利用虚拟市场提供产品和服务，又可以直接为虚拟市场提供服务。

3）管理岗位，包括电子商务平台综合管理和企业电子商务综合管理。电子商务平台综合管理代表性工种为电子商务项目经理，这类人才要求既对计算机、网络和社会经济有深刻的认识，又具备项目管理能力。企业电子商务综合管理代表性工种为电子商务部门经理，主要从事企业电子商务整体规划、建设、运营和管理等工作。

（2）电子商务师的知识和能力要求　电子商务师必须掌握职业道德基本知识和计算机与网络应用知识、电子商务基础知识、网络营销基础知识、电子支付基础知识、电子商务安全基础知识等。在技能方面，应掌握网络应用、网站搭建、网络营销、物流配送、网站管理等技能。

3．全媒体运营师

全媒体运营师是 2020 年 2 月新出现的职业。

全媒体运营师是指综合利用各种媒介技术和渠道，采用数据分析、创意策划等方式，从事对信息进行加工、匹配、分发、传播、反馈等工作的人员。

全媒体运营师主要职责：运用网络信息技术和相关工具，对媒介和受众进行数据化分析，指导媒体运营和信息传播的匹配性与精准性；负责对文字、声音、影像、动画、网页等信息内容进行策划和加工，使其成为适合传播的信息载体；将信息载体向目标受众进行精准分发、传播和营销；采集相关数据，根据实时数据分析和监控情况，精准调整媒体分发的渠道、策略和动作；建立全媒体传播矩阵，构建多维度立体化的信息出入口，对各端口进行协同运营。

全媒体运营师是互联网信息生产全流程、全介质的"把关人"，不仅需要在技能上，会撰写文案，会拍摄视频、剪辑视频；逻辑上，会数据分析，会做解决方案；视野上，会全盘统筹，知晓各个点位媒体的价值和联系；还需要在跨界的基础上具备"把关人"的大视野、大格局和强执行力，是从理论到实操、从理念到技术、从产品到产业链，破除传统类型媒介边界的"全能媒体"人才。

4．营销师

营销师是指在各类企业、事业单位中从事市场调查与分析、市场预测、商品（产品）市场开发、商品市场投放策划、市场信息管理、价格管理、产品销售和销售促进、公共关系等活动及活动管理的人员。

作为营销师要知晓职业道德基本知识，遵守职业守则；要掌握商务谈判、商务礼仪与营销道德基本知识；洞悉市场营销理论的发展动向，熟悉营销的相关法律、法规知识；要具备市场分析、营销策划、产品销售、客户管理、团队建设等方面的技能。

1.1.2 设计、制作类工作岗位技能要求特点

设计、制作类人员的设计能力要求比电子商务专业设计人员的设计能力高，其是网络广告策划的作品设计和执行者。具体的岗位有很多，不同的企业对其称呼也不同。例如，"互联网广告设计师""视频广告创意设计""电商广告设计师""自媒体编辑""视频编辑"等。从整体上看，这类人员要具有能够按照企业要求，设计、制作出具体作品的能力。目前对这类人员没有专门的职业定义，国家也没有专门的职业标准，他们或是网络编辑人员，或是装潢美术设计人员。下面就从这两个相关职业具体分析。

1．装潢（装饰）美术设计师

装潢美术设计师是指从事商品标志、装潢、广告等视觉传达设计的人员。他们的基本职责是调研商品装潢流行趋势，分析消费者风俗习惯和审美取向；根据商品的形状、性能和特征，设计标志、装潢、宣传广告等；使用设计软件，进行计算机辅助设计；监督、检查、完成商品装潢设计作品的制作；进行设计文件管理，保护知识产权。

装潢美术设计师要知晓职业道德基本知识，遵守职业守则；要掌握装潢设计的基础理论知识、装潢设计设备及软件基础知识、基础图案知识、设计美学基础知识、安全文明生产与环境保护知识、质量管理知识、相关法律、法规知识；应具备美术设计基础表现技能、美术设计应用表现技能、计算机辅助设计技能、美术设计材料与应用技能等。

2．网络编辑人员

网络编辑人员是利用相关专业知识及计算机和网络等现代信息技术，从事互联网网站内容建设的人员。网络编辑人员的主要工作内容是采集素材，进行分类和加工；撰写稿件；运用信息发布系统或相关软件进行网页制作；组织网上调查及论坛管理；进行网站专题、栏目、频道的策划及实施。

网络编辑人员应掌握职业道德基本知识，遵守职业守则；应掌握计算机及网络应用知识和编辑基础知识、相关法律法规常识。

网络编辑人员应具备采集素材、栏目策划、频道策划、内容编辑、专题制作、内容管理、互动组织、网页实现、内容传输、运营管理等工作技能。

任务 1.2　认识网络广告策划书

➲ 任务引例

泰生活 App 是泰康保险集团股份有限公司对外统一的用户服务平台。泰生活 App 分保险、生活、健康、商城等板块，旨在为用户提供一个结合保险、资管、医养的生活平台。用户可以在泰生活 App 查看自己在泰康的寿险、车险、理财投资、医养等服务，也可以在线进行理赔、保全服务，还可以在线与代理人沟通，随时随地随心投保，享受更好的投保体验。同时泰康为回馈广大新老用户，泰生活 App 会举办多场免费有趣的活动，给用户带来实实在在的福利。

泰生活 App 的特点为：用户实名认证，人脸识别，提供更好的体验；泰康各子公司的保单、服务统一视图，用户只要一个账号即可拥有；在线理赔、保全的一站式服务，快速便捷；步健康，支持接入健康数据，走一走为生活保驾护航；有趣免费的福利活动，给用户提供超多免费礼品。

新聘任"泰生活 App 牌推广"岗的小海被要求撰写一份"泰生活 App 牌网络广告"策划书。

资料来源：西西软件园

➲ 任务要求

以小海的身份，撰写网络广告策划书大纲。

➲ 相关知识

1.2.1　网络广告策划书

1. 网络广告策划书的概念

网络广告策划书是网络广告策划结果的书面表达，是提供给广告客户、企业高级主管部门审核、认可的书面文件，是为网络广告活动提供策略和具体实施计划的一种应用性文件，是进行网络广告工作事先应做的重要工作。

2. 网络广告策划书的作用

预先进行周密的策划可以避免网络广告制作的盲目性，使网络广告经营单位的各项工作合理并井然有序地开展。网络广告策划书统领着广告宣传工作的全局。由于网络广告的对象、市场动态、网站的经营状况等随机因素具有不可预测性，使某些企业对网络广告或怀疑或盲目投资。网络广告策划工作就是要改变这种现实，它需要运用科学的方法，在过去经验的基础上，事先安排好各项宣传工作。网络广告经营单位、企业自己能够按策划书的内容做到事先有准备，行动有配合，事后有总结。当每个步骤完成的时候，都可以按规定标准测算和检查其是否达到预期的目的。网络广告客户也可以以策划书作为依据，做到心中有数，进行检查。按照网络广告策划书开展工作是高水平网络广告经营的表现。策划书展示了网络广告经营单位的业务能力，使客户认识到自己办理网络广告与委托经营单位承办网络广告大不一样。目前，越来越多的企业意识到,要进行网络广告宣传就必须先进行策划,并且向广告经营单位提出这一要求,以策划书作为依据对整个活动进行监督、检查。

1.2.2 网络广告策划书的结构

一般而言,网络广告策划书包括封面、策划小组名单、目录、前言、正文、附录等几部分。

1. 封面

网络广告策划书的封面应该精美,以给人良好的第一印象。封面一般包括策划书的名称、被策划客户的名称、策划机构和策划人的名称、策划完成日期、策划书编号等信息。

网络广告策划书封面的设计要求如下。

(1)符合策划书的内容 好的广告策划书的封面应该按照广告策划书中的内容来设计,可以采用象征、想象等修饰手法,把内容和策划书封面紧紧地结合在一起。

(2)图片设计能引起共鸣 好的广告策划书封面上的图片设计必须简明、直观,并且拥有一定的视觉冲击力,要能够和读者产生视觉共鸣。

(3)把握色彩搭配 好的广告策划书封面的色彩搭配一定要有比例,一定要好好运用色彩理论,如明度、纯度、色相等。

2. 策划小组名单

策划小组名单可以向客户展示策划的正规化程度和对客户负责的程度。

3. 目录

目录是策划书的简要提纲,应列举策划书各部分标题。这样一方面可以使策划文本显得正式、规范,另一方面也可以使读者能够根据目录方便地找到想要阅读的内容。

4. 前言

前言要简要说明制定本策划书的缘由和意义,或指出企业处境和面临的问题,以及希望策划解决的问题。在前言中应该概括策划的目的、实现过程、使用的主要方法、策划书的主要内容等。

5. 正文

正文包括市场分析、广告策略、广告预算及分配、广告效果预测和监控等内容。

(1)市场分析 市场分析部分一般包括 4 个方面的内容:营销环境分析、消费者分析、产品分析、企业和竞争对手的竞争状况分析。这部分应该包括广告策划过程中所进行的市场分析的全部结果,以便为后续的广告策略部分提供有说服力的依据。

(2)广告策略 广告策略包括广告目标、广告诉求策略、广告表现策略、广告媒介策略。

广告目标,简单地说就是广告所要达到的目的。具体地说就是指企业通过某次或几次广告活动所要达到的效果,这种效果可以表现为知名度、美誉度的提升,也可以表现为销售额、市场占有率等的提高。

广告诉求策略要研究广告诉求对象、诉求重点、诉求方法。

广告表现策略要确定广告主题策略和广告创意策略。

广告媒介策略包括：对媒介策略的总体表述、媒介的选择、媒介组合策略、广告发布时机策略、广告发布频率策略等。

（3）广告预算及分配　广告预算部分要根据广告策略的内容，详细列出所需费用，最好能制成表格，列出调研、设计、制作等费用，也有人将这部分内容列入广告预算书中专门介绍。

（4）广告效果预测和监控　需要注意的是，在实际撰写网络广告策划书正文时，上述几个部分可以有增减或合并。如可以增加公关计划、广告建议等部分，视具体情况而定。

6. 附录

附录是网络广告策划活动中应用的文本和数据，如调查问卷、调查报告、调查提纲等。

习题

一、单选题

策划书的（　　）应该精美，以给人良好的第一印象。

　　A．封面　　　　　B．附录　　　　　C．正文　　　　　D．前言

二、多选题

下面关于网络广告策划书的描述，正确的有（　　）。

　　A．应具有可操作性　　　　　　　B．应量化、抽象
　　C．可以避免网络广告制作的盲目性　D．统领着广告宣传工作的全局

三、名词解释

网络广告策划书

四、简答题

简述网络广告策划书的基本内容。

五、案例题

"地瓜坊"网络广告策划书

第一部分　市场分析

1. 营销环境分析

（1）烤地瓜总体规模及消费态势

2005年冬季，"专业"烤地瓜开始进入北京小吃市场，当时冬季小吃市场除了糖炒栗子、糖葫芦，最火热的就属改头换面后的烤地瓜了。原本街头打游击的"化工桶"烤地瓜摊，已经陆续退出小吃市场，接踵而来的是被一些餐饮管理公司用专业烤炉制作并统一配送的特甜品种地瓜。市场上的烤地瓜分为电烤和碳烤两种方式，由餐饮管理公司以直接经营和加盟等形式进行推广。地瓜这种天然食品可以说是老少皆宜，目前这样的新型烤地瓜已经进入热卖期。

（2）烤地瓜市场结构

北京的烤地瓜市场竞争也很激烈。2008年，北京已有10多家烤地瓜店。相对烤地瓜店，

地瓜电烤炉的小摊是烤地瓜店的 10 多倍，它们分布在美廉美、华普、京客隆等超市卖场内，有些商场甚至同时有三四家地瓜电烤炉，所以加盟商之间的竞争是十分激烈的。另外，还有部分流动的桶式烤地瓜仍分布在北京一些街道，这也无形中加剧了竞争。

2. 消费者分析

（1）消费者的总体态势　地瓜富含膳食纤维、胡萝卜素、维生素 A、B、C、E 等，其营养价值受到各界人士的高度认可。地瓜味道甜美，也是减肥女性、糖尿病患者和小朋友热爱的食品，可以说是老少皆宜的健康食品，因此地瓜拥有了巨大的消费群体。据以往市场来看，烤地瓜大部分都属于路边摊一类，虽然价格比较便宜，但是没有正规的经营执照，没有严格的卫生保障，缺斤短两的情况也是屡见不鲜。"地瓜坊"的出现无疑解决了这些问题，正规、卫生、高质量、精工细作、四季供应的策略，充分满足了现代人对食品的高要求。消费者在享受美食的同时，还注重食品的加工程度、卫生等方面的要求，不再只考虑价格因素，这就使"地瓜坊"有了发展的空间，扩大了其消费群体，不仅留住了原来的地瓜爱好者，又吸引了一些尝鲜的人。

（2）"地瓜坊"消费群体分析

1）老年人群体。地瓜富含淀粉、膳食纤维、胡萝卜素、维生素 A、B、C、E 以及钾、铁、铜、硒、钙等 10 余种微量元素和亚油酸等，这些物质能保持血管弹性，对防治老年习惯性便秘十分有效。另外，还可以提高老年人的免疫能力、降低血糖，保护老年人的身体健康。

2）青少年群体。地瓜浑身是宝，地瓜叶被亚洲蔬菜研究中心列为高营养蔬菜品种，称其为"蔬菜皇后"。地瓜叶可以保护视力、预防便秘、提高免疫力、降低血糖、解毒、防治夜盲症。

3）女性群体。地瓜属于低脂肪、低卡路里、低热量的食品，其富含的大量膳食纤维在肠道内无法被消化吸收，能够刺激肠道，增强蠕动，通便排毒，同时又能有效地阻止糖类转变成脂肪，有利于减肥、健美。

4）癌症患者。地瓜中含有一种活性物质——去雄酮，它能有效地抑制结肠癌和乳腺癌的发生。另外，专家发现，熟地瓜的抑制癌症率（98.7%）略高于生地瓜（94.4%）。地瓜还具有补虚乏、益气力、健脾胃、强肾阴、补中和血等功能，可以防治脾虚水肿、疮疡肿毒、肠燥便秘。

5）心脏病患者。地瓜富含钾、胡萝卜素、叶酸、维生素 C 和维生素 B6，这 5 种成分均有助于预防心血管疾病。钾有助于人体细胞液和电解质的平衡，维持正常血压和心脏功能；胡萝卜素和维生素 C 有抗脂质氧化、预防动脉粥样硬化的作用；补充叶酸和维生素 B6 有助于降低血液中的高半胱氨酸水平，后者可损伤动脉血管，是心血管疾病的独立危险因素。

6）肺气肿患者。美国堪萨斯大学一项动物实验发现，吸烟的大鼠体内的维生素 A 水平较低，容易发生肺气肿；而进食富含维生素 A 食物的吸烟大鼠其肺气肿发病率明显降低。

7）糖尿病患者。日本研究人员发现，地瓜可以有效抑制口服葡萄糖后血糖水平的升高，进食地瓜可以降低糖尿病患者甘油三酯和游离脂肪酸的水平。

但是任何食物都有其不适合的人群，脾胃湿阴、气滞食积者应慎重食用。

3. 产品分析

（1）产品效用分析　地瓜含有丰富的淀粉、膳食纤维、胡萝卜素、维生素 A、B、C、E 以及钾、铁、铜、硒、钙等 10 余种微量元素和亚油酸等，营养价值很高，被营养学家称为营养最均衡的保健食品。这些物质能保持血管弹性，对防止老年习惯性便秘十分有效，并且有益于心脏。遗憾的是，大多数人以为地瓜味甜，食用会使人发胖，因而不敢食用。其实恰恰相反，食用地瓜不仅不会发胖，反而能够减肥、健美、防止亚健康、通便排毒。每100g鲜地瓜仅含有0.2g脂肪，产生的热量仅为大米的1/3，是很好的低脂肪、低热量食品，同时又能有效阻止糖类转化为脂肪，有利于减肥、健美。地瓜中的大量膳食纤维在肠道内无法被消化吸收，能刺激肠道，增强肠道蠕动，通便排毒，尤其对老年性便秘有较好的疗效。根据《本草纲目》《本草纲目拾遗》等古代文献记载，地瓜有"补虚乏，益气力，健脾胃，强肾阴"的功效，还具有补中、和血暖胃、肥五脏等功能。当代《中华本草》说其："味甘，性平。归脾，肾经""补中和血、益气生津、宽肠胃、通便秘，主治脾虚水肿、疮疡肿毒、肠燥便秘。"

日本国家癌症研究中心发现地瓜具有抗癌症的功效，它含有丰富的胡萝卜素、维生素C和叶酸等抗癌物质。专家从人们的饮食调查中发现，熟地瓜的抑制癌症率（98.7%）略高于生地瓜（94.4%）。美国费城医院则从地瓜中提取出一种活性物质——去雄酮，它能有效地抑制结肠癌和乳腺癌的发生。

当然任何一种食物都不可能十全十美，在地瓜中缺少了蛋白质和脂质，但是今天人们生活富裕了，它所缺少的营养物质完全可以通过其他膳食加以补充。

（2）产品的食用方法　地瓜可以蒸食，当主食食用，对减肥十分有利；地瓜煲汤、煮粥，可以温润肠胃；可以制作拔丝地瓜，这种食用方法深受小朋友们的青睐；还可以将地瓜晒成地瓜干，食用起来十分方便，受到年轻女士的青睐。

（3）产品生命周期分析　地瓜一直以来都是冬季小吃市场的火热产品，其他季节因味道和储存等原因，销售较低。"地瓜坊"所采用的地瓜，都是在绝对天然的环境下由种植场特别培育的优良品种，保证了产品的供应，解决了因季节原因造成的产品供求不平衡等问题。除了烤地瓜外，"地瓜坊"还推出了紫薯、地瓜片、地瓜条等一系列不需要烤制食用的地瓜食品，这无疑使消费者在食用的时候不会再感到燥热，使消费者在品尝美味的同时感受到心情的愉悦。"地瓜坊"的推广，解决了季节性、气候性所带来的不便，使地瓜产品的生命周期得到拓展，赢得了更多消费者的青睐。

（4）产品的定位分析　由于"地瓜坊"投资少，规模也比较小，操作简单，并且主要经营的产品是关于地瓜的一系列食品，属于大众消费品，主攻的自然就是大众消费群体。虽然在价格上，"地瓜坊"的价格比以往街边的桶式烤地瓜要贵一些，但是"地瓜坊"的正规经营形式，使其在卫生、品质和口感上都得到了广大消费者的信赖。这样很自然地顺应了现代人对于美食的消费观念，即自然、卫生、健康、美味。这样的定位也为"地瓜坊"开拓了新的消费群体，提升了地瓜的价值。

（5）类似产品的市场分析　根据以往的市场发展来看，类似的食品小店如掉渣烧饼、八宝鸭等在开创期也是十分火爆，而且深受广大消费者的青睐。不过由于这些企业的发展过于迅猛，其市场在很短的时间内就出现了饱和状态，因此一些经营方式不合理的、产品销售方式不科学的企业，就出现了在快速占领市场之后又快速退出市场的现象。所以在"地瓜坊"的经营管理上，要借鉴以往市场的案例，严格在加盟上把好关，不能只是做营销概念，项目赚到钱就会转移到其他项目，加盟店在被大量复制后，又出现无序经营的状态，这样很容易使"地瓜坊"如掉渣烧饼、八宝鸭一样快速复制又快速退出市场。这样的经营方式在现代市场的发展背景下是十分不利和危险的，是没有大的发展前景。因此，要重新定位企业发展，不要重复被市场淘汰的老路。

4. 企业与竞争对手的分析

（1）企业在竞争中的地位　　就北京以往的烤地瓜市场来看，大多数属于街边流动性的"油桶式"烤地瓜，虽然价格低廉，但是地瓜的品质和卫生都难以得到保证。虽然"地瓜坊"还属于新兴的企业，但是几经磨难，已在北京的小食品市场占据了一席之地。"地瓜坊"这种新形式的地瓜经营方式的引入不仅刺激了北京地瓜消费市场的革新，也为北京的消费者带来不一样的饮食观念。虽然电烤地瓜模式引入北京的小食品市场时间不久，但其投资小、回本快，因此在北京市场能迅速扩张开来。就北京市场总量来看，地瓜市场已逐渐趋于饱和，按一般小的加盟项目的操作手段推测，加盟商将以北京的案例为宣传卖点，向全国各地开展电烤地瓜加盟业务。

（2）企业的主要竞争对手　　由于这种电烤地瓜的经营模式还属于新兴状态，类似于"地瓜坊"这种已经在市场上打出品牌的企业并不多见，因此竞争对手相对较少，品牌间的竞争相对不是十分激烈。但是对于以往人们所习惯的地瓜的消费方式——"油桶式"地瓜，在价钱和形式上可能还需要与消费者有进一步的磨合。从市场大方向的发展来看，卫生、健康对于饮食的发展是十分关键的条件，而随着人们生活水平的提高，"地瓜坊"在价格方面的劣势就显得无关紧要。

"地瓜坊"各加盟商之间的竞争比较激烈。由于"地瓜坊"投资少、见效快，电烤地瓜的品牌企业以加盟的方式招揽商家，因此在北京的市场上电烤地瓜以铺地毯式的速度快速地铺开来。以三里河地区为例，最初只有一台机器烤地瓜的摊位，到如今，每个超市里都有3~4台电烤地瓜的机器，而店面式的烤地瓜店也有十余家。如此激烈的市场争夺战，使一些摊主坦言现在的生意远不如从前好了。

第二部分　广告分析

广告宣传一直以来都被企业认为是提高企业品牌的重要公关手段之一，因此广告的宣传效果在企业的整体运营中显得尤为重要。一个好的广告宣传不仅可以帮助企业在市场上占有很好的地位，帮助企业优胜于其他品牌的产品，而且还可以帮助企业树立企业形象，达到很好的社会效应，从而稳固品牌在市场上的地位，更好地占领市场，赢得消费者。网络广告创意及策略的选择是影响广告效果的关键一环，这里不仅要确定广告所要传达的信息，而且还要确定其表现形式。要根据网络广告的目标和选择的目标群体，进行全面的综合分析和创意设计，确定网页的内容主题、旗帜主题、诉求及表现方式等。

1. 相关产品广告市场分析

北京小吃市场以往的广告大多数是以门面房前的条幅或海报为主，这些广告的色彩单调、形式简单、受众范围狭小。像烤地瓜这样的流动食品基本不存在广告问题，所以像"地瓜坊"这样新兴的经营模式的广告将进一步提升本企业及其产品的素质，给消费者带来全新的视觉冲击，从而占领更多的消费市场份额，获得消费者的青睐。因此，广告要做得既有新鲜的视觉冲击力，又很好地迎合大众的消费视觉感；既有独特细致的现代企业的宣传营销工艺，又要结合产品本身的特点。这样有利于体现产品的大众性与个性的融合、新鲜与传统的切合。

2. 产品定位策略

依据以往的市场来看，今天的小食品市场与以前有所不同，且不论竞争者大批量增多、产品种类的成批翻新、现有的消费市场逐渐趋于平缓，要害之处就在于消费者态度的改变——顾客越来越挑剔。他们在购买产品的时候，不单把购买的重点因素放在味道上，而且注重产品的成分是否绿色健康，产品是否拿得出手。当然这其中包括产品本身的样子，还有产品的市场形象，这也就是说产品在市场上的广告覆盖面积，是否能在市场上有所响应。消费者都希望可以买到物超所值的产品，他们会根据产品的一系列条件，在很短的时间内列出产品在他们心目中的性价比，经过一系列比较之后才会考虑是否购买。

因此，"地瓜坊"的定位就是要符合大众的消费水平，但是在广告宣传上，可以看出"地瓜坊"的产品要比一般的街边烤地瓜美味，产品种类多样，更加健康、营养。正因为这样，广告的主题为"享受、健康、因我而美"。

3. 网络广告运用策略

依据目前所掌握的市场信息、广告传播媒介需求、消费者的喜好等一系列因素，为"地瓜坊"在制作网络广告的时候具体地运用了以下各项策略，相信这些广告在网络传播的同时，一定会给"地瓜坊"带来更为广阔的市场空间，也给消费者带来视觉上不一样的感受。

第三部分　网络广告实施计划

1. 广告目标

配合产品上市，扩大产品的市场知名度，引发在线或离线购买，扩大加盟商范围，扩大市场占有率。

2. 广告活动时间

产品上市之日起的 3 个月内。

3. 广告活动区域

以北京为主要宣传城市，凡"地瓜坊"连锁加盟店统一执行。

4. 网络广告活动内容

1）利用互联网优势，首先用户单击页面上的"地瓜"后，会出现一个代码号，而消费者在购买地瓜后，会在包装袋内得到一个代码号，如果两个代码号刚好相吻合，将马上回馈消费者大礼一份。

2）进入"地瓜坊"页面后，会出现一个健康宣传界面。在这个界面上，用户可以讲述自己的健康小故事，或发出一些健康小常识。系统每个月将对这些故事或小常识进行分类，然后在网络上公布，让大家投票，票数最多的用户将同时得到丰厚的礼品。

3）发展互动。随着网络技术的发展，今后的网络广告必定会朝着互动性的方向发展、壮大，这是体现网络广告优势的必然。例如，在网络广告上增加游戏活动，可以大大提高上网者对广告的浏览兴趣，增加上网者浏览产品广告的时间，这样可以增强网络广告在人们脑海中的印象，使产品得到更好的宣传，在品牌形象上赢得更好的口碑。

据此，为"地瓜坊"设计了一个小小的点击游戏。广告中有"地瓜坊"的各种产品图片可供点击，在点击时就会出现一个隐藏框，写明了产品的名称、特色以及对人们健康的好处。

5. 媒体策略

媒体的相互连接性，可以使上网者在浏览不同页面的同时，都可以看到"地瓜坊"的广告。这样的长期浏览可以增加产品的潜在消费群体。当然，只是单一的网络广告并不能满足所有消费者的浏览需求。因此，也可以考虑在目前新兴的车载广告、报纸等类似的平面媒体广告中宣传产品。这样广告的受众范围就扩大了许多，基本上涵盖了各类消费人群。

6．网络广告的效果评估

网络广告效果的评估包括网络广告活动的效果和网络广告本身的效果。互联网的交互性使用户在看完广告后，可以直接提交自己的意见和建议，广告主可以在最短的时间内收到反馈信息，然后迅速对广告效应进行预测和下一步的策划。

在这里，首先要做到的就是引起用户的注意，这一点广告上的标语和色彩的鲜明起了关键的作用；其次要做的就是让用户对产品产生兴趣，使他们进入潜在消费者的行列；再次，通过对产品的进一步了解，激起用户的购买欲望，使其成为真正的潜在消费者；最后，让他们购买产品，才是广告的最终目标。

当然，还要注意网上广告的曝光次数不等于实际浏览的人数。浏览广告的人并不一定都能成为潜在消费者。必须注意传播过程中所产生的经济效益和社会效益，力求使发布的每则广告都达到其预期的效益。

7．网络广告的监控

在发布和宣传网络广告的同时，还要对广告进行密切的监控，防止有人盗用它进行商业活动或者不法活动，以保证消费者和自身的利益。

资料来源：北京青年政治学院2006电子商务专业，张雪珂等《网络广告》作业

1）你认为这份"地瓜坊"网络广告策划书的结构是否合理？消费群体分析是否恰当？广告定位是否准确？

2）你认为应该怎样修改这份"地瓜坊"网络广告策划书？

六、操作题

上网收集3份网络广告策划书，并分析指出策划书的合理与不合理之处。

学习情境 2　知晓网络广告

随着网络技术的发展，网络广告也在不断发展，新的形式不断涌现。本学习情境主要是全面介绍网络广告基础知识，读者通过学习可以全面理解网络广告的概念，能够根据需要进行广告形式的选择。

任务 2.1　认识网络广告

◯ 任务引例

"2022 年全球 AI 广告将超过 3700 亿美元；2032 年将覆盖绝大多数媒体，规模达到 1.3 万亿美元，占总体广告总收入的 90%以上。"此数据来自群邑全球发布的《下一个十年：人工智能》报告，它首次预测了人工智能在广告行业的规模。为便于分析，该报告将 AI 广告定义为：从洞察产出到激活优化的广告投放过程中用到的所有人工智能手段，包括人工智能相关的技术和算法，如机器学习、神经网络、计算机视觉、自然语言处理（NLP）和智能过程自动化等。

极链科技 Video++是一家致力于视频 AI 技术应用的企业，其根据特殊的产品需求，定制全新场景标签，搜索并读取全网视频寻找贴合度最高的场景投放点，以此来使广告更精准，也避免了以往硬广告植入时的尴尬，从而提高受众的体验度。经测算，利用 Video++的 ASMP 系统投放的 AI 广告，投放效果的 ROI 可以提升 45%以上。

资料来源：百度

◯ 任务要求

1. 什么是网络广告，它有哪些优点？
2. 网络广告的发展趋势是怎样的？

◯ 相关知识

2.1.1　网络广告的含义

网络广告可以分为狭义和广义两种。广义的网络广告是指一切基于网络技术传播信息的过程和方法，这些信息通常包括公益性信息、企业商品信息、企业的域名、网站、网页等。狭义的网络广告就是确定的广告主以付费方式运用网络媒体劝说公众的信息传播活动。我国《互联网广告管理暂行办法》第三条规定："本办法所称互联网广告，是指通过网站、网页、互联网应用程序等互联网媒介，以文字、图片、音频、视频或者其他形式，直接或者间接地推销商品或者服务的商业广告。"这是典型的网络广告的狭义定义。

和其他广告一样，网络广告具备广告所具有的基本属性。但由于使用的媒体不同，网络广告又具备一些特殊的特点，具体而言，网络广告具备如下基本特征。

1. 网络广告的五大要素

一般而言，网络广告包括五大要素：广告主、广告信息、广告媒体、广告受众和广告费用。

（1）广告主　广告主是指为推销商品或者提供服务，自行或者委托他人设计、制作、发布广告的法人、其他经济组织或者个人。包括发布网络广告的企业、单位或个人。

（2）广告信息　广告信息是指网络广告所要传达的主要内容，主要有商品信息（包括劳务信息）、企业信息、观念信息等。它们分别构成商品广告、形象广告和观念广告。

（3）广告媒体　广告媒体就是传播信息的中介物。传统广告的广告媒体有报纸、广播、杂志、电视等，网络广告的广告媒体指的是网络，包括互联网和手机。

（4）广告受众　广告受众是指广告信息的接受者，网络广告的受众是网民。应该说，随着互联网的发展，网民人数逐年增加，为网络广告的发展提供了基础。

（5）广告费用　广告费用就是从事网络广告活动所付出的费用，包括媒体的使用费用、广告制作费和其他一些杂费。

2. 广告受众的明确性与广告信息的重复性和劝说性

和所有的广告一样，网络广告也有自己的特定受众，这种特定的受众是企业的目标市场。网络广告就是根据目标市场的特点，用他们容易接受的方式，不断地向他们介绍产品、企业的特点，进而说服他们购买广告主的产品，促进企业利润上升的有目的的商业活动。而且由于Cookies等技术的使用，网络广告可以随时对其受众进行跟踪，有针对性地发布广告信息，使网络广告的目标受众更明确具体。

年复一年，日复一日，天天24小时，只要你愿意，你就可以上网。广告主购买网络广告的单位常常是10万次显示或100万次点击，这再次使它有别于新闻。网络广告是一种重复性活动。

3. 信息传播的非个体化和双向性

凭借网络媒体，网络广告可以将广告信息一举送到成千上万的人眼前，其传播行为属于大众传播的范畴，而不是个体、亲身的传播，这使网络广告有别于传统的促销工具。

在接受网络广告信息时，广告受众根据自己的喜好，对传播信息进行自主选择，也可以随时通过网络与广告主进行信息的交换，形成双向信息传播。而传统媒体的受众只能被动接受信息，传播是单项的。

4. 网络广告制作的技术性、链接性和多媒体性

和传统广告不同，网络广告是利用数字技术制作和表示的网上信息，因此网络广告的制作者除了要具备传统广告制作知识外，还必须具备一些计算机应用知识。另外，网络广告具有可链接性，读者可以从一个狭小的空间链接到更大的空间，从而获取更多的信息。因此，网络广告的内容得到了极大丰富，突破了传统广告空间的局限性。

多媒体性是网络广告的另一个主要特性。传统广告形式一般主要诉诸某一要素，因而其表现形式比较单一，网络广告可以通过视频、音频、图像、文字的组合运用来增加网络广告的表现力，增加网络广告效果。

2.1.2 网络广告的优势

相对于其他媒体的广告，网络广告具有如下优势。

1．传播时空的广泛性

网络广告传播的时空极为广泛。从时间上来说，网络广告一经发布便会全天 24 小时呈现在网络上，网民可以随时浏览而不会因为错过了某个时段而无法接受信息。从空间上来说，传统媒体广告往往只局限于一个地区、至多几个国家。而网络广告可以通过互联网把广告信息传播到世界各地，而且无论刮风下雨都不会影响到传播效果。

2．信息传递的互动性

网络广告的最大优势在于互动性。传统媒体是单向的传播，信息是从媒体向受众单向流动的，而互联网上的信息是双向流动的，人们对信息不仅有选择权，还有控制权。所以互联网广告的互动性指的就是网民对网络广告的一种参与和信息的接受。

网络广告的互动性主要有 3 种表现形式：游戏参与型、情境体验型和鼠标配合型。

3．受众统计的精确性

在传统媒体上做广告，很难准确地知道有多少人接触到了这则广告信息。以报纸为例，虽然报纸的读者是可以统计的（以报纸的发行量来衡量），但是刊登在报纸上的广告实际被多少人阅读过却只能做推测而无法精确统计。至于电视、广播和路牌等广告形式的受众人数就更难统计。而在互联网上可以通过先进的科技手段，权威公正地统计出有多少网络用户看过某则广告，有多少人点击过某则广告，并可以进一步分析这些访客的主要分布区以及他们主要在何时对这些广告进行查询，从而为广告主评估广告效果、制定下一步广告投放策略提供依据。

4．广告形式的多样性

网络广告在尺寸上分为旗帜广告、按钮广告、巨型广告等，在技术上还可以用动画、游戏等方式，在形式上可以在线收听收看、试用、调查等。网络广告可以吸收各种传统媒体形式的精华，从而达到传统媒体广告无法比拟的效果，而且随着科学技术的发展，网络广告形式将越来越复杂多样。

5．信息诉求的针对性

广告主可以根据受众对信息的不同需求，相应地裁剪信息的内容，使信息的发布更具有针对性，使每个访问者的需求都能得到满足，从而使网络广告向窄告发展。

6．修改的实时性

传统媒体广告一经发布便很难更改，如非改动不可则须付出很大的经济代价。而在互联网上做广告就能按照需要及时变更广告内容，包括增加新的信息、修改原有信息，因此，经营决策的变化就能及时实施和推广。

7．费用的经济性

首先，网络广告发布成本比其他传统媒体低，网络广告的千人成本一般是报纸的 1/5，是电视的 1/8；其次，由于每个网站都有特定的目标群体，在一个大流量的站点做广告，可以使广告主的广告有针对性地影响到较多数量的人群，这样必然比分开在几个站点做广告的费用低；再次，若能直接利用网络广告进行产品销售，则可节省更多销售成本；最后，网络广告交换使广告主不花钱做广告的目的得以实现。因此，随着上网人数的不断增加和网络技术的不断进步，网络广告将成为最为经济有效的广告形式。

2.1.3 网络广告的产生与发展

1. 网络广告的产生

世界上第一条网络广告是 1994 年美国电报电话公司（AT&T）14 家客户在网络杂志《热线》（*Hotwired*）上发布的旗帜广告，具体样式如图 2-1 所示。

图 2-1 世界第一条网络广告

资料来源：冯广超《网络广告》

由于缺少依据，当时的广告是比照杂志广告来定价的，刊登一个月，索价 10000 美元。

2. 网络广告的发展趋势

互动、可程序化发展、人工智能化、云端定位是网络广告发展的大趋势。

1）互动。信任互动是广告界的"圣杯"。有人说，上一个百年是大众媒体。而在下一个百年里是信任推荐，它是广告发展的趋势。

2）可程序化发展。在全球范围内可程序化广告已达 62%，美国作为最大的程序化交易市场，2018 年通过程序化广告交易达到了 406 亿美元（占全球的 58%），中国以 79 亿美元紧随其后，其次是英国 56 亿美元。美国目前通过程序化购买的数字展示类广告预计占到全部交易的 83%，加拿大紧随其后占比为 82%，英国排名第三占比为 76%，其次是丹麦占比 75%。由此可见，在互联网、广告持续发展的背景下，可程序化广告的比例持续增长是一个趋势。

3）人工智能化。比如：用户定向化分析；广告精准投放；广告自动生成；广告与内容的贴合性；广告与场景的贴合性；追踪广告效益；广告与受众的互动性等方面，都是保障用户体验、提高投放质量、降低投放成本的必要因素。

4）云端定位。定位技术将引领未来网络广告的发展。现在越来越多的广告网络和供应商可以根据用户的位置、行为，以及其他属性，自动选择所推出的广告。美国网络广告使用 ActiveAds 系统，广告客户可以根据用户的位置、网页背景以及其他因素，自行选择广告信息，以提供大量个性化的广告。广告客户还可以对现有的和潜在的用户进行重新追踪。

云广告具有零成本和精准的优点，非常适合中小企业营销。利用云计算技术发布一个广告，使其出现在众多的网站上，这种方式可以成为商家低成本扩张、快速锁定目标市场的利器。云广告将会成为网络广告的新宠。

任务 2.2　选择网络广告的形式

⊃ 任务引例

facebook（脸书，脸谱网）是世界排名领先的照片分享站点，由于其用户众多，吸引大量企业做广告。图 2-2 是 AppSumo 和 SumoMe 的创始人 Noah Kagan（诺亚·卡根）在 facebook 上的广告之一。Noah Kagan 投资该广告的目的不是销售，而是获得客户的电子邮件地址，旨在通过建立电子邮件地址列表，为后期的销售服务。Noah Kagan 非常善于在广告中激发人们的好奇心，通过人们对于"一个人是如何在 1 小时内创建业务"的好奇心来吸引人们留下电子邮件地址。

在这个移动终端占据用户碎片化时间的时代，信息、图文、视频的即时性越来越强，在人工智能的作用下，这些内容将会变得更加优质和精准。用户的要求也会更高，所以对于平台、媒体、广告行业来说，如何平衡用户体验和广告投放的关系将成为关键。

图 2-2　Kagan 在 facebook 上的广告

资料来源：百度百家号

⊃ 任务要求

1. 网络广告形式有哪些？
2. 案例中使用了哪些广告形式？

⊃ 相关知识

2.2.1　官方网站广告

官方网站是网络上对主办者所持有网站约定俗成的一种称谓，是指在互联网上，根据一定的规则、工具制作的用于展示特定内容的相关网页的集合。它是一种通信工具，人们可以通过站点来发布自己想要公开的信息，或者利用站点来提供相关的网络服务；另一方面，人们可以通过网页浏览器来访问站点，获取自己需要的信息或者享受网络服务。

营销界有句俗语：三流企业卖产品，二流企业卖服务，一流企业卖文化。如今，企业文化营销和品牌建设是企业运作的核心。官方网站是企业官方信息的平台，消费者通过官方网站不仅能了解产品和服务，更为重要的是可以加深对企业文化的理解，甚至可以形成即时的购买行为。

图 2-3 是泰康官网的截图。清新明丽的色彩充分表现出泰康受众群体个性的特点。泰康通过统一视觉识别，传播泰康的营销理念，吸引公众的注意力并产生记忆，使受众形成对泰康的

品牌认知，从而提升受众的品牌忠诚度。官网中不同栏目的设计，便于人们更好地了解泰康。

图2-3

图2-3 "泰康之家"官网截图

资料来源：泰康之家

2.2.2 网络论坛广告

网络论坛英文全称是 Bulletin Board System，简称为 BBS，翻译为中文是"电子公告牌"。BBS 是一种以文本为主的网上讨论组织。在这里可以通过网络，以文字形式聊天、发表文章、阅读信息、讨论问题，或在站内通信。

1. 网络论坛的特点

（1）公共性 任何网民都可以在任何时间、地点选择自己感兴趣的话题参与讨论。就形式而言，网民参与方式很多，如潜水、灌水、拍砖、留言、贴图、投票等。

（2）交互性 相对于传统媒体，网络论坛具有高度交互性特征。网民不仅可以参加讨论，而且可以提出话题供他人讨论，是一种典型的多对多媒体。但是，也造成了信息泛滥和不可控的现象。

（3）异步性 从传播时间上看，网络论坛既是适时媒体，又是延时媒体。网民可以选择即时在线讨论，也可选择参与。

2. BBS 广告的操作

1）要有在全国各大知名专业性网站的注册账号，即"马甲" 根据企业的不同产品注册相关论坛账号，更加利于产品的推广营销。

2）每个论坛的"马甲"不低于 10 个，这个是保证话题热度的条件 不同产品、不同营销事件，需求的"马甲"数量不定。如知名品牌进行论坛营销不需过多马甲即可产生效应；而普通企业在论坛推广产品时，则需要多一些"马甲"配合。

3）在各大型论坛有专门的人员管理账号、发布帖子、回帖等 很多论坛有专人负责论坛推广，经常发帖、回帖是为了融入论坛核心，积累更多的威望，在进行论坛营销时，会有很多资源辅助开展。

4）策划的题目要新颖，也就是有创意性才会吸引读者 营销主题比较重要，也是开展论坛营销的关键。策划主题如果比较好，不需费力即可达到预期的效果。

5）策划的标题要有一定的号召性，吸引读者 标题是敲门砖，要有一定的含义或歧义，让读者产生疑惑而进一步想得到答案。

6）策划的内容要实用 网友看了内容之后觉得有话要说才行，因为论坛营销现阶段已经很成熟了，网友也深知论坛营销的目的。

7）要积极参加回复、鼓励其他网友回复，也可以用自己的"马甲"回复 网友的参与是论坛营销的关键环节，如果策划成功，网友的参与度会大大提升。通常企业在论坛做活动营销居多，可利用一些公司产品或礼品方式激励网友参与。

8）要正确地引导网友的回帖，不要让事件朝相反方向发展 具体情况具体分析，有时在论坛产生争论也未必是件坏事，通过论坛途径演变成大范围营销，知名度会有很大提升。

9）要仔细监测其带来的效果，同时注意改进 这点相当于一个细致的数据分析和用户群体分析。通过一次营销，总结出很多问题，下次策划时可以借鉴。但是，不同领域用户群体的习惯不同，方式方法并不通用。

10）要及时和论坛管理员沟通交流　熟悉各大论坛的管理员和版主有助于论坛营销的开展。只有经常发帖、回帖才会有机会与这个圈子近距离接触，和管理员、版主有很好的沟通机会，有资源辅助，论坛营销会开展得更顺利。

2.2.3　门户网站广告

门户网站是指提供某类综合性互联网信息资源并提供有关信息服务的网站。腾讯网、新浪网、网易、搜狐、凤凰网等都是典型的门户网站，它们是网民经常去的地方，而且由于很多的网络新型服务绝大多数在门户网站进行试水，因此门户网站成为网络广告投放的黄金位置，也是企业竞争的场所。

门户网站广告形式多种多样，主要包括以下几种。

1. 按钮广告

按钮广告是一种面积比较小的广告形式，像个按钮或纽扣。最常用的按钮广告尺寸有125×125 像素、120×90 像素、120×60 像素、88×30 像素。按钮广告一般只是一个标志性图案，但由于其面积小，所以在网站上的数量最多，价格也比较低，比较受客户欢迎。

2. 旗帜广告

旗帜广告又叫页眉广告、头号标题、网幅广告等，是最常见的广告形式。旗帜广告大小一般为 468×80（或 60）像素，也可以根据需要进行适当的调整。

旗帜广告曾经和按钮广告一起，都是业界的标题广告格式。在网络广告中，旗帜广告具有建立品牌形象、传递广告到达率和接触频次高、比较便宜等优势。

近年来旗帜广告形式不断变化，其中一个显著变化就是垂直式广告的风行。2003 年后，各大网站推出置于网页的纵向巨幅广告和对联式广告。

富媒体广告（Rich Media）的大量使用也是旗帜广告的变化之一。富媒体广告又称 Extensive Creative Banner，一般指使用浏览器插件或其他脚本语言、Java 语言等编写的具有复杂视觉效果和交互功能的网络广告。

3. 游动式广告

游动式广告是满屏游走的网络广告形式。其特殊的表现形式与传统的形式相比更能聚集网络访客的眼球，使得广告的影响力更大。这种广告有着多种表现方式。例如，沿着某一固定的曲线飘动，或随着网友拖动浏览器的滚动条而做直线上下浮动等。目前，该类型广告突破传统广告的定式，不再固定在某一指定位置，而是随鼠标拖动而动，巧妙的设计会使得在不妨碍网友浏览的同时满足增加广告曝光率的需求。

4. 弹出式广告

弹出式广告，又被称为插入式广告、插播式广告、插页广告，是指在打开一个页面时自动弹出的网络广告形式。这种广告要比静态式广告更能吸引网民点击，但是它具有强迫性，而且会对受众造成干扰，频繁使用往往会使受众产生逆反心理，有很大的副作用。为避免这种情况的发生，许多网站都缩小广告的尺寸，有的只有 1/8 或 1/4 屏幕大小，这样可以不影响正常的浏览。

专家建议，使用插播式广告需要遵守如下几条规则，以避免引起浏览者的反感。

1）选择已经使用插播式广告的网站，因为浏览者已对此形成习惯。
2）使用小于全屏的插播式广告，小尺寸的插播式广告比全屏的插播式广告更容易被浏览者接受。
3）在浏览者的屏幕处于空闲状态时插播。例如，在浏览者下载软件的过程中出现广告，这样可以避免引起他们的反感，反而能给他们在无聊的等待过程中带来一点消遣。
4）使用互动式的插播式广告。

5. 文本链接式广告

文本链接式广告是用一行文字作为一个广告，点击就可以进入相应的广告页面。门户网站的访问量大，一般都具有导航功能，这样的文字链接可以大大增加网站的访问量。文字链接是一种收费较低，对浏览者干扰最小，但却较为有效的广告形式，其目的主要是引导有兴趣的消费者进入网站。

2.2.4 关键字广告

关键字广告是起源于美国。这是一种在使用搜索引擎时出现的广告，是被搜出来的广告。在英文中这种广告被称为"Keyword-Triggered Banner Advertising"。关键字广告有两种基本形式：一种是关键字搜索结果页面上的广告可以由广告主买断。例如，IBM 买了 Yahoo 的"电子商务"，当在搜索引擎的搜索框中输入这个关键词（字）后，搜索的结果中就会出现 IBM 广告。这种广告针对性强，品牌效应好，点击率高。另一种是在关键字搜索结果的网站中，广告主可以根据需要购买相应的排名，由于广告主买下流行搜索的关键字，因此凡是输入这个关键字的用户都可以被吸引到他们的网站上去。

2.2.5 博客（播客）广告

博客，又译为网络日志、部落格或部落阁等，是一种通常由个人管理、不定期张贴新的文章的网站。

博客广告，简而言之就是发布在博客网站和个人博客上的广告，博客广告可分为 3 种形式：在博客网站上刊登广告；企业募集专业写手，在博客网站上发表和企业产品相关的具有较强知识性、专业性的博客日志；企业建立企业或行业专题，由博客网站负责版面的设计、注释、链接和其他功能的设置，企业负责内容的提供。

2.2.6 即时通信广告

即时通信（Instant Messaging，IM）是依靠互联网和手机短信，以沟通为目的，通过跨平台、多终端的通信技术来实现一种集声音、文字、图像的低成本高效率的综合型的通信平台。个人级应用的 IM 代表有百度 Hi、腾讯 QQ、微信、易信、来往、新浪 UC、网易 CC、网易泡泡、Skype、Lync、FastMsg、蚁傲、Active Messenger、阿里旺旺等。企业级应用的 IM 代表有协达软件、点击科技等。

即时通信广告形式主要有客户端（聊天工具）深度嵌入、在线互动广告、利用族群（GROUP）进行广告宣传推广等。

2.2.7 网络视频广告

网络视频广告是采用先进数码技术将传统的视频广告融入于网络中，构建企业可用于在线直播实景的网上视频展台。网络视频广告不但继承了网络媒体覆盖范围广、互动性强、投放精准等优点，还具备了传统电视广告的生动、直观、声画并茂等特性，使网络视频广告具有较强的亲和力和影响力，对网络视频用户有较好的劝说效果，具有明显的传播优势。

网络视频广告包括视频贴片广告、视频区域外的广告、视频浮层广告和视频植入式广告 4 个主要类别。

2.2.8 信息流广告

信息流（Feeds）广告，是指依据社交群体的属性对用户属性和特点进行智能推广的广告形式，其主要的表现形式是穿插在内容之中。

2006 年，facebook 首次推出信息流广告，由于具有较好的用户体验性和对用户的精准投放性，特别受欢迎。目前几乎所有的互联网媒体都推出了信息流广告平台。图 2-4 和图 2-5 显示了信息流广告表现形式。

图 2-4　信息流广告

资料来源：百度

图 2-5　北京家具展信息流广告（微信平台）

图2-5

资料来源：微信平台

信息流广告的优势：流量庞大、算法领先、形式丰富、定向精准、用户体验好。结合大数据和 AI 进行精准投放，无论是品牌曝光还是获取效果都可满足需求。

2.2.9 网络游戏广告

网络游戏广告把网络游戏平台视为新兴媒体，以网络游戏玩家为目标受众，通过一定的技术手段将广告置入游戏中，使玩家在虚拟世界中接受广告信息传播。具体方式包括把广告植入网络游戏的道具或场景中、线上与线下的互动、游戏开始或结束时的广告、定制式网络游戏广告等。

2.2.10 移动广告

1. 概述

移动广告是指基于无线通信技术，以移动设备为载体的一种广告形式，是移动营销的重要组成部分，它具有受众庞大、定点传播、及时传播、互动传播、再次传播等优势。

2. 移动广告的形式

移动广告的形式主要有手机报、WAP 网站广告、手机搜索、短信、彩信、WAP PUSH、彩铃、声讯、游戏广告、手机图片、手机铃声、手机视频、手机电视、二维码、终端嵌入等。

（1）手机报　手机报是传统报业资源与移动通信技术结合，将平面报纸的资讯内容复制或经过精简再编辑后，通过彩信、WAP、短信等技术手段发送到读者手机终端，因为手机屏幕、容量的限制，一般是将每天报纸中相对重要的内容提取出来进行编辑发布。与传统媒体相比，手机报具有受众资源丰富、信息传播方便、传播功能全面、传播速度快、实时互动等特点。

（2）手机二维码　手机二维码是二维码的一种，是用特定的几何图形按一定规律在平面（二维方向上）分布的黑白相间的矩形方阵上记录数据符号信息的新一代条码技术。用户通过手机摄像头对二维码图形进行扫描，或输入二维码号即可进入相关网页进行手机上网，从而使上网更加方便快捷。手机二维码可以印刷在报纸、杂志、广告、图书、产品、包装以及个人名片等多种载体上。

（3）WAP 广告　WAP 链接广告类似传统互联网广告，其本质在于依托 WAP 网站本身的用户流量带来对 WAP 链接广告的眼球效应，包括运营商官方 WAP 站点（official WAP）和免费 WAP 站点（free WAP）页面上的链接的广告形式。

（4）语音类广告　语音类广告就是将广告主的语音类信息通过运营商的语音通道传递到终端用户手机上，包括 IVR、彩铃/炫铃、客服通道（10010）、铃声和中国电信的号码百事通等。

（5）终端嵌入类广告　终端嵌入类广告即以屏幕保护、壁纸、开关机画面、视频、铃声、游戏等方式将广告信息嵌入到新出厂的手机里。

（6）搜索类广告　与互联网的搜索广告类似，包括关键词购买或竞价排名等形式。某些搜索引擎也利用手机平台的特点进行了创新，包括利用手机搜索直接可以拨打电话。

（7）小区短信类广告　以手机的短信功能为基础，向进入特定区域的用户发送信息，如到达新的省区、商场、机场等。

（8）手机程序　随着智能手机的兴起，手机程序（主要包括手机游戏和软件）的广告潜力也开始显现出来。一般可以采取广告支持的免费游戏/软件供使用者下载的模式。游戏不必多说，一直是杀手级应用。而典型的软件有手机版的城市生活指南软件，如 Vindigo 开发的 Vindigo City Guide 软件，提供了美食、电影、音乐、展览、休闲、购物（Shopping）等各类信息，是人们出行的好帮手。

（9）移动视频　移动视频是指在移动设备内进行的插播视频的广告形式，分为传统贴片广告和 In-App 移动视频广告。

（10）移动 DSP　移动 DSP（Demand-Side Platform）就是针对移动端的需求方平台，是为解决广告主投放的各种需求，真正实现人群定位的精准广告的平台。以 YeahMobi 的移动 DSP 平台为例，其对接了 Smaato、Nexage、Mobpub、Google 等 Ad exchange 平台，用 YeahMobi 大数据匹配用户行为进行广告竞投，从而实现精准广告投放。

2.2.11　在线分类广告

在线分类广告（Classified AD），顾名思义，指的是网站将各种广告信息综合起来，按照产品和服务的类别进行详细分类，向网民提供各种各样的广告信息。在线分类广告是比较专业的广告形式，因为大量的广告信息被聚合起来后将是一笔非常巨大的资源。

在线分类广告凭借网络本身的诸多优势对传统报纸的分类广告形成了极大的冲击，因为在线分类广告可以通过网络搜索、数据库功能、快捷的更新等争取到很多的用户。

百姓网（原客齐集）（http://www.baixing.com/）是这类广告形式的代表，图 2-6 是其网站的截图。

图 2-6

图 2-6　百姓网网站截图

资料来源：百姓网

百姓网（baixing.com）成立于 2005 年 3 月 1 日，是国内知名的分类信息生态服务商，也是中国互联网轻资产模式的典范。百姓网为用户提供涵盖生活服务、招聘求职、房屋租售、二手车买卖、二手交易、教育培训、同城交友等一站式本地生活服务信息平台，同时为中小微商户建立全方位的精准营销解决方案。

截至 2016 年 9 月，百姓网月活跃用户数过亿，月新增信息量超过千万条，覆盖全国 367 个城市。其中，来自移动端的流量已超过全站流量的 90%。2016 年 3 月 14 日，百姓网在新三板挂牌。2017 年 5 月，百姓网成功入选新三板创新层。

2.2.12 电子邮件广告

基于 E-mail 的网络广告主要有直接电子邮件广告、邮件列表广告、电子刊物广告等。直接电子邮件广告即利用收发邮件的方式，收集顾客或潜在顾客的 E-mail 地址，以便函方式有针对性地将商业广告直接发送给指定群体。邮件列表广告又被称为"直邮广告"，是一种按照某种分类将客户列入电子邮件列表，利用这种方式发送电子邮件，这样消息会实时传达给列表上的每一个人。电子刊物广告是指使用任何渠道吸纳自愿订阅用户，以有偿或无偿的形式通过电子邮件载体向客户发送内容。

2.2.13 交互式广告

交互式广告（Interactive Advertisement）是指任何要求或允许浏览者做出行动的广告。交互式广告的形式多种多样，如游戏、插播式、回答问题、下拉菜单、填写表格等，这类广告需要更加直接的交互，比单纯的点击包含更多的内容。交互式广告可以分为超文本标记语言（HTML）和富媒体（Rich Media）两种。

交互式广告使用者力图通过交互式广告的使用，使互联网用户花费更多时间关注在线广告，甚至把喜爱的广告嵌入他们自己的网页。例如，某网站有一个汽车的广告，网页浏览者在广告页输入当地的邮政编码，就可得到显示他们所在区域交通情况的地图。另一个六旗主题乐园的广告包括一个小游戏和一个"添加到你的××主页"的链接。正是由于与消费者的互动，交互式广告不仅为广告商提供了访问者的详细情况，而且大大提高了广告效果。在 2007 年上半年，美国交互式广告收入达到了 100 亿美元，越来越多的商务公司看中了交互式广告带来的神奇促销效果。

习题

一、单选题

1. （　　）是被搜出来的广告。
   A．关键字　　　　　　　　　B．文本链接式广告
   C．游动式广告　　　　　　　D．弹出式广告
2. 网络广告最大的优势在于（　　）。
   A．受众统计的精确性　　　　B．互动性
   C．广泛性　　　　　　　　　D．信息诉求的针对性
3. 网络广告信息传播是（　　）。
   A．非个体化、双向性的传播
   B．个体的传播、亲身的传播
   C．非个体化、单向性的传播
   D．个体化、双向性的传播

4．（　　）是以一行文字作为一个广告，点击就可进入相应的广告页面。
   A．关键字　　　　　　　　B．文本链接式广告
   C．游动式广告　　　　　　D．弹出式广告
5．世界上第一条网络广告是美国电报电话公司（AT&T）等十四家客户在网络杂志《热线》（*Hotwired*）发布的（　　）广告。
   A．旗帜　　　B．按钮　　　C．文字链接　　　D．关键字
6．（　　）是指在打开一个页面时自动弹出的网络广告形式。
   A．富媒体广告　　　　　　B．动画广告
   C．旗帜广告　　　　　　　D．插入式广告
7．（　　）是满屏游走的网络广告形式。
   A．富媒体广告　　　　　　B．动画广告
   C．游动式广告　　　　　　D．插入式广告
9．（　　），世界第一个网络商业广告诞生。
   A．1985 年　　　　　　　　B．1994 年
   C．1995 年　　　　　　　　D．1997 年

二、多选题

1．广告信息是指网络广告所要传达的主要内容，主要有（　　）等。
   A．有形商品信息　　　　　B．企业信息
   C．无形商品信息　　　　　D．观念信息
2．信息流广告平台主要有（　　）。
   A．新闻资讯类平台　　　　B．社交媒体类平台
   C．搜索引擎类平台　　　　D．视频类平台
3．网络广告的媒体包括（　　）。
   A．手机　　　B．网络　　　C．电视　　　　　D．广播

三、名词解释

网络广告、在线分类广告、信息流广告、交互式广告、手机广告、门户网站广告、网络视频广告、网络游戏广告、移动广告

四、简答题

1．简述网络广告的要素。
2．简述手机广告的形式。

五、案例题

凡客诚品这家以电子商务起家、以网络营销发家的标准线上公司也开始走线下了，他们开展了大规模的线下推广活动。曾经，凡客诚品以精准娴熟的互联网广告投放策略，几乎覆盖了所有重点网站。在这种铺天盖地的网络营销之下，凡客诚品 3 年间成长了 300 倍。

资料来源：艾瑞网

此案例说明了什么？

六、操作题

查找 5 个不同网站，分析该网站的广告形式，写出分析报告。

学习情境 3　进行网络广告调查

网络广告调查是指运用网络手段，系统地设计、收集、分析和提出有关市场的情报资料，更好地预测、把握目标市场的变化规律，为广告决策提供可靠依据的调查研究活动，是伴随着广告活动所进行的一切调查活动，任何广告活动必须从广告调查开始。

本学习情境主要介绍网络广告调查的步骤和方法。通过学习，读者可以全面理解网络广告调查的意义，能够根据需要进行网络广告调查。

任务 3.1　认识网络广告调查

➲ 任务引例

某品牌女鞋网络广告调查

（一）调查目的

通过调查诊断某品牌女鞋在网络广告营销方面存在的不足并适当给予建议，从而让其更好地打进大学生市场。

（二）调查方法和对象

调查方法：小组访谈法、问卷调查法、简单随机抽样法。

调查对象：在校大学生。本次调查的被访对象跨法学、经济学、医学、地理学、语言学等多个学系和专业。

（三）调查内容

调查内容主要有：消费者购鞋频率、影响买鞋决策的因素、消费者心理对该品牌女鞋的评价、消费者认知该品牌女鞋的渠道、消费者网络接触习惯、消费者对该品牌女鞋信息的需求等。

（四）调查主要结论

1. 调查对象普遍认为该品牌女鞋的质量好，然而，在小组访谈中，调查者从消费者口中得出，该品牌女鞋的质量有点儿差强人意。经过深入分析，调查者得知没有买过该品牌女鞋的群体普遍认为其质量好（因为价格高），而买过的群体却基本给出了差评。这就给该品牌敲响了警钟——做品牌，质量一定要把关。

2. 据调查，该品牌形象在大众心中还是很不错的，其中形象代言人起到了不可磨灭的作用。因此，多在代言人广告上花心思显得尤为重要。

3. 被调查者普遍认为该品牌女鞋的款式太少，有点儿老气。因此，在设计方面需要加强。在走潮流、时尚路线的同时也应该尽量丰富款式的多样化，以适合不同消费人群的需求。

4. 在商品挑选上，价格总是消费者最为关心的一个因素，经问卷调查与小组访谈得知，该品牌女鞋的问题之一就是价格不稳定，降价幅度太大而且频率高。这样会伤害消费者的购买积极性，从长远角度想，这种降价措施实际上给品牌降了一个档次。因此，调查者提出的相应建议是打折频率不能太高，降价的幅度尽量压低。

5. 该品牌的服务态度出现了严重的问题，服务给消费者带来的负面感觉是很难逆转的，因此，应加强对加盟店人员的培训，并在加盟人员上把好关。

6. 绝大部分的消费者对于该品牌的最新信息持无所谓态度，但是实际上，在小组访谈中，调查还是听到访谈对象提出的意见："虽然我们对一些广告持无所谓态度，但是如果有吸引我们的广告或者活动，我们还是愿意去看看的。"所以，该品牌在今后的广告策略上应考虑到网络广告的形式，应根据消费者的喜好来投放，例如情景剧、视频、有关形象代言人的活动等比较不会让人觉得厌烦或排斥。

7. 门店海报和电视这两项最主要信息渠道占据前两名，说明该品牌的门店海报和电视广告宣传力度都比较到位，并能取得实际效果。网络位居第三，拥有 13.6%的比例，仍有很大的上升空间，说明该品牌在网络宣传方面仍有很大的潜力。但经过调查者调查了解到该品牌的网络广告并不多见，虽然有自己的企业网站及销售网站，但知道的人并不多。因此，调查者建议可在其他信息渠道上多对网站进行宣传。门店海报、电视的宣传作用明显具有绝对优势，因此调查者认为网络宣传投入比重应不超过其他主流媒体为宜。

8. 相当大比重的学生都选择了门户网站和新闻网站，因此调查者建议网络广告的投放媒体可多考虑这两类网站。

9. 调查结果显示百度、淘宝、腾讯是网民登录的最频繁的网站，其次为优酷、新浪网，因此调查者建议与这些网站合作。

资料来源：百度

➡ **任务要求**

1. 网络广告调查的主要方法是什么？
2. 网络广告调查对网络广告投放策略具有哪些作用？
3. 引例中网络广告调查的作用有哪些？

➡ **相关知识**

3.1.1 网络广告调查的含义

网络广告调查是指利用计算机网络的传播手段取代面对面访问、电话访问或邮寄调查的方式，研究产品、消费者、竞争对手和市场的相关信息，并对收集的信息进行统计和分析，来帮助广告公司制定或评估网络广告战略、单独的网络广告或整个网络广告战役。

网络广告调查是为企业的整个广告运动服务的，是针对企业一系列的广告活动而言的，而不是网页上一则单独的横幅或旗帜广告。作为网络调查的重要分支，网络广告调查主要是以互联网为技术手段去收集和统计分析与广告活动相关的一些信息和资料，与传统的广告调查相比，网络广告调查所采用的"利用计算机网络的传播手段"来进行调查的方式更符合现今"全球化""地球村"时代的要求。

3.1.2 网络广告调查的特点

广告调查的目的是帮助广告主更好地了解消费者对产品的感觉、对竞争对手的看法以及对品牌形象和企业形象的信任度。因此，获取真实的与消费者有关的信息在广告调查活动中具有关键的作用。同时，这也是一个难题。

网络调查的优势主要体现在以下两个方面。

1. 即时接触目标消费群体、费用低廉

网络调查仅需要一台可以上网的计算机，通过发送 E-mail、在 Web 站点上发布在线调查表以及通过弹出式调查、网上固定样本调查等方式，就可以吸引网民的注意力，即时地接触到目标消费群体，从而搜集到所需要的信息。

另外，通过统计分析软件可以对搜集到的数据进行自动处理和分析，不需要额外的调查人员对获取的信息再进行处理，既节省了经费也节约了时间成本。网络调查的经济成本一般可以降低到传统调查方式的 60%。

2. 网络调查的方式丰富多样、可塑性强

传统的市场调研可以分为获取第二手资料的方法和获取第一手资料的方法两大类。互联网早已经是获取第二手资料的最便捷渠道，称为网上搜索法。互联网已成为可用于营销目的的二级数据源泉，不少著名的市场调查公司会在万维网上发布一些简略市场数据，与此同时，其他互联网服务——如电子图书馆，则发挥着贸易、工商新出版的数据库的作用。

对第一手资料的获取，传统的广告调查从定性调查入手，来获得对市场、消费者及产品的总体印象，然后通过定量调查方法或实地调查来得到针对具体营销形势的准确数据。网络调查兼具定性调查和定量调查的特点，常见的网络定性调查有一对一的网上深度访谈、网上小组座谈和观察法。同传统的访谈和观察法相比，在网络的虚拟空间里，被访问者是匿名存在的，这就保证了对某些敏感性和私人性问题的回答率，接受深度访谈或小组座谈的目标消费者的回答会更加真实、客观，不受调查者主观暗示的影响，并且网络跨越了时空限制，因此可以随时随地开展定性调查。在网络空间里，同样可以采用实验法。随着电子商务的普及，网上交易变得频繁起来，为实验调研法的网上推广提供了很好的环境条件。此外，在网络广告投放后，网络调查还可以进行对网络广告的监测，类似于传统的广告监测，并随时根据新出现的问题进行修改，可塑性强。因此，采用网络调查的方式进行广告调查是可行的，但是在我国互联网发展的现状下，网络调查仍存在着一些问题，需要引起高度的重视。

任务 3.2　进行网络广告调查

▶ 任务引例

网络广告效果调研问卷

如今网络越来越成为人们生活中重要的一部分，网络广告也成了营销队伍中逐渐壮大的一支力量。为了了解年轻族群对于网络广告的关注情况及态度倾向，我们特做此次调查，占用您几分钟宝贵的时间填写以下问卷，感谢您的参与！

1. 你的性别：男　女
2. 你每天用于上网的时间：
   少于1小时　　1~2小时　　2~3小时　　大于3小时
3. 你通常会在什么类型的网站上浏览广告（多选）？
   门户网站（新浪、网易、腾讯等）
   搜索网站（百度等）
   新闻网站
   BBS网站
   商业网站
   游戏网站
   政府网站或公益网站
4. 你对网络广告的信任程度如何？
   从不相信　　半信半疑　　比较可信　　非常相信
5. 你是否曾经因为网络广告产生购买行为？
   没有　　偶尔　　经常
6. 你比较接受以哪种方式发布的广告（多选）？
   弹出广告
   视频、Flash广告
   浮动广告
   电子邮件广告
   网页侧栏广告
   游戏嵌套广告
   商家发布的在线活动
   "软文""红人推荐"等方式
7. 你如何对待网络广告？
   不会点击，非常讨厌
   不常点击，但是浏览下大致内容
   有时点击，看看自己感兴趣的内容和网站
   经常点击，从中获取更多信息
8. 在阅读网络广告时，广告的什么内容能给你留下印象（多选）？
   广告标语
   精美的图片与描述
   产品的性能
   企业Logo（标志）
9. 你通常在怎样的情况下遇到网络广告（多选）？
   浏览新闻信息
   收发邮件
   网上聊天
   玩游戏
   观看视频播放

　　　　下载东西
　　　　其他
10. 你认为广告吸引你的重点在哪里？
　　　　商品本身
　　　　广告创意
　　　　品牌形象
　　　　出现在网页上的时间和位置
11. 你对网络广告不满意的地方是哪里（多选）？
　　　　真实性无法保证
　　　　怕有病毒
　　　　强制性营销
　　　　影响阅读网页
　　　　广告中缺乏真正有用的信息
　　　　出现次数多，打扰自己
　　　　广告缺乏吸引力
　　　　杂乱无序
12. 你认为网络广告的哪一部分最重要？
　　　　广告标语　　广告的图片　　广告的内容　　其他
13. 你认为商家在广告的投入上应侧重哪一方面？
　　　　企业形象　　商品质量　　促销活动　　其他
14. 对于赠送活动，你的态度如何？
　　　　不相信，天上没有掉下来的馅饼
　　　　相信但不参与，觉得概率太小
　　　　机不可失，抢
15. 你是否遭受过虚假网络广告的欺骗？
　　　　是　　否
16. 你感觉网络广告对你有效果吗？
　　　　没有
　　　　有一定的效果，可以作为借鉴
　　　　有很大效果

➲ 任务要求

1. 网络广告调查问卷中如何设计题目？
2. 网络广告调查问卷中最适宜的题目数量？
3. 网络广告调查问卷中备选答案应如何设计？

➲ 相关知识

3.2.1　明确调查目标与内容

广告调查不能漫无目的，否则会造成调研结果与广告策划需求不相符，导致人力与财力成本的浪费。我们需要根据广告活动的要求，制定明确的调查目标，界定调研问题；分析现有的与调查问题有关的资料，明确广告调查需要搜集的资料，明确调查问题的要求。明确调查目的与内容是进行网络广告调查的第一步。广告调查的内容一般包括以下几部分。

1. 市场调查

市场调查是广告调查的内容之一，是指和广告活动密切相关的市场情报的调查。一般来说，主要有市场需求规模调查、广告主企业经营情况调查、广告产品情况调查、市场竞争性调查等内容。

2. 消费者调查

所谓消费者调查是指对与广告产品有关的各种消费者购买行为的调查，具体包括生理因素、心理因素和个性因素的调查。

3. 企业形象调查

企业形象调查是指对社会公众所给予企业的整体评价与认定的情况调查。由于20世纪90年代的广告发展被公认为系统形象广告时代，企业形象调查就显得尤为重要。企业形象调查的内容很多，具体包括品牌形象、技术形象、企业识别系统等。这些企业形象转化为具体的指数就是企业的知名度和美誉度。

所谓知名度是指一个企业被社会公众知晓、了解的程度，以及企业对社会产生影响的广度和深度。这一指数是评价企业在社会上名气大小的客观尺度。所谓美誉度是指一个企业获得社会公众认可、信任、赞许的程度，以及企业在社会上产生影响的美与丑、好与坏等。这一指数是评价企业在社会上名声好坏的客观尺度，是任何一个企业都极力追求的目标。

通过对企业形象进行调查，就会了解社会公众对企业整体形象认识的真实和完整的情况，使之与企业自身设定的形象进行比较，找到企业开展广告活动和公共关系活动的工作重点或区域。

4. 效果调查

广告效果调查分为事前调查和事后调查。事前调查又称广告试查，是指广告在实施前对广告的目标对象进行小范围的抽样调查，了解消费者对该广告的反应，以此来改进广告策划及广告表现，提高随后的广告效果。事后调查是指在广告发布之后的一段时间里，对于广告的目标对象所进行的较大规模和较广范围的调查，通过对广大消费者对该广告运动的反应，而测定广告效果的调查工作。其目的在于测定广告预期目标与广告实际效果的态势，反馈广告活动的受众信息，为修正广告策略和随后进一步开展广告工作奠定量化基础，以便广告主或广告公司的广告活动更好地促进企业目标的实现。广告效果调查必须以严格的定量化指标为结果和表现形式，所有定性的内容都必须基于严格的量化参数。这就要求在广告效果的调查活动中，采用科学化的手段与方法去进行各个调查环节的工作，以达到广告效果测定结果的可信性与有效性。

5. 媒体调查

网络广告媒体调查，就是在网络广告发布之前，对网络广告媒介物的功能、特点、收费标准、实际状况所做的调查，从而掌握各种媒介物的经营情况和工作效能。评价各种媒介物的优劣，便于做出合理的决策。

3.2.2　确定调查方法

网络广告调查方法分为网络直接调研和网络间接调研。网络直接调研是指利用互联网技术，通过网上问卷等形式调查网络广告市场及其效果的一种调研类型。网络间接调研主要是利用互联网收集与广告营销相关的市场、竞争者、消费者以及宏观环境等方面的信息。网络间接调研的方法，一般通过搜索引擎搜索有关站点的网址，然后访问所想查找信息的网站或网页。

1. 网络直接调研

按调研的思路不同，可以将网络直接调研分为网上问卷调研和网上论坛调研等方法。

网上问卷法是将问卷在网上发布，被调研的对象通过 Internet 完成问卷调研。在实际操作中有两种网上问卷调研途径：一是通过网站发布和回收问卷。将问卷放在网站上，等待访问者访问时填写问卷，如 CNNIC（China Internet Network Information Center，中国互联网络信息中心）每半年进行一次的"中国互联网络发展状况调研"就是采用这种方式。这种方式的好处是采取自愿性填写，缺点是无法核实问卷填写者的真实情况。为达到一定问卷数量，站点还必须进行适当宣传，以吸引大量访问者。二是通过电子邮件发送和回收问卷。通过 E-mail 方式将问卷发送给被调研者，被调研者完成后将结果通过 E-mail 返回。这种方式的好处是可以有选择地控制被调研者，缺点是遭到被调查者的反感。采用这种方式时应首先征得被访问者的同意，并向提问者发送小礼物。

网上论坛调研是指通过 BBS 和新闻组对企业的产品进行网上调研。尽管问卷调研方法有比较客观、直接的优点，但也存在不能对某些问题进行深入调研和分析原因的缺点。为了弥补网上问卷调研的不足，许多企业设立 BBS 以供访问者对企业产品进行讨论，或者与某些专题的新闻组进行讨论，以更深入地获取有关资料。及时跟踪和参与新闻组和公告栏，有助于企业获取一些问卷调研无法发现的问题。因为问卷调研是从企业角度出发考虑问题的，而新闻组和公告栏是用户自发的感受和体会，他们传达的信息也往往是比较客观的，网上论坛调研的缺点是信息不够规范，需要专业人员进行整理和挖掘。

按组织调研样本的行为不同，可以分为主动网上调研法和被动网上调研法。

主动网上调研法，即调研者主动组织调研样本，完成统计调研的方法。被动网上调研法，即调研者被动地等待调研样本造访，完成统计调研的方法。被动网上调研法的出现是统计调研的一种新情况。

按采用的调研技术不同分类，可以分为站点法、电子邮件法、随机 IP 法和视频会议法等调研方法类型。

站点法是将调研问卷的 HTML 文件附加在一个或几个网络站点上，由浏览这些站点的网上用户回答调研问题的调研方法。站点法属于被动调研法，是网上调研的基本方法。

电子邮件法是通过给被调研者发送电子邮件的形式将调研问卷发送给一些特定的用户，由用户填写后以电子邮件的形式再反馈给调研者的调研方法。电子邮件法属于主动调研法，优点是大大提高时效性。

随机 IP 法是以产生一批随机 IP 地址作为抽样样本的调研方法，属于主动调研法，其理论基础是随机抽样。

视频会议法是基于 Web 的计算机辅助访问的调研方法，是将分散在不同地域的被调研者通过互联网视频会议功能虚拟地组织起来，在主持人的引导下讨论调研问题的调研方法。

2. 网络间接调研

（1）收集竞争者信息的方法

1）利用搜索引擎进行检索。利用关键词和喜爱的搜索引擎进行一系列的互联网检查是搜索竞争者信息的首选方法。Google（谷歌）、bing（必应）、Yahoo!（雅虎）、百度（Baidu）等都是知名的搜索引擎网站。

2）访问竞争者的网站。竞争者的网站会透漏竞争企业当前及未来的营销策略，应该认真阅读竞争者的网站风格、内容和主要特色。虽然调研者在网站上可能发现不了什么内幕消息，但浏览竞争者的网站是获得大量信息的好的开端。

3）收集竞争者网上发布的信息。在互联网上日益增多的信息中，商业信息的增长速度是最快的。调研者在考虑这些信息对企业的时效性时，应该注意它们的时效性和准确性。

4）从其他网上媒体获取竞争的信息。如果企业没有自己收集竞争者信息的资源或技术，就只能外购竞争者的信息了。外购信息的优点是外部的咨询人员比较客观，他们具有丰富的专业经验，可以更快地完成报告，并且定期更新信息。外购信息的缺点是成本高，包括初始成本和更新信息的成本。

5）从有关新闻组和 BBS 中获取竞争者的信息。在网上有许多关于竞争者信息的讨论组，参加其中的任何一个都会得到很大的好处。

（2）收集市场行情信息的方法　企业所收集的市场行情资料主要是指产品价格变动、供求变化方面的信息。收集市场行情信息，首先要了解可能用来收集市场行情信息的站点。这一类站点数目较多，大致有以下 3 种。

1）实时行情信息网，如股票和期货市场。

2）专业产品商情信息网。

3）综合类信息网。一般来讲，不同商情信息网侧重点不同，最好是能同时访问若干家相关但不完全相同的站点，以求找出最新的、最全面的市场行情。

（3）收集消费者信息的方法　消费者信息是指消费者的需要、偏好、意见、趋势、态度、信仰、兴趣、文化和行为等方面的信息。通过互联网了解消费者的偏好，可以通过网上调研的方法来实现。了解消费者的偏好也就是收集消费者的个性特征，为企业细分市场和寻找市场机会提供基础。

1）利用 Cookie 技术收集消费者信息。Cookie 是用户硬盘里的一个小的文本文件，它可以把用户的上网信息储存在浏览器的存储器中。一旦用户浏览某个使用 Cookie 技术的网站超过一定时间，网站就会把相关的信息下载到用户的浏览器上并存储起来。利用 Cookie 技术，企业可以更详细地了解消费者的上网特征甚至购买行为。不管怎么说，Cookie 都是收集消费者信息的优秀工具。通过 Cookie 与电子问卷调研等手段收集的信息结合在一起，调研者就可以了解用户的上网特征，包括用户人口统计数据、消费心理数据及其他统计数据。收集这些重要的消费者信息可以帮助调研者实施更有效的一对一营销。

2）通过二手资料获取消费者信息。互联网可以让调研者迅速收集到遍布全球的二手消费者信息。有大量组织机构提供内容广泛的消费者信息，调研者可以在互联网上找到各种商业报告、贸易杂志、数据库和政府的人口普查数据等。有些服务是免费的，但很多是付费的，一般来说，购买二手数据比收集一手数据更快、更便宜。

3）利用专业统计软件和网上订单收集消费者信息。有的公司通过网页统计方法了解消费者对企业站点感兴趣的内容。现在的统计软件可以如实记录下每个访问页面的 IP 地址，如何找到该网页等信息。目前，许多公司为了方便消费者，在公司网站架设 BBS，允许消费者对公司的产品进行评述和提意见。有的公司允许消费者直接通过网络下订单，提出自己的个性化需要，公司因此可以直接获取消费者的第一手资料。

（4）收集环境信息的方法　环境信息是指与企业营销战略有关的宏观环境变量的总和。宏观环境主要是指直接或间接影响企业生存与发展的社会、技术、经济和政治因素。环境信息调研应该看成是对主要的环境变量信息进行收集、评价并把它们与企业的日常决策和长期战略计划结合在一起的过程。在当今全球一体化趋势下，任何地方发生的事情或出现的问题都可能对企业实现其短期和长期目标的能力产生影响。

3.2.3　设计调查问卷

调查问卷又称调查表，是调查者根据一定的调查目的精心设计的一份调查表格，是现代社会用于收集资料的一种最为普遍的工具。

1．调查问卷的分类

按照不同的分类标准，可将调查问卷分成不同的类型。

1）根据市场调查中使用问卷方法的不同，可将调查问卷分成自填式问卷和访问式问卷两大类。

自填式问卷是指由调查者发给（或邮寄给）被调查者，由被调查者自己填写的问卷。访问式问卷则是由调查者按照事先设计好的问卷或问卷提纲向被调查者提问，然后根据被调查者的回答进行填写的问卷。一般而言，访问式问卷要求简便，最好采用两项选择题进行设计；而自填式问卷由于可以借助视觉功能，在问题的制作上可以相对更加详尽、全面。

2）根据问卷发放方式的不同，可将调查问卷分为送发式问卷、邮寄式问卷、报刊式问卷、人员访问式问卷、电话访问式问卷和网上访问式问卷 6 种。其中前 3 种大致可以划归自填式问卷范畴，后 3 种则属于访问式问卷。

网上访问式问卷是在 Internet 上制作，并通过 Internet 来进行调查的问卷类型。此种问卷不受时间、空间限制，便于获得大量信息，特别是对于引起敏感性问题，相对而言更容易获得满意的答案。

2．问卷的基本要求

一份完善的问卷调查表应能从形式和内容两个方面同时取胜。从形式上看，要求版面整齐、美观，便于阅读和作答，这是总体上的要求。具体的版式设计、版面风格与版面要求，这里暂不陈述。

再从内容上看，一份好的问卷调查表至少应该满足以下几个方面的要求。

1）问题具体、表述清楚、重点突出、整体结构好。

2）确保问卷能完成调查任务与目的。

3）调查问卷应该明确正确的政治方向，把握正确的舆论导向，注意对群众可能造成的影响。

4）便于统计整理。

3．问卷的基本结构

问卷一般包括 4 个部分，即说明信、调查内容、编码和结束语。其中调查内容是问卷的核心部分，是每一份问卷都必不可少的内容，而其他部分则根据设计者的需要取舍。

（1）说明信　说明信是调查者向被调查者写的简短信，主要说明调查的目的、意义、选择方法以及填答说明等，一般放在问卷的开头。

（2）调查内容　问卷的调查内容主要包括各类问题、问题的回答方式及其指导语。这是调查问卷的主体，也是问卷设计的主要内容。

问卷中的问答题，从形式上可分为开放式、封闭式和混合型三大类。开放式问答题只提问题，不给具体答案，要求被调查者根据自己的实际情况自由作答；封闭式问答题则既提问题，又给出若干答案，被调查中只需在选中的答案中打"√"即可；混合型问答题又称半封闭型问答题，是在采用封闭型问答题的同时，最后再附上一项开放式问题。

指导语也就是填答说明，是用来指导被调查者填答问题的各种解释和说明。

（3）编码　编码一般应用于大规模的问卷调查中。因为在大规模问卷调查中，调查资料的统计汇总工作十分繁重，借助于编码技术和计算机，则可大大简化这一工作。

编码是将调查问卷中的调查项目以及备选答案给予统一设计的代码。编码既可以在问卷设计的同时就设计好，也可以等调查工作完成以后再进行。前者称为预编码，后者称为后编码。在实际调查中，常采用预编码。

（4）结束语　结束语一般放在问卷的最后，用来简短地对被调查者的合作表示感谢，也可征询一下被调查者对问卷设计和问卷调查本身的看法和感受。

4．问卷问题的类型

问题的类型归结起来分为 4 种：自由问答题、两项选择题、多项选择题和顺位式问答题。其中后 3 种均可以称为封闭式问题。

（1）自由问答题　自由问答题也称开放型问答题，只提问题，不给具体答案，要求被调查者根据自身实际情况自由作答。自由问答题主要限于探索性调查，在实际调查问卷中，这种问题不多。自由问答题的主要优点是被调查者的观点不受限制，便于深入了解被调查者的建设性意见、态度、需求问题等；主要缺点是难以编码和统计。自由问答题一般应用于以下几种场合：作为调查的介绍；某个问题的答案太多或根本无法预料时；由于研究需要，必须在研究报告中原文引用被调查者的原话。

（2）两项选择题　两项选择题也称是非题，是多项选择的一个特例，一般只设两个选项，如"是"与"否"，"有"与"没有"等。两项选择题的优点是简单明了；缺点是所获信息量太小，两种极端的回答类型有时往往难以了解和分析被调查者群体中客观存在的不同态度层次。

（3）多项选择题　多项选择题是从多个备选答案中选择一个或选择几个，这是各种调查问卷中采用最多的一种问题类型。多项选择题的优点是便于回答，便于编码和统计；缺点主要是问题提供答案的排列次序可能引起偏见。这种偏见主要表现在 3 个方面：第一，对于没有强烈偏好的被调者而言，选择第一个答案的可能性大大高于选择其他答案的可能性。解决问题的方法是打乱排列次序，制作多份调查问卷同时进行调查，但这样做的结果是加大了制作成本。第二，如果被选答案均为数字，没有明显态度的人往往选择中间的数字而不是偏向两端的数。第三，对于 A、B、C 字母编号而言，不知道如何回答的人往往会选择 A，因为 A 往往与高质量、好等相关联。解决办法是使用其他字母，如 L、M、N 等进行编号。

(4)顺位式问答题　顺位式问答题又称序列式问答题,是在多项选择的基础上,要求被调查者对询问的问题答案,按自己认为的重要程度和喜欢程度顺位排列。

在现实调查问卷中,往往是几种类型的问题同时存在,单纯采用一种类型问题的问卷并不多见。

5. 确定问题的顺序

问卷中的问题应遵循一定的排列次序,问题的排列次序会影响被调查者的兴趣、情绪,进而影响其合作积极性。所以,一份好的问卷应对问题的排列做出精心的设计。

一般而言,问卷的开头部分应安排比较容易的问题,这样可以给被调查者一种轻松、愉快的感觉,以便他们继续答下去。中间部分应安排核心问题,即调查者需要掌握的资料,这一部分是问卷的核心部分,应该妥善安排。结尾部分可以安排一些背景资料,如职业、年龄、收入等。个人背景资料虽然属于事实性问题,也十分容易回答,但有些问题,诸如收入、年龄等同样属于敏感性问题,因此一般安排在末尾部分。当然在不涉及敏感性问题的情况下也可将背景资料安排在开头部分。还有一点就是注意问题的逻辑顺序,有逻辑顺序的问题一定要按逻辑顺序排列,即使打破上述规则。这实际上就是灵活机动的原则。

3.2.4　分析调查结果

对问卷调查结果如何进行分析计算,与问卷调查如何设计有关。设计方法不同,计算和分析结果的分析方法也就不同。

1. 等级量化计算分析方法

这种形式的调查问卷,首先列出调查项目内容,然后让被调查者逐项表态:属于优、良、中、差中的哪一个等级。认为属于哪个等级,就在哪个等级下面画"√"。

调查者收回问卷后加以整理归纳,统计出每一项内容得到优、良、中、差的个数,然后规定优为 95 分、良为 85 分、中为 75 分、差为 60 分。用等级量化分数分别乘以等级个数,相加之后再除以总调查人数,就得出了这次问卷调查的总评结果。这个结果是以量化分数形式出现的,这个分数与哪个等级的量化分数接近,就可以认为总评属于哪个等级。至于为什么会得到这样的分数和等级,就要具体问题具体分析了。可以总体分析,也可以逐项分析,还可以将两者相结合。

2. 相对量化计算分析

这种类型的调查问卷从形式上与前一种并无本质上的区别。只是要求被调查者对调查项目内容的表态上并不一定是优、良、中、差中的某一个等级。它对评价结果的等级要求还要宽泛一些,等级分得更细一些。例如,有的调查问卷评价结果分为 7 级:1 是最差的,7 是最好的,最差的(1)和最好的(7)之间再分为(2,3,4,5,6)。被调查者对调查项目表态时,选择 1、2、3、4、5、6、7 中的任一级。

收回问卷后,按照调查问卷的项目顺序逐项统计出 1~7 各等级中的人数,即对该调查项目内容有多少个人认为是 1,……,多少人认为是 7。然后对于每一个等级,计算出该等级人数在总体中的比率。例如,某次问卷调查,被调查者 50 人,对于问卷中第一个项目内容的表态结果是 1 等的 0 人,2 等的 0 人,3 等的 1 人,4 等的 2 人,5 等的 8 人,6 等的 29 人,7 等的 10 人,则可以计算出各等级在总体中所占的比例依次是:0%、0%、2%、4%、16%、58%、

20%。调查结果表明：认为该项目内容效果达到最好或者接近最好的占 78%（58%＋20%）；认为最差和接近最差的没有；认为中等的占 4%。如果想知道该项目内容得分多少可以二次量化，将等级化为分数，比如规定 1～7 级分别为 40、50、60、70、80、90、100 分，于是，该项目内容得分就是 40×0+50×0+60×2%+70×4%+80×16%+90×58%+100×20%=89 分。这种分析形式最关注的是各等级人数在总调查人数中所占的比例，也就是说有百分之几的人认为属于这个等级，所以称为相对量化分析。

3.2.5 撰写调查报告

广告调查报告是市场调查报告的一种，是通过对广告环境、广告主、广告受众、竞争对手等市场情况进行调查后，对所得信息经过分析、研究和处理后而写成的为企业广告计划提供依据的报告性文书。

1．调查报告的特点

（1）针对性　报告是针对企业广告计划或与广告计划相关的某一问题而进行调查的结果。例如，关于青少年消费群体的研究。

（2）真实性　所调查的是市场某一方面问题的过去和现状，调查信息必须反映市场现状、变化规律。

（3）时效性　要及时、迅速、准确地发现和反映市场的新情况、新问题。

2．调查报告的结构

（1）标题　常见的标题形式有两种：一种是公文式标题，如《关于××冰箱市场前景的调查》；另一种是揭示调查对象式标题，常用正副标题的形式。

（2）正文　导言必须高度概括，简明扼要。应写明调查的基本情况，如调查目的、时间、地点、对象、范围、调查方法等，也可介绍报告的主要内容、观点。

（3）主体　主体一般分为 3 个层次：基本情况，介绍调查获得、经过归纳整理的资料数据及图表，说明被调查对象的过去和目前的商情；分析及结论，包括对资料数据如何分析、归纳以及发现的问题、关于市场状况的结论；根据分析及结论，提出有针对性的对策或措施。

（4）结语　结语可以概括全文的观点，写出总结式的意见，或说明调查中存在的问题、主要的情况倾向，或预测可能遇到的风险等，也可以不另加结语。

习题

一、单选题

1．调查问卷的核心内容是（　　）。
　　A．说明信　　　　　　　　　　　　B．调查内容
　　C．编码　　　　　　　　　　　　　D．结束语

2．问卷中设计问题有两种形式：开放式和（　　）。
　　A．半开放式　　　　　　　　　　　B．封闭式

C. 框图式 D. 半封闭式
3. （　　）是指在提出问题时不提供任何答案，由被调查者根据实际情况自由填写。
　　A. 开放式问题 B. 实质性问题
　　C. 指导性问题 D. 封闭性问题
4. 市场调查中，明确调查目和内容的是市场调查的（　　）。
　　A. 第一步骤 B. 第二步骤
　　C. 第三步骤 D. 第四步骤
5. 在调查问卷中，诸如收入、年龄等敏感性问题应放在问卷的（　　）。
　　A. 开头 B. 中间
　　C. 结尾 D. 任意位置都可

二、多选题

1. 调查资料按照其来源不同，可以分为（　　）。
　　A. 一手资料 B. 二手资料
　　C. 直接资料 D. 间接资料
2. 网络广告媒体调查，就是在网络广告发布之前，对网络广告媒介物各方面的调查，包括（　　）。
　　A. 功能 B. 特点
　　C. 收费标准 D. 实际状况
3. 收集竞争者信息的方法有（　　）。
　　A. 利用搜索引擎进行检索 B. 访问竞争者的网站
　　C. 收集竞争者网上发布的信息 D. 从其他网上媒体获取竞争的信息
4. 收集市场行情信息的方法有（　　）。
　　A. 实时行情信息网 B. 专业产品商情信息网
　　C. 综合类信息网 D. 以上都不是
5. 收集消费者信息的方法有（　　）。
　　A. 利用Cookie技术收集消费者信息 B. 通过二手资料获取消费者信息
　　C. 利用专业统计软件 D. 利用网上订单
6. 利用网络间接调研可以收集（　　）。
　　A. 消费者信息 B. 竞争者信息
　　C. 市场行情信息 D. 环境信息
7. 按调研思路的不同，可以将网络直接调研分为（　　）。
　　A. 网上问卷调研 B. 主动调研
　　C. 网上论坛调研 D. 被动调研

三、名词解释

调查问卷、网络广告调查、网络直接调查、网络间接调研

四、简答题

1. 简述网络广告调查的内容。
2. 简述网络广告调查报告的内容。

3．简述网络调查问卷的结构。

五、案例题

长沙冉星信息科技有限公司旗下的问卷星，旨在以问卷为基础，提供强大的数据收集、存储和分析工具，深挖数据价值。问卷星的用户已覆盖国内 90%以上的高校和科研院所，是各行业领导企业信赖的问卷调查、考试、投票的知名品牌。

利用问卷星进行网络广告调研采用的是什么方法，有哪些好处？

六、操作题

分组进行一次智慧养老产品网络广告的调查。

学习情境 4　进行网络广告预算

任何广告主都希望用尽可能少的资金投入获得尽可能好的广告效果。广告预算是指估算广告主应该投入的广告费总额,以及如何具体分配使用这些广告费,便于广告主控制网络广告投入和检测网络广告效果。

本学习情境主要是介绍网络广告计价方式和网络广告预算基础知识。通过学习,读者能够结合各种影响因素,选择合适的预算方法来编制网络广告预算方案。

任务 4.1　认识网络广告计价方式

⊃ 任务引例

百度搜索推广采取预付费制,客户通过账户预付推广资金。客户首次开户,最低需缴纳基本预存推广费用 6000 元和服务费 1000 元,具体数额根据地区情况而变动。开通服务后,客户自助选择关键词、设置投放计划,当搜索用户点击客户的推广信息访问企业网站时,系统会从预存推广费中收取一次点击的费用,当账户中的预存推广费用完后,客户可以续费,以保持或加大推广力度,通过百度推广获得更多客户和生意。百度实施有效点击计费,恶意点击等视为无效不计费。展现全免费,不点击,不计费。这是百度推广收费制度的特点。

资料来源:百度

⊃ 任务要求

1. 百度搜索推广采用什么样的网络广告计价方式?
2. 网络广告还有哪些计价方式?

⊃ 相关知识

4.1.1　CPM

CPM(Cost Per Thousand Impressions,每千人印象成本)是指广告显示 1000 次所应付的费用。例如,某网站 2020 年北京、上海 15 秒贴片广告报价为 140 元/CPM,那么就意味着该网站显示 1000 次这个广告就收 140 元。如果企业广告投入是 700 元,就可以获得 700/140×1000,即 5000 次播放机会。

CPM 的广告计费方式有明显的好处。第一,以访问次数为单位来计费,可以更加公平、科学地把主页广告与非主页广告区分开。第二,激励网站千方百计地提高网页的浏览人数,这对提升广告效果非常有利。这种收费模式最直接的好处就是把广告与广告对象联系了起来。

4.1.2 CPC

CPC（Cost Per Thousand Click-Through，每千人点击成本）的收费模式是以实际点击的次数为标准来计算费用的，它仍然以 1000 次点击为单位。当然有的企业是以每点击一次收费。例如，某网站信息流广告的单价是 5 元/CPC，则表示 200 元可以买到 200/5×1000，即 40000 次点击。与 CPM 相比，CPC 是一种更科学、更细致的广告收费方式，它以实际点击次数而不是页面浏览量为标准，这就排除了那些网民单纯浏览页面，而根本不看广告的虚量。CPC 能直接、明确地反映网民是否对广告内容产生兴趣。

4.1.3 CPA

CPA（Cost Per Action，每行动成本）就是广告主为每个行动所付出的成本，即根据每个访问者对网络广告所采取的行动收费的定价模式。Action，即所谓的"行动"包括很多种，购买产品也是行动，但现在叫作 CPS（Cost Per Sales，按销售计费）广告；注册、发帖等都是行动，叫作"CPL（Cost Per Lead，按引导数计费）广告"。但总的来说，常说的 CPA 可以理解为注册会员、下载安装等。这种计价方式对于广告主而言是非常有利的。CPA 模式在充分考虑广告主利益的同时却忽略了网站主的利益，遭到了越来越多网站主的抵制。

新意互动数据显示：汽车垂直媒体均值 CPM：5~10，CPC：2~4，CPL：1000~1200。

4.1.4 CPP

CPP（Cost Per Purchase，每购买成本）是指根据每个商品的购买成本来决定广告费用。其好处就是把商品的购买与广告费用联系起来，即只有在网络用户点击网络广告并进行在线交易后，才按交易笔数付给广告站点费用。这是广告主为规避广告费用风险而采用的一种方式。随着网站销售业绩的增长，网站肯定希望投放广告的商家产品销路极佳，而对销路不佳的商品则不愿采用这种广告计费方式。当然，这必须借助一些软件的支撑。著名的 Value Commerce 公司利用其 ITrack 软件，构造了一个根据交易来收费的广告模式，该模式也可算作 CPP 的一种变体。它借助 ITrack 软件，当交易完成时才开始计费，把广告与销售实际效果联系起来。

4.1.5 CPT

CPT（Cost Pet Time，包时制）就是买断某一时期的广告，实行固定收费制。可以天、周、月等为计价单位。表 4-1 显示了某网 2020 年 4 月 1 日—2020 年 6 月 30 日部分频道的广告报价。

表 4-1　某网部分频道的广告报价（2020/04/1—2020/06/30）

频道	位置	价格（元/天/轮）			规格
		元	时段	轮播次数	
体育频道	首页右侧第四矩形	130,000	非热门	2	300×250，JPG/GIF/SWF，30KB；素材右上角 30×30px 和右下角 40×30px 区域，请不要展示重要内容
	首页右侧第五矩形	110,000	非热门	2	300×250，JPG/GIF/SWF，30KB；素材右上角 30×30px 和右下角 40×30px 区域，请不要展示重要内容
	首页右侧第六矩形	100,000	非热门	2	300×250，JPG/GIF/SWF，30KB；素材右上角 30×30px 和右下角 40×30px 区域，请不要展示重要内容

资料来源：http://ad.sohu.com。

其好处在于，不仅操作简单，对网站技术水平要求也低，不需要对浏览量、点击率进行统计。正因如此，它是许多网站普遍采用的方法。它的缺点也是十分明显的，首先就是广告投入费用与实际效果脱钩，这就意味着网站与广告主之间总会有一方在这种误差之间受损；其次，它难以调动网站加大广告宣传力度；最后，这种方式也不利于广告主对广告效果进行测评，没法得到广告效果的有关数据。

4.1.6 其他形式

某些广告主在进行特殊营销专案时，会提出以下方法进行个别议价：CPL，以搜集潜在消费者名单多少来收费；CPS，以实际销售产品数量来换算广告刊登金额；PFP（Pay-For-Performance），按业绩付费。

相比较而言，一般CPM和CPT方式对网站更为有利，而CPC、CPA、CPP等方式对广告主更为有利。

任务4.2 分析影响网络广告预算的因素

▷ 任务引例

孔府宴酒酒厂于1975年在山东鱼台县成立。起初只是个无名小厂，后来在领头人的带领下酒厂迅速确立了自己的品牌以及宣传策略。通过宣传，带动了市场销售，酒厂销量连年上涨。1994年11月8日，孔府宴酒在北京梅地亚中心，豪掷3100万元人民币，夺得央视首届"标王"。得益于"标王"的利好，孔府宴酒1995年头两个月的销售收入就达到了2.7亿元，也曾经进入白酒行业前4强，销量名气与茅台、五粮液等齐肩。但后来秦池夺得标王，孔府宴酒的辉煌故事落下帷幕。其虽然几经产权改制，成立孔府宴有限公司，但最终还是没逃出破产的命运，2019年6月13日，原山东孔府宴有限公司在阿里拍卖平台公开拍卖相关资产。

1996年11月8日，秦池以4.2亿元天价卫冕"标王"成功。但由于没有及时将经济效益转化为发展后劲，"勾兑事件"在1997年年初，遭媒体曝光后，对危机公关的乏力使秦池的销售一落千丈。此后，关于秦池被"拍卖"的消息被媒体炒得沸沸扬扬。事实上秦池酒厂至今仍然在维持生产，只不过当年的辉煌已是过眼云烟。

资料来源：搜狐网、百度百家号

▷ 任务要求

1. 标王为什么受阻？
2. 在做广告预算时应考虑哪些因素？

▷ 相关知识

4.2.1 广告预算与企业销售

在进行广告预算的时候，通常首先要预计在一定时期内（通常为一年）投入的广告总费用为多少，预计能带来多少商品销售额。在实践中，这却是一个难题。一则好的广告，不仅能够提高商品的知名度，还能在无形中让消费者倾向于购买同类产品中宣传力度最大的那个产品。在销售时，若能让自己的产品拥有一则受到大家关注的广告，往往可以大大提高产品的销售量。这也使大多数企业相信：不论广告宣传要达到什么样的目标，广告投入的增加最终总是要与企业商品销售相联系。正是基于这一点，国内外许多企业不惜投入大量广告费来进行广告宣传活动。

但是，广告投资不同于其他经济项目的投资，既不会看到立竿见影的直接效果，也没有固定不变的标准。对于一个企业来说，究竟花多少钱做广告才合算，究竟哪一部分销售是广告带来的效果，都是难以判断的。有时在广告预算前，似乎看不出哪项广告费是非花不可的，有时投入广告见效后，又似乎每一项广告费都是应该支出的。一定时期内广告费多支出几千元或少支出几千元，似乎在广告效果上没有多大的差别。

由此可见，广告费与企业销售的关系很复杂，很难直观地看到广告费与商品销售额的因果联系。从央视历届标王的情况来看见表 4-2，也能得出这样一个结论，一个产品要想卖得好，并不是单凭做广告就能行的。

表 4-2 央视历届标王与中标价

年份	招标额最高企业	中标金额（亿元）
1995	孔府宴酒	0.31
1996	秦池酒	0.67
1997	秦池酒	4.2
1998	爱多 VCD	2.1
1999	步步高	1.59
2000	步步高	1.26
2001	娃哈哈	0.22
2002	娃哈哈	0.20
2003	熊猫手机	1.08
2004	蒙牛	3.1
2005	宝洁	3.8
2006	宝洁	3.94
2007	宝洁	4.2
2008	伊利	3.78
2009	纳爱斯	3.05
2010	蒙牛	2.039
2011	蒙牛	2.305
2012	茅台	4.43
2013	剑南春	6.08

资料来源：搜狐

尽管广告费与企业销售的关系很复杂，但是为了使企业在一定时间、一定市场环境条件下所做的广告投入更有效果，在做广告预算时还是有必要详细分析广告费与企业销售的关系。例如，根据碧生源的年度报表：2007 年，碧生源广告费支出是 4910 万元，占年度总销售额的 30.1%；2008 年，碧生源广告费支出是 11820 万元，占总销售额的 33%；2009 年，碧生源广告费支出是 19670 万元，占总销售额的 28.4%；在 2010 年前 6 个月，碧生源广告费支出是 11710 万元，占总营业额的 31.8%。从碧生源广告投入不难看出，广告费一直占据碧生源销售额的 30%左右。

数据来源：新浪

4.2.2　广告预算与市场竞争

　　企业的广告预算常常不能脱离产业和整个市场的竞争状况。竞争者的水平及实力也会大大影响企业的广告投入。如果竞争对手实力强大，产品有较大的影响力，要与之较量，自己的广告投入就要相应上升；当竞争对手突然改变广告策略及投入时，自己必然也要做出相应调整。除此以外，市场上的广告拥挤度也会影响企业的广告预算规模。广告拥挤度是指单位时间内，某一特定媒体刊播的广告数量。如果广告拥挤度非常高，较少的广告预算无法与竞争企业抗衡。只有在企业的广告是众多广告中最响亮的情况下，才有可能引起媒体受众的注意，使他们产生购买欲望。例如，在一间有 30 多位同学的教室里，每一个人都向老师（只有一位老师）诉说，在这种吵闹无秩序的环境里，作为学生的你，如果想让老师听清你的话，你的声音只有比其他人更响亮，才会达到目的。"响亮的声音"需要花费更多精力。这个道理在"广告爆炸"的年代里，同样适用。竞争对手越多或者"广告拥挤度"越高，那么本企业所要投入的广告费就要越多。

4.2.3　其他因素对网络广告预算的影响

1．产品生命周期

产品生命周期会影响企业网络广告预算。

（1）引入期　当企业产品处于引入期，即刚刚投入市场时，大多数消费者还不太熟悉。这个时候，投入的广告费不可能对消费者产生立竿见影的效果。因此，增加广告费用，商品销售额不一定增长，将广告费计入商品销售成本中去，企业总的销售利润有可能下降。

（2）成长期　当广告宣传使消费者开始认识、了解和熟悉企业产品时，产品也就步入了成长期。这个时候，广告费用与销售额的关系最明显。因为往往每投入一定的广告费用，销售额就会有所增长，企业销售利润也会因此而迅速上升。广告预算应重视这一时期，在这一时期内增加广告投入，以提高产品的知名度，增强产品的竞争力，扩大商品销售额。

（3）成熟期　当产品进入成熟期，促销策略往往以营业推广为主，但这个时候为了保持产品的知名度，广告预算的费用也应该稳定在一定的水平上。

（4）衰退期　一旦产品进入衰退期，广告费用便要大幅度削减了。

2．产品的地域

产品因地域不同也会有不同的投入，不同地域有不同的"挤入成本"，产品进入难度较大的，广告投入也较大。如果这种产品进入一个地区不受阻碍和消费者的抵制，那么广告投入也会大大降低。此外，地域的大小也会影响广告投入，地域越大，则投入越多。

3．消费者

消费者的行为不仅会影响市场的走向，也会影响广告预算的制定。消费者是广告的直接对象,如果消费者对产品反应冷淡,则广告的投入会更大,以刺激消费者,使消费者逐渐认识产品。不同层次的消费者接受广告的成本是不同的,也就是说要说服或引导他们所花的成本是不同的。如果消费者文化层次较高,接受新事物的能力较强,那么这种投入会较小;相反,则要花更大的成本去打开这个市场。当产品已被消费者认同时,就可以适当控制或减少广告预算规模。

4. 企业自身因素

不同实力的企业的广告不仅在行为上不同,投入也会有很大差别。广告预算的多少,归根到底是受企业的规模、实力制约的。如果企业的规模大、实力强、产量高、资金雄厚,当然可以把广告预算制定得多一些。反之,如果企业的资金、产品规模都比较小,那么它在编制广告预算时应该量力而为,不可盲目求多。

5. 网站

在网络广告中,网站规模、网站性质、网络普及率及范围也是影响广告投入的因素,这种媒体因素与传统广告有区别。一般说来,专业性的网络广告网站收费较高,效果较好;在其他网站附带做广告,收费较专业网站低,但效果没有专业网站好。另外,网站规模的不同对广告费的要求也有区别,实力雄厚的网站收费较高,这种网站普及率及覆盖范围也较大。

总之,网络广告预算的影响因素大多与传统广告相同,只是在媒体因素中表现出更多的不同。

任务 4.3 选择网络广告预算制定的方法

➲ 任务引例

明星公司是以软饮料市场为主,主要的产品是"明星可乐",此外还有 ELF 品种、爽心、节食轻身等。虽然公司销售在增长(如表 4-3 所示),但增长劲头不显著,市场占有率下降,软饮料市场份额却在扩大。于是公司决定为其主要的产品"明星可乐"引进一种新产品"明星-D"。公司必须对其进行宣传,如何宣传,公司内部出现了不同的观点。

表 4-3 明星公司产品销售　　　　　　　　　　　　　　　　　(单位:美元)

总量	明星可乐	ELF 品种	爽心	节食轻身
28720	26796	1924	—	
34831	32897	2042	—	
37945	29379	3724	3842	
41822	33319	3892	4611	
43204	35356	3642	4206	—
45321	36345	3782	4132	1062
49272	37587	3911	3982	3792

1. 市场部主任认为:预计来年软饮料市场销售额为 300000 美元,新产品的市场占有率预计为 10%,即 30000 美元。为打开销路,新产品的广告支出为销售的 30%,即 9000 美元。目的是以巨额的广告费用在软饮料市场占据一席之地,解决企业生死存亡大事。

（1）公司以往的广告预算为20%，这是参考竞争对手广告预算而定的（调查知道）。
（2）20%的广告预算不会影响企业生存。
（3）公司往往按产品分配广告预算。

2. 财务部主任认为：投入9000美元的广告费用是一种冒险。目前公司无力支付此费用，如果贷款要支付20%的利息。

资料来源：百度百科

➡ 任务要求

1. 你如何决策？
2. 常用的广告预算方法有哪些？

➡ 相关知识

4.3.1 销售百分比法

销售百分比法是根据一定时期内产品的销售额，按一定比率计算出经费的方法。这种方法由于计算标准不同，又具体分为以下几种。

1. 计划销售额百分率法

根据对下一年度的预测销售额，计算出网络广告预算额。

2. 上一年度销售额百分率法

根据上一年度或过去数年的平均销售额，计算出网络广告预算额。

3. 平均折中销售额百分率法

折中上述两种方法，计算出网络广告预算额。

4. 计划期销售增加百分率法

以上一年度网络广告费为基础，再加上下一年度计划销售增加部分的比率，计算出网络广告预算额。

销售百分比法是一种网络广告预算总额的方法，它具有以下优点：

1）计算简单方便，尤其适用于增长率较为稳定、受市场变化影响较小的一些产品，或者某些经营资料丰富、预测能力较强、竞争环境较稳定的企业。

2）易于管理预算分配。

但这种方法也有以下一些明显的缺陷：

1）因果倒置。网络预算是提高销售额的因素之一，销售是结果，利用结果决定原因，有些因果倒置。而且，网络广告与销售不存在直接的线性关系的假设，因其他影响销售的因素不同，其线性关系可能成立，也可能不成立。例如，当产品已不再适应市场需求、走向产品生命周期的衰退期时，若依然依据上一年度的销售额制定网络广告费用，也不可能推动产品销售额的增加，销售额可能依然依据产品生命周期的发展规律而走下坡路。

2）比较呆板，应变能力较差，很难根据市场变化做出相应的变化。例如，当商品供不应求时，销售量扩大了，此时企业的主要任务是把资金投向生产，所以可适当地节约网络广告预算；反之，商品的销售量减少了，为了促进销售，也可以增加广告预算，以加强广告宣传的力度。

3) 不利于销售情况不好和生产新产品的部门。若企业以此法确定下属各部门或分公司所需网络广告经费时，销售情况越好的，产品处于生命周期成熟期的部门或分公司，就越会得到较多的广告费。但是，有些销售情况虽不好，但通过网络广告促销并结合其他措施可以重振雄风的部门，或产品处于生命周期投入期或成长期的部门，却不能得到一笔急需的经费，这种预算方法无疑与实际需求相脱节了。

4.3.2 销售单位法

销售单位法首先为产品的每一个销售单位确定一定数量的网络广告费，再乘以计划销售量，从而形成企业总的网络广告预算。其中企业网络广告费一般依据上一年度资料而确定。计算公式如下：

$$网络广告预算 = \frac{上一年网络广告费}{上一年产品销售量} \times 本年度计划销售量$$

此方法的优点：①预算的计算方法简单；②计算产品的销售成本比较方便。

不足之处：①需要依赖历史资料及销售预测技术，若预测失误，可能会造成网络广告费用不足，从而延误整个产品的销售计划；②不能适应市场的迅速变化，导致被销售量所约束。

4.3.3 目标达成法

目标达成法也称目标任务法，或"完成指标计算法"，由美国 R. H. 科利（Russell H. Colley）于 1961 年提出，是公认的合乎逻辑的、具有理论上的合理性的一种广告预算方法。此种方法是依据总营销目标来具体确定网络广告的制作目标，再根据网络广告目标的要求确定采取何种广告策略，进而计算推行这些网络广告策略所需要的费用。

一些广告专家把广告目标分为：知名、了解、确认、行为 4 个阶段。越走向高层次，越需要发挥更大的广告功能。如果以其中某一阶段为广告目标，就要决定达到这一目标所必需的各项广告费用，包括广告活动的内容、范围、频率及时限等。例如，为了增加商品的知名度，就要扩大网络广告的投放量。假设网络广告目标是要使点击这则网络广告的妇女增加 2000 名，经调查计算出每增加 1 名点击此网络广告的妇女平均要花 1 元，一个月若重复 10 次这一广告，则每月广告费为 2 万元。计算公式如下：

$$网络广告费 = 目标人数 \times 平均每人每天每次广告所需费用 \times 网络广告次数$$

由于目标达成法是以计划来决定预算的，广告活动的目标明确，因而便于检验网络广告效果。但运用此法有一定的难度，应注意在决定网络广告预算时，要结合销售百分比法以使预算切实可行。

4.3.4 竞争对抗法

竞争对抗法是根据竞争者的网络广告活动费来确定本企业的网络广告预算，又称为竞争对等法。此法的整体思路与销售百分比法及销售单位法不同。销售百分比法和销售单位法是从企业自身出发确定广告费的多少，对市场的迅速变化反应比较迟缓。竞争对抗法则是依据市场竞争对手的广告费投放情况来确定应投入的网络广告费的多与少。所以，竞争对手及其所处行业的网络广告费数额增加，本企业的网络广告费也相应增加；反之，则减少。采取这种方法的往往是财力雄厚的大企业，资金不足的中小企业使用这种方法具有很大的风险性。这种方法的计算有以下两种。

1. 市场占有率法

市场占有率法是先计算竞争对手的市场占有率和广告费用，求得竞争对手单位市场占有率的广告费后，在此基础上乘以预计本企业市场占有率，即为本企业的广告预算。计算公式为

$$网络广告预算 = \frac{对手广告费总额}{对手市场占有率} \times 本企业预计市场占有率$$

2. 增减百分法

增减百分法是以竞争对手本年广告费比上一年广告费增或减的百分率，作为本企业广告费增或减的百分率参考数。计算公式为

$$网络广告预算 = (1 \pm 竞争对手广告费增减率) \times 上一年广告费$$

如果竞争对手本年广告费比上一年增加20%，本企业广告费也至少增加20%。

竞争对抗法以主要竞争对手的广告费支出为基础，确定足以与其抗衡的广告支出额。但这种方法也有缺点，广告费浪费大，对财力有限，特别是中小企业来说，一般不宜采用。而且，竞争对手广告支出资料不易取得，所收集的信息也不一定准确。所以，只有当市场竞争激烈，广告竞争也激烈，企业财力雄厚并能及时、准确掌握竞争对手的活动态势时，才可以使用。

3. 派克汉法则

美国奈尔逊调查公司的派克汉（J. O. Peck-Ham）通过对40多年的统计资料进行分析，得出要确保新上市产品的销售额达到同行业平均水平，其广告预算必须相当于同行业平均水平的1.5~2倍的结论。因此，一个企业要进入新市场或新产品要投入市场都必须加大广告的投入。

某服装生产企业想进军A地区服装市场，并想拥有10%的市场销售占有率。目前，A地区市场上的服装品牌共有6种，它们的广告媒体投资总额为8000万元，预估下一年的媒体购买费用将上升10%，那么该服装生产企业来年的广告预算至少应为1320万元。

4.3.5 支出可能额度法

支出可能额度法也称为全力投入法。这是一种按照企业财政上可能支付的金额来确定广告经费的方法，此法符合"量入为出"原则。所以，企业能拿出多少钱来就拿出多少钱做广告，从而在其有限的财务预算内尽可能多地来支出广告费，最大限度地发挥广告的促销作用，并且可以根据市场情况的变化灵活地加以调整。这是一种较适应企业财政收支状况的方法。但由于此方法不是依据企业的营销目标来制定广告费用的，所以具有一定的盲目性，不利于企业的长远发展。

任务 4.4 编制网络广告预算方案

➲ 任务引例

数据显示，苹果2016年在美国用于购买显示广告、移动广告和视频广告的金额达9700万

美元，而三星在这方面的花费只有 8040 万美元。除了产品线差异，苹果的广告开支比三星也多了 179%。

具体来说，苹果的总数字开支同比减少了 16.3%，而三星预算增加了 49.2%。这一数据与苹果 10-K 文件描述的情况相似。苹果曾表示，2016 年销售、管理及办公室费用（SG&A）比 2015 年下降了 1%，主要是因为自由支配开支与广告成本下降。

苹果的广告开支 76% 以上花在数字广告上，22% 花在桌面显示广告上，超过 1% 花在移动广告上。三星更加依赖桌面广告，它占了开支的 73%，大约 20% 的预算投向了视频广告，还有 7% 投向了移动广告。

资料来源：科技资讯

⇨ 任务要求

1. 苹果与三星的广告预算有什么不同？
2. 怎样进行网络广告预算分配？

⇨ 相关知识

4.4.1 网络广告预算方案

编制网络广告预算方案的具体流程包括：调查研究影响网络广告预算的主要因素、分析企业上一年的销售额、分析历年来本企业产品的销售周期性、确定广告投资总额、网络广告预算的具体分配、制定控制与评价的标准、确定机动经费。

1. 调查研究影响网络广告预算的主要因素

企业在着手编制网络广告预算之前，必须对所处的市场环境、竞争环境、经济与社会环境进行全面且系统的调查；同时要对企业自身的情况和竞争者的情况进行详细的比较和研究。正所谓"知己知彼，百战不殆"，这是制定网络广告预算的先决条件。

2. 分析企业上一年的销售额

企业在制定下一年网络广告预算时应对上一年度的销售额进行细致的分析，以了解上一年度实际销售数量和销售额是否符合上一年度的预测销售量和预测销售额，通过此项分析可以预测下一年度的销售情况，从而安排适当的广告费用，以适应实际销售和推销活动的需要。

3. 分析历年来本企业产品的销售周期性

产品销售随着该产品的整个经济周期的变化也会呈现周期性变化的规律，企业要充分研究计划期产品销售所处周期阶段，对网络广告经费做出合理的预算。大部分产品在一年的销售中，由于受季节、节假日等因素的影响，也会呈现一种周期性的变化，即在某些月份销售额上升，而在另外几个月中销售额又下降；也有销售的淡季、旺季的更替。企业通过对产品销售周期的分析，可以为网络广告的总预算提供依据，从而确定不同月份的广告费用的分配，做到因时而异。

4. 确定广告投资总额

企业通过对市场现状的调研和分析后，提出网络广告投资总额的计算方案和理由，从而确定投资总额的多少。

5．网络广告预算的具体分配

根据前几项工作得出的结论，确定一个年度中广告经费的具体分配。企业可根据自身的实际情况及市场状况，将网络广告费用分配到合适的时间和地区，从而使总预算落实到每一个具体的活动细节上。

6．制定控制与评价的标准

在网络广告的预算编制中，还应确定每笔广告费用支出所要达到的目的和效果，以及对每个时期每一项广告开支的记录方法。企业通过这些标准的制定，就可以结合广告效果对广告费的支出进行控制和评价。

7．确定机动经费

网络广告预算中还应对一定比例的机动支出做出预算，如在什么情况下可投入机动开支、机动开支额的大小、效果如何评定等。

4.4.2 网络广告预算总额

网络广告预算总额的确定取决于选用什么样的广告预算方法。如果选用销售百分比法，那么网络广告预算总额就是根据一定时期内产品的销售额，按一定比率计算出来。如果选用目标达成法，则先要列出实现目标所需要的各项费用，再进行加总。表 4-4 是某楼盘为达到某个目标，选用目标达成法来计算网络广告预算总额的例子。

表 4-4 广告预算分配

项　　目	开支内容	费用（元）	备　　注
市场调研费 1．问卷设计 2．实地调查 3．资料整理 4．研究分析	问卷的设计、发放 调查员的工资 搜集、整理资料费 聘请行业专家	总　8300 500 2550 250 5000	
广告设计费 1．按钮广告 2．旗帜广告 3．插页广告	设计费	总　900 300 300 300	
广告制作费 1．按钮广告 2．旗帜广告 3．插页广告	制作费	总　600 200 200 200	
广告媒介租金 1．新浪网 2．搜狐网	网络广告位费用 首页某位置 首页某位置	总　3600000 160000/天 200000/天	期限 为 10 天
管理费用	管理人员工资	总　50000	
机动费用	媒介价格上调的费用	总　100000	
总　计		总　3759800	

4.4.3 网络广告预算分配

各个企业均有其不同的市场目标、销售任务、销售范围以及销售对象，因而其网络广告预算的分配标准也不一样，这直接影响企业的广告效益。

1. 按广告的时间分配预算

按广告的时间分配是指根据广告发布的不同时段来具体分配广告费用。根据时间来分配广告费用是为了取得理想的广告效果，因为在不同时间里，媒体受众的人数以及生活习惯是不同的。

广告费用的时间分配策略包含以下两种。

（1）季节性分配　在不同的季节里，由于市场需求情况的变化，就要求广告活动的规模有所侧重。例如，在我国每年的 12 月到次年的 2 月是零售业的销售旺季，这时投入广告可以营造一种节日的气氛，调动媒体受众的购买欲望，其广告效果比较好；而 6 月~8 月是销售淡季，再多的广告投入也难以改变商品销售不旺的规律，这一段时间内可以适当缩小广告规模。

（2）一天内的时段性安排　在一天的时间内，不同网民的作息时间以及上网时间都会有所区别，因此就要根据目标受众的上网时间来进行广告安排，增强广告效果。

2. 按广告的地域分配预算

按广告的地域分配是先将目标市场分割成若干个地理区域，然后再将广告预算在各个区域市场上进行分配。一则广告常常要在多个地域中播放，不同地域对广告的要求不一样，广告的成本也因而有差别。预算的地域分配就是在充分考虑地域特点的基础上，对重点地区加以重点投入，又要确保整个广告计划的完成。

3. 按广告的产品分配预算

按广告的产品分配预算是根据不同产品在企业经营中的地位，有所侧重地分配广告费用。这种分配策略使广告的产品与销售额密切联系在一起，贯彻了重点产品投入的经营方针。分配广告费用的依据可以是产品的销售比例、产品处在不同的生命周期阶段、产品的潜在购买力等。

广告预算的品牌分配法也属于产品分配法。按品牌分配就是根据经营品牌的某些特征对广告预算进行具体分配。以宝洁公司为例，该公司的洗涤类产品有汰渍、快乐、Gain、Dash、Bold、象牙（Ivory）、Dreft、Oxydol、Exa、Solo 等品牌，其中象牙是一个成熟品牌，其广告预算可以相应少一点儿。Exa、Solo 等品牌是新品牌，需要大量的广告推广，以提高品牌的知名度，其广告预算就需要多一些。

4. 按广告的媒体分配预算

广告媒体费用一般占整个广告预算费用的 70%~90%，而广告信息的传播效果又主要是通过媒体效果来体现的，因此按照广告媒体的不同来分配广告预算是企业常采用的方法。传统广告可分为在不同媒体间的广告预算分配和在同一类型媒体内的广告预算分配两种。对于网络广告而言，就是在网络这个媒体内针对不同的广告发布方式，如何分配预算。

5. 按广告的机能分配预算

为了便于对广告财务上的管理和监督，企业还经常采用按广告的不同机能分配广告预算的方法。广告预算按广告媒体费、广告设计制作费、一般管理费和广告调研费等进行分配。

习题

一、单选题

1.（　　）是指广告显示 1000 次所应付的费用。

A．CPM　　　B．CPC　　　C．CPA　　　D．CPP

2．广告的单价是 20 元/CPC，则 2000 元可以买到（　　）次广告点击。

A．100　　　B．100000　　　C．2000　　　D．20

3．一般而言在产品寿命周期的（　　），企业投入广告费用最大。

A．进入期　　　　　　　　　B．畅销期
C．饱和期　　　　　　　　　D．衰退期

4．（　　）是广告主为每个行动所付出的成本。

A．CPM　　　B．CPC　　　C．CPA　　　D．CPP

5．（　　）计价方式对于网站而言，是非常有利的。

A．CPM　　　B．CPC　　　C．CPA　　　D．CPP

6．（　　）是指根据每个商品的购买成本来决定广告费用。

A．CPM　　　B．CPC　　　C．CPA　　　D．CPP

7．某企业的主要竞争对手的某商品的市场占有率为 30%，它的广告费为 60 万元，本企业预计市场占有率为 35%，则广告费至少在（　　）万元以上，才能与对手抗衡。

A．70　　　B．35　　　C．60　　　D．30

8．造成因果倒置的广告预算方法是（　　）。

A．竞争对等法　　　　　　　B．目标任务法
C．量力而为法　　　　　　　D．销售百分比法

二、多选题

1．（　　）计价方式对于广告主而言非常有利。

A．CPM　　　B．CPC　　　C．CPA　　　D．CPP

2．广告预算是估算广告主应该投入（　　）。

A．广告费总额　　　　　　　B．广告费用使用范围
C．广告媒体使用计划　　　　D．广告费用使用方法

三、名词解释

广告预算、销售百分比法、竞争对抗法、支出可能额度法

四、简答题

1．简述影响广告预算的因素。

2．简述广告预算分配。

五、案例题

克利司多产品公司（Cristel Products）（简称克利司多）是美国一家主要的食品行销企业。公司董事会聘任杜布斯为新产品"冰冻炸薯条"的品牌经理，负责产品行销推广。

冰冻炸薯条被全美国 46.1% 的主妇采购。此市场由一种品牌所控制，去年销售额占全国销售额的 55%。其余市场由 6 个小品牌以及各不同区域的配销商及店铺品牌所划分。

其一，克利司多决定进入这一市场基于下列考虑。

（1）克利司多有现成的马铃薯来源。

（2）虽然仍要外请技术人员，但可以使用现有设备加工与包装炸薯条。

（3）公司急于扩充冰冻食品领域。

（4）尽管市场已由一个公司所控制，但克利司多感觉该公司所建立的高品质的知名度和声望，会给他们进入此市场一个很好的机会。

董事会为炸薯条产品的营销规划了 3 年的市场占有率目标，第 1 年 6%，第 2 年 10%，第 3 年增至 12%；其 3 年销售额预测为：1.28 亿美元、2.8 亿美元、3.2 亿美元。

其二，据此营销规划，杜布斯为克利司多的广告运动按次序建立了下列目标：

（1）在炸薯条购买者中形成 80%的知名度。

（2）在那些知名者中，达成 70%的人了解克利司多产品为一高品质炸薯条。

（3）在那些了解者中达到 60%的偏好度。

（4）在那些已有偏好者中，达成 45%的人信服克利司多炸薯条。

（5）在那些信服者中，达成 40%的实际购买。

（6）去年市场领导者在广告上估计已花费 2000 万美元，并预期每年要以此数目继续花费下去。

（7）克利司多的销售代表建议，在第 1 年中每箱要给零售商 3 美元津贴，以确保其能给予新产品冰冻空间。

（8）本产品类别的特性是大量使用折价券。

（9）克利司多一向维持的广告费标准为销售金额的 2.5%。

（10）管理者虽然热衷产品成功，但并不热衷花费大量金钱于广告上。

请根据上述所有的条件，回答以下问题。

1. 用市场份额法，克利司多公司第 1 年至第 3 年的广告预算应是多少？

2. 若克利司多按销售百分率的 2.5%计算，其第 1 年广告费应为多少？

六、操作题

某品牌饮料企业想制作一则 Flash 广告，在年末发布，目的在于吸引大家去点击甚至参加活动，广告内容为征集祝福新年的寄语。请为这则广告进行经费预算分析。

学习情境 5　制订网络广告目标和媒体计划

制订网络广告目标是网络广告策划的第一步，决定着网络广告策划后面的工作，而媒体选择决定着广告费用和信息传播速度和广度。本学习情境主要介绍策划中如何制订广告目标和选择广告媒体。

任务 5.1　制订网络广告目标

● 任务引例

随着"绿色环保"逐渐成为汽车消费理念的主流以及各国政府对汽车排放的要求越来越严苛，"高效"成为各个汽车品牌对动力系统的核心要求。沃尔沃在 2015 年 6 月推出了全新升级的 Volvo S60L 系列。在碎片化的时代，面对受众多元化的网络习惯，应该如何利用互联网特性，向受众有效传递 S60L 的产品理念和沃尔沃品牌形象。2015 年 6 月到 10 月，沃尔沃联手互动通数字广告平台，开展了一场名为"随心所驭"的营销活动，通过准确传播目标的制订，最终取得了较好的传播效果。

传播目标

1. 扩大品牌知名度。通过本次推广的影响力，扩大"Volvo"品牌宣传，提升"Volvo"的品牌知名度、美誉度和公众的关注度。
2. 推广 Volvo S60L 相关产品信息，吸引受众预约试驾。通过推广告知目标受众，让他们了解 Volvo S60L 产品主要信息，让他们产生浓厚的兴趣，从而参与试驾活动。

传播效果

2015 年 6 月到 10 月广告投放期间，基于前期对目标人群的精准定位，有效达成了各维度的推广 KPI 考核目标，广告曝光量 81,803,791 次，点击数达 1,672,961 次，整体点击率达 2%，有效提升了品牌知名度，收获了较好的互动效果。

资料来源：艾瑞网

● 任务要求

1. 什么是网络广告目标？
2. 如何制订广告目标？

● 相关知识

5.1.1　网络广告目标

所谓网络广告目标，简单地说就是网络广告所要达到的目的；具体地说就是企业通过某次或几次网络广告活动所要达到的效果。这种效果可以表现为知名度、美誉度的提升，也可以表现为销售额、市场占有率等的提高。网络广告目标规定着网络广告活动的总任务，决定着网络广告活动的方向，为网络广告效果的评定提供依据。

广告目标与营销目标是不同但又有一定联系的概念。营销目标的基本点是销售额与利润，而广告目标则代表了对目标顾客传达销售信息，并达到某种传播效果的标准。测定营销目标的具体形式就是销售金额和利润数量，而广告目标则是以公司及产品在消费者中知名度的提升、态度或观念的转变，并最终促动消费行为来认定的。例如，某企业的营销目标是销售额提高30%，而为了实现这一目标，广告目标为：提高品牌知名度80%以上，提高品牌认知度60%以上，提高品牌偏好度25%以上，提高品牌忠诚度25%以上。

5.1.2 网络广告目标的类型

就网络广告目的而言，网络广告目标大致可以分为两类：推销品牌和获得受众直接反应。

推销品牌，树立企业形象。例如，"中国路，大众心"通过一系列带"心"字底的汉字，表现出大众汽车追求完美、不断创新和持之以恒的造车之心，以及大众汽车对广大中国用户的赤诚之心。在我国的公众中留下较好的大众品牌形象。

获得受众直接反应是网络广告与传统广告目标的最大不同。受众主动操作性增强及受众之间互动性的传播方式，使网络广告达到全新的传播效果，直接获取受众信息，甚至让受众在浏览广告后立即下订单，是网络广告的一个目标。因此，受众直接反应是多方面的，如广告的点击率增加等。

（1）AIDA 从网络广告在受众心理产生的影响来看，网络广告的目标具体可以分为AIDA。

字母A是"注意"（Attention）。在网络广告中意味着消费者在计算机屏幕上通过对广告的阅读，逐渐对广告主的产品或品牌产生认识和了解。

字母I是"兴趣"（Interest）。网络广告受众注意到广告主所传达的信息之后，对产品或品牌发生了兴趣，想要进一步了解广告信息，可以点击广告进入广告主放置在网上的营销站点或网页中。

字母D是"欲望"（Desire）。感兴趣的广告浏览者对广告主通过商品或服务提供的利益产生拥有的欲望，他们必定会仔细阅读广告主的网页内容，这时就会在广告主的服务器上留下网页阅读的记录。

字母A是"行动"（Action）。最后，广告受众把浏览网页的动作转换为符合广告目标的行动，可能是在线注册、填写问卷参加抽奖或者是在线购买等。

（2）第一目标和第二目标 另外，还可以这样划分网络广告的目标：第一目标和第二目标。第一目标是指广告对顾客的吸引，它包括顾客认可率、信任度、偏好度等；第二目标又叫根本目标，是广告最终促成的购买行为，它与公司的营销计划和经济利润目标是处于同一层次的，用来刻画根本目标的指数有销售量、市场占有率等。广告的第一目标与第二目标是相互联系的，只有在成功地达到第一目标后，才有可能达到第二目标，而第二目标的达到又可能是多种因素的结果，不一定与第一目标直接相关，但在第一目标与第二目标之间寻找一个均衡点却是十分重要的，这也是网络广告策划的目标因素的具体要求。

5.1.3 网络广告目标的确立

广告目标的确立，不能以生硬的方式进行教条化操作，一定要结合企业产品、市场竞争做出判断。另外，广告目标应尽量加以具体化、数字化，力求准确表述，以便有针对性地制定策略。

1. 分析影响广告目标确立的因素

（1）企业经营战略　如果企业采取长期渗透战略，广告可采用长期目标，注重持久的广告手段和多种广告形式宣传企业和产品形象；如果企业采取集中式战略，广告可采用短期目标，多种形式宣传产品的特点、好处，广告目标短期内即可实现。

（2）商品供求状况及生命周期　商品供求状况有 3 种：供不应求、供过于求、供求平衡。第一种，广告目标在进一步巩固企业与品牌形象上。第二种，广告目标应针对产品滞销的主要原因来确定。第三种，广告目标定在产品的促销上。就寿命周期而言：进入期和成长期，产品信息传播；成熟期，保证已有市场份额；衰退期，延长产品的衰退。

（3）市场环境　在纯粹垄断市场下，目标比较特别。在寡头垄断的市场下，广告目标为品牌定位。在垄断性竞争市场下，市场定位空隙大，具有分散性特点，目标在提高企业或产品知名度、熟悉感上。在纯粹竞争市场下，人员推销占重要位置，目标在辅助推销上。

（4）广告对象　这是重要因素。广告不是决定销售的唯一因素，故合理的做法是以产品的认知度、广告的回想率、品牌的知名度和消费者行为态度的转变作为广告的目标。

2. 制订明确的广告目标

（1）确定广告目标的基本方向　广告目标可以分为以下几种。

1）心理性目标。将产品新的使用途径或服务以及新的构思传达给消费者，产品必须与消费者能得到的最大利益联系起来，使消费者使用该产品不会产生任何厌烦；将产品与消费者广泛认可的人物或符号联系起来；将产品与消费者共有的心愿或理想联系起来；将产品与一种独特的东西联系起来，促使消费者回想起先前有过的经验，表明该产品或服务如何满足基本需求，利用消费者的潜意识需求改变消费者的原有态度。

2）行动性目标。鼓励消费者增加使用的次数；鼓励消费者增加更换产品的频率；劝说消费者购买非时令产品；鼓励消费者试用某一产品的代用品；感动一个人，让其影响他人购买，向消费者推荐试用品，让消费者点名购买该产品；采取试样和其他咨询形式，欢迎消费者来商店浏览。

3）企业的目标。表明公司富有公众意识，搞好内部员工之间的关系；增加股东对公司的信赖，使大众理解公司是行业先锋；吸引从业人员，表明公司产品和服务范围广泛。

4）营销的目标。刺激对该产品的基础性需求，确立对该产品的选择性需求，激发公司销售人员工作热情，鼓励商家扩大公司产品销售，扩大公司产品的销售网络。

（2）确定广告目标的指标　广告目标必须具体化、数量化、客观性。好的目标包括"表述一个数量，界定一群对象，限定一个周期"。例如，"在 3 个月的时间内，使 M 区域中 25～40 岁的男性消费者，对品牌 S 的知名度由目前的 15%上升到 75%。"这种对广告目标的量化设定，有一个显而易见的优势，它使广告效果由模糊变为具体，由不确定变为可测定。

任务 5.2　编制媒体计划

▶ 任务引例

吕——韩国洗护发品牌，创立于 2008 年，在韩国所有洗护发品牌中销量领先。通过市场调查，企业发现，来到中国市场，虽然在电商端崭露头角，并且拥有一定的销量，然而有限的品牌知名度及关注度，致使销量无法实现进一步提升。如何帮助品牌突破现状，打造关注度，为产品在中国洗护市场中树立良好的品牌形象，是企业迫切需要解决的问题。为此，2017 年，企业决定借母亲节时机，利用网络广告对品牌进行宣传。

广告通过母爱话题的输出，运用差异化沟通，吸引受众关注品牌，引导用户去"认真地"过一次母亲节，用正向的沟通帮助品牌塑造形象，从而吸引那些时刻在成长中的"他们"的目光。

在执行策略上：

首先，制作了三段微电影，在主流视频网站进行投放，同时用网幅广告进行引流，择取精准 KOL（Key Opinion Leader，关键意见领袖）在外围发声引流关注，这三段微电影在一周内维持网友的关注及热度。

其次，结合母亲节营销话题，以"爱隐形"态度海报唤醒及引导受众思考为什么要过母亲节，在此基础上传递"母亲值得被呵护"的品牌诉求。同样择取精准双微（微信和微博）KOL 帮助品牌在外围发声，持续打造热度。

最后，运用 H5 进一步推动营销事件，结合三段微电影，通过整合揭示+发现，在微信中收获大量优质 UGC（User Generated Content，用户原创内容），成功提升用户黏性，并通过"利益"刺激二次传播、引导到柜。

在传播渠道上：

通过目标人群的触媒习惯，结合母亲节话题，选择目标用户全触点的精准社交平台露出，借此达到广度及深度并行的媒体投放效果。

基于传播洞察，2017 年 18～35 岁年轻人中微信已是最常用的社交软件，在微信上他们聊天互动，接收信息，传递话题，因此在传播上企业用微信作为主要投放平台，通过微信广告进行广度传播；并结合目标用户高关注的社交平台进行形象及话题投放，先后与年轻人使用频率极高的拍摄软件，在年轻人青睐的个性化手机中进行大面积的母亲节形象海报的曝光；为维持与受众间的新鲜感、让用户对品牌加深印象，结合产品成分设计动态表情包，用萌萌的形象激发用户自主传播；与此同时，品牌结合人气个护超市屈臣氏，运用 O2O 营销模式转化销售。在整个活动期，精选 10 位娱乐/美妆类微信优质 KOL 大号，贯穿微电影、H5、形象海报、屈臣氏营销活动，在外围利用多样的话题配合发声，打造了不失趣味的深度传播内容。

资料来源：艾瑞网

▶ 任务要求

1. 吕是如何进行媒体策划的？

相关知识

5.2.1 网络广告媒体策划

广告媒体策划是从事广告策划的人很早就开始探讨的问题。随着广告业的发展,广告策划已经进入一个细致、周全、动辄万言的方案形成过程,广告媒体策划就更显得重要和必不可少。广告媒体策划的主要问题是对媒体的选择与组合,要考虑选择什么样的广告媒体,如电视、电台、报纸、街灯或是其他传媒。当然,在网络广告中,主要媒介是网络,但几乎没有哪一家广告商和企业主是只在网络上做广告的。这就关系到媒体的组合问题,选择什么媒体互相配合,在具体形式、播出时间、版式版面、持续时间等因素上做到互相配合和一致。在现代广告中,媒体的选择余地更大了,各种形式的广告更是五花八门,这既是机遇又是挑战。说是挑战,是因为众多的媒体在组合上存在困难。如何花最小的成本,达到最优化组合,即将广告最有效地全面推向社会,是现代广告策划的重点。

对网络广告来说,媒体主要是网络。媒体策划主要是指对网站的选择,网站与其他传媒的配合。网站不同其覆盖人群也有差别,选择合适的网站以便有针对性地向网民推销自己的产品;不同网站广告的投入成本也是不同的,应结合成本投入、播出频率、播出范围、网民特点、网站信誉等相关因素进行网站选择。选择好了网站之后还要考虑广告的形式和与其他媒体的搭配问题。在形式上有网幅广告(Banner)、图标广告(Picture)、文字广告(Words)、分类广告等。这些形式往往与网站的特点紧密相关,只有充分研究好网站,才会在形式上统一起来。网络广告在媒体选择与组合上主要应考虑的形式有点击率、覆盖面、信誉度等问题。其考虑的思路可以从广告目的、广告成本、营销市场、竞争对手、潜在市场等实际与企业相关的商业环境出发去考虑。图 5-1 所示为网络广告媒体选择流程图。

图 5-1 网络广告媒体选择流程图

5.2.2 网络媒体的评价指标

网络广告的媒体选择,殊途同归,最终追求的是两个指标:一是网站的用户访问特性,二是广告的相对成本。

1. 网站的用户访问特性

网站的用户访问特性可以通过"艾瑞媒体评估指标体系"6 个指标反映,具体为以下几个方面。

(1)网站日均覆盖人数 网站日均覆盖人数(Unique Visitors Per Day)是指一个月中,某网站平均每天的独立访问用户数。这里用户重复访问不重复统计。网站日均覆盖人数,反映的是媒体普及程度。

$$日均覆盖人数=当周每日的网站覆盖人数的平均值$$

(2)日均回访比例 日均回访比例(Revisit Rate)是指在某天的访客中,平均属于本周老访客的比例(也等于 1-新访客比例)日均回访比例反映的是用户对网站的忠诚度。

日均回访比例=(7-周覆盖人数/日均覆盖人数)/6

（3）人均单日访问次数　人均单日访问次数（Visits Per User Per Visiting Day）是指平均每个用户平均每日访问某网站的次数。人均单日访问次数代表顾客的访问频度。

人均单日访问次数=Average(某用户某周访问该网站的次数/某用户该周访问某网站的天数)

（4）人均单次浏览页面　人均单次浏览页面数（PV Per User Per Visit）代表用户对网站的浏览深度。

人均单次浏览页面数=Average(该用户该周该网站浏览页面数/该用户该周访问该网站的次数)

（5）人均单页有效浏览时间　人均单页有效浏览时间（Effective Viewing Duration Per User Per page）是平均每个用户在浏览该网站每个页面时的有效浏览时间。人均单页浏览时间反映的是网站对用户的黏性，即时间消耗度。

人均单页有效浏览时间=Average(该用户某时间段内该网站总浏览时间/
该用户该时间段内该网站总浏览页面数)

（6）目标用户集中度指数　目标用户集中度指数（Target Group Index，TGI）也是媒体选择的重要指标，它反映目标网民用户在某一特定网站的集中情况。目标用户集中度指数越高，越是我们应该选择的媒体。

TGI＝某网站所有访问者中目标用户的比例/总体网民中目标用户的比例

要计算 TGI，首先要确定目标用户，这里以常见的人口属性来定义目标用户，比如假设25～40 岁的女性为目标用户。然后根据目标用户定义，计算总体网民中这个人群的比例和不同媒体中这个人群的比例，见表 5-1。

表 5-1　XXX 年 47 周主要网站目标用户 TGI

网　站	网站类别	目标用户一周覆盖人数（万人）	总一周覆盖人数（万人）	目标用户一周覆盖 TGI
A	综合门户	3899.9	18009.2	98.8
B	搜索引擎	3870.4	17920.6	98.6
C	综合门户	2675.3	12374.7	98.7
D	综合门户	2118.6	9894.5	97.7
E	综合门户	1850.7	8584.9	98.4
F	搜索引擎	1665.6	7963.6	95.4
G	搜索引擎	1539.1	7763.5	90.5
H	网上购物	1457.4	5757.5	115.5
I	网站导航	1228.3	5533.5	101.3
J	在线视频	1173.8	6529.3	82
K	在线视频	1027.5	5459.8	85.9
L	其他网站	979.1	5303.6	84.3
M	社区博客	954.8	4531.3	96.2
N	综合门户	843.3	3171.5	121.4
O	综合门户	841	3611.0	106.3
P	交友社区	824.8	2802.6	134.3
Q	在线视频	799.4	4695.5	77.7

(续)

网　站	网站类别	目标用户一周覆盖人数（万人）	总一周覆盖人数（万人）	目标用户一周覆盖 TGI
R	综合门户	623.1	3097.0	91.8
合计		4858.8	22173.8	

其中，目标受众一周覆盖 = (网站目标受众一周覆盖 / 网站一周总覆盖)/(合计总目标受众数 / 合计总网民数)

艾瑞媒体评估指标体系可以应用在各类媒体的评估上，全面准确地反映不同媒体的用户访问特征。图5-2是对不同媒体类别进行的访问特征描述。

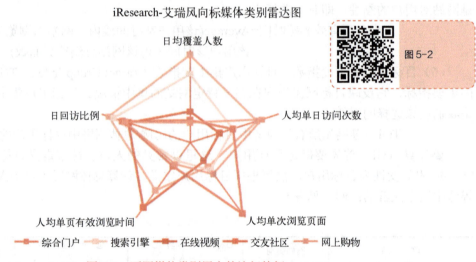

图5-2

图5-2　不同媒体类别用户的访问特征

资料来源：道客巴巴

综合门户：除人均单次浏览页面数外各指标均表现良好，单次浏览深度有限。
搜索引擎：日回访比例高，单页有效浏览时间低。
在线视频：单页有效浏览时间最高，但日均覆盖人数少，用户浏览深度较弱。
交友社区：回访比例和用户浏览深度都较为突出。
网上购物：人均单日访问次数和回访比例较高，但日均覆盖人数和单页浏览时间处于低水平。

2. 广告的相对成本

不同媒体所需成本是选择广告媒体的依据。依据各类媒体成本选择广告媒体，最重要的不是绝对成本数字的差异，而是媒体成本与广告接收者之间的相对关系，即相对成本。由于媒体计价方式不同，常用的有每千人成本或每千次成本。

（1）每千人成本　每千人成本是将一种媒体或媒体排期表送达1000人或"家庭"的成本计算单位，是衡量广告投入成本的实际效用的方法。

$$每千人成本=(广告费用/到达人数)\times 1000$$

如今很多网站按访问人次收费，因此网络广告的 CPM（千人成本）指的是广告投放过程中，听到或者看到某广告的每一千人平均分担到多少广告成本。CPM 取决于"印象"尺度，通常理解为一个人的眼睛在一段固定的时间内注视一个广告的次数。

（2）每千次成本　每千次成本是指广告被用户点击1000次所支付的广告费用。

5.2.3　制定媒体的运用策略

网络广告媒体的运用策略主要包括媒体型态的确定、网站栏目的确定、时间的确定、网络广告形式的确定。

1. 媒体型态的确定

网络媒体型态目前主要有3类：网站媒体型态、电子邮件型态、应用软件型态。

（1）网站媒体型态　网站媒体型态，即以网络站点作为广告的载体。多种多样的网络站点主要可以分为3类：综合门户网站、专业网站、搜索网站。综合门户网站通常内容多样而丰富，几乎包括了人们生活方方面面的信息，信息（特别是新闻）更新迅速及时，网民上网冲浪常常先进入这些网站，如新华网、网易、腾讯、新浪、搜狐、凤凰等。这类网站适合通用性较强、面向家庭的产品和服务以及塑造企业形象的广告的发布。专业网站的内容通常主要集中在某一专业领域，针对性较强。这类网站则适合个性化较强、面向个人的产品和服务以及塑造品牌形象广告的发布。百度、搜狗、360等搜索网站，一般以品牌区、关键词搜索、信息流、其他各类位置形式展现广告主的广告。

（2）电子邮件型态　电子邮件型态，即以电子邮件作为广告的载体。其最大特点就是一对一，即通过电子邮件，可以将产品及服务的有关信息有针对性地送到每一个潜在目标消费者那里。如果企业采取一定的措施，通过网络调查或其他方式能够获得网民自愿提供给企业的较为真实可信的资料及电子邮件地址，其针对性更强。电子邮件主要适合将有关产品和服务的详细信息，如产品规格、特点甚至使用方法和技巧等发布给潜在消费群，帮助他们进一步了解产品和服务，促使其做出购买决策。

（3）应用软件型态　应用软件型态，即以应用软件作为广告的载体。做广告载体的软件一般都是免费软件，放在网站上供网民自由下载。使用面很广的一些网络应用软件，也是一种非常有潜力的网络广告媒体。特别是像头条、抖音、微信、知乎、小红书、微博等社交应用平台，以个人口碑，与用户建立信任展开推广，效果甚佳。

2. 网站栏目的确定

网站栏目就像电视台、电台的不同节目，是网站信息内容的分类。它代表着更细地细分市场和目标网民，因而具有更明确的受众指向性。故媒体型态确定后，还应确定发布广告的栏目。

一个网站，通常由首页及不同栏目组成。首页一般是网民上网时首先登录的页面，然后再从首页进入其想要浏览的内容栏目。通常门户网站可供我们选择的栏目有新闻、时尚、娱乐、体育、科技、文化教育等。专业网站只是栏目分得更细，当然其受众指向性也会更强。

由于首页广告的稀缺性，价位一般较高，这在客观上误导了一些广告主，使他们误认为网站首页的广告效果一定要比其他页面好。因此，为了追求首页的浏览量，不顾产品特性，只争在首页上"露个脸"。虽然网站首页的访问量较普通页面高，能产生大量的页面浏览量，但由于访问首页的人群存在主题不明确、目的性不强的特点，客观上使广告缺乏针对性。此外，首页的广告繁多，广告受注意的环境并不理想，导致广告的效果不佳，造成费用的浪费。在进行网络广告时，广告主应注意"注意力差额效应"。注意力差额是指网站（网页）本身的内容对受众的吸引程度与页面内广告对受众的吸引程度之间的差额。这个额度可以反映一个网站的广告注意程度。所以,尽管一些网站的访问量大,但因为页面本身所含的信息比广告内容更具吸引力,即注意力差额较大,所以广告的实际点击率不是很高,效果并不明显。只有当这个差额较小甚至是广告的注意力大于页面的注意力时,投放的广告才能取得较好的效果。

3. 时间的确定

网络广告的发布时机和时间的选定,对广告效果的影响也非常大。时机选择是指在什么时候做广告,即利用一个切入点。这个切入点能够引起更多人的关注,就像新闻事件一样。时间的选择则是选定了广告发布时机后,在网站全天中的什么时间发布广告。这个时段应是目标受众每天上网最集中的时间。

4. 网络广告形式的确定

网络广告的形式多种多样,每一种形式都有自己的特点和长处,因此选择恰当的广告形式对吸引网络浏览者、提高浏览率、树立企业及产品形象、建立声誉、促使潜在顾客购买起着重要作用。

(1) 根据广告目标选择网络广告的形式　如果企业的广告目标是品牌推广,想让更多的人知道、了解这个品牌的产品,那么可以选用旗帜广告、按钮广告、软件搭载广告等形式;如果企业的广告目标是树立企业形象和产品声誉,那么一般应采用微型网站广告和主页型广告;如果企业的广告目标是商品促销,那么可以选用游动式广告,或者时效较强的赞助式广告;如果是向潜在目标顾客传递企业及产品的相关信息,那么可以选用电子邮件式广告等。

(2) 根据广告对象选择网络广告形式　如果广告对象是以年轻人(大约35岁以下)为主,那么可以选用互动性较强的游戏互动式甚至游戏互动竞赛式广告;如果是企业的忠实用户,那么可以制作屏幕保护程序广告或墙纸式广告供其下载。

(3) 根据广告费用预算选择网络广告形式　如果预算充裕,可以选用丰富的媒体广告,而预算紧张则可以选用文字链接式广告。

(4) 根据竞争对手情况选择网络广告形式　通常竞争对手采用什么形式的网络广告,企业也应采用相应形式的广告,并且最好还能够有所创新,这样才能富有新意并充满吸引力。此外,网络广告发布技术、广告主的广告发布时间等都会对广告形式的选择有影响。广告主应该结合自身实际情况灵活地选用网络广告形式,以达到广告最佳效果。

5.2.4　网络广告媒体的组合策略

媒体组合的根本目的在于充分利用媒体各自的特点,扬长避短,形成协同效应,达到媒体资源的最佳配置,从而以最优的广告投入取得最大的广告效果。网络广告媒体组合策略主要有不同网络广告媒体类型的组合、不同网络广告媒体形式的组合、网络媒体与传统媒体的组合。

1. 不同网络广告媒体类型的组合

网页广告、邮件列表、软件广告各有其优势。网页广告形式多样,就广告表现形式而言有旗帜型、浮动型、文字连接型、弹出型等;就技术层面而言有静态图片式、动态图片式、Flash媒体动画甚至是视频广告,广告品种的选择余地大;收费方式灵活多样、科学合理,有包时间段收费、按浏览量收费、按点击量收费、按业绩收费等多种方式。邮件列表的优势在于成本低廉，广告方式直接，广告信息可以直接传达给消费者。软件广告的优势在于其注意率高、强制性大，只要使用软件就必须接收，不容易被屏蔽，可以实现定向传播等。不同类型的网络媒体组合后优势明显，劣势抵消，可以最大限度地覆盖网络广告受众，有效发挥各种类型广告的强势效果。

2. 不同网络广告媒体形式的组合

单一的网络广告形式只能满足一部分人的浏览习惯，而受众浏览习惯的多样性已是不争的事实，广告形式的单一势必会导致很大一部分受众的流失。动态的画面、含有互动游戏的广告颇能打动青少年网民。旗帜型等大幅面的页面内嵌广告更容易引起那些上网寻找信息的网民。对于那些爱看新闻的网民而言，News Bar（新闻滚动条）也是一个不错的选择。此外，多样的网络广告形式还给网络广告的创意表现带来了更多的余地。传统的文字、静态图片广告不再一统天下，动态图片广告、Flash 广告动画、基于 DHTML 和 Java 技术的动态互动广告甚至是视频广告形式纷纷亮相。这些技术上的变化极大地丰富了网络广告的创意表现，广告形象更为逼真，视、听、互动结合，超越了传统媒体的创意表现手段。

3. 网络媒体与传统媒体的组合

不同性质的媒体有不同的功能及特点。网络媒体不可能完全取代传统媒体，反之亦然。但网络这一新媒体与传统媒体一旦结合必将产生惊人的效力。电视广告强制性高，报纸广告"曝光"持久，而网络广告更具有仿真性及实时交互性等巨大优势。网络广告与传统媒体广告合作，不但不会威胁到传统媒体广告的生存，反而会激活其广告市场，从而实现双赢。因此，在网络上投放广告的同时，还要注意利用平面广告进行复合或交叉媒体宣传，以提高广告站点或公司站点的知名度。例如，可以在平面媒体上登载与网页广告设计、创意类似的内容，并标明"详情请登录××网站"，同时给出 E-mail 地址；电视广告播放的时候，可以在屏幕上同时打出产品网站地址，使更多的受众了解和熟悉广告站点。这样的整合能充分融合多种媒体的优势，进一步促进网络广告的发展，使更多的潜在消费者了解产品的信息，使广告的层次更高、效果更好。

总之，网络本身是一种很有潜力的广告载体，它集传统媒体广告诸多优点于一身，同时又具有自身独特的优势，跨时空、跨地域、图文并茂、双向传播信息的超凡魅力使它迅速成为广告王国的新宠。在实际的网络广告投放过程中，讲究网络广告媒体的使用策略，既可以增强广告效果，也可以节约费用。相信随着人们对网民接受心理以及网络传播规律的认识不断加深，网络广告的投放会越来越理智、越来越科学。

习题

一、单选题

1. （　　）是一个月中，某网站平均每天的独立访问用户数。
   A．网站日均覆盖人数　　　　　　B．人均单日访问次数
   C．人均单次浏览页面　　　　　　D．人均单页浏览时间

2. （　　）是在某天访客中，平均属于本周老访客的比例。
   A．网站日均覆盖人数　　　　　　　B．日均回访比例
   C．人均单次浏览页面　　　　　　　D．人均单页浏览时间
3. （　　）反映的是用户对网站的忠诚度。
   A．网站日均覆盖人数　　　　　　　B．日均回访比例
   C．人均单次浏览页面　　　　　　　D．人均单页浏览时间
4. （　　）反映的是媒体普及程度。
   A．网站日均覆盖人数　　　　　　　B．人均单日访问次数
   C．人均单次浏览页面　　　　　　　D．人均单页浏览时间
5. （　　）是指每个用户平均每日访问某网站的次数。
   A．网站日均覆盖人数　　　　　　　B．人均单日访问次数
   C．人均单次浏览页面　　　　　　　D．人均单页浏览时间
6. （　　）代表顾客的访问频度。
   A．网站日均覆盖人数　　　　　　　B．人均单日访问次数
   C．人均单次浏览页面　　　　　　　D．人均单页浏览时间
7. 就网络广告目的而言，网络广告目标大致可以分为（　　）。
   A．推销品牌和获得受众直接反应
   B．AIDA
   C．第一目标和第二目标
   D．经济效果、心理效果、社会效果
8. 在AIDA中，第一个字母A是"注意"，说明的指标为（　　）。
   A．广告曝光次数　　　　　　　　　B．点击次数与点击率
   C．网页阅读次数　　　　　　　　　D．转化次数与转化率
9. 在AIDA中，字母I是"兴趣"，说明的指标为（　　）。
   A．广告曝光次数　　　　　　　　　B．点击次数与点击率
   C．网页阅读次数　　　　　　　　　D．转化次数与转化率
10. 在AIDA中，最后的字母A是"行动"，说明的指标为（　　）。
    A．广告曝光次数　　　　　　　　　B．点击次数与点击率
    C．网页阅读次数　　　　　　　　　D．转化次数与转化率
11. 在AIDA中，字母D是"欲望"，说明的指标为（　　）。
    A．广告曝光次数　　　　　　　　　B．点击次数与点击率
    C．网页阅读次数　　　　　　　　　D．转化次数与转化率
12. （　　）是指每个用户平均每次访问该网站浏览页面的数量。
    A．网站日均覆盖人数　　　　　　　B．人均单日访问次数
    C．人均单次浏览页面　　　　　　　D．人均单页浏览时间
13. （　　）代表用户对网站的浏览深度。
    A．网站日均覆盖人数　　　　　　　B．人均单日访问次数
    C．人均单次浏览页面　　　　　　　D．人均单页浏览时间
14. （　　）是平均每个用户在浏览该网站每个页面时的有效浏览时间。
    A．网站日均覆盖人数　　　　　　　B．人均单日访问次数

C．人均单次浏览页面　　　　　　D．人均单页浏览时间
15．（　　）反映的是网站对用户黏性，即时间消耗度。
　　A．网站日均覆盖人数　　　　　B．人均单日访问次数
　　C．人均单次浏览页面　　　　　D．人均单页浏览时间

二、多选题

1．好的广告目标表述应包括（　　）等。
　　A．一个起点　　　　　　　　　B．企业信息
　　C．限定一个周期　　　　　　　D．一个终点
2．网络广告媒体组合策略主要有（　　）。
　　A．不同网络广告媒体类型的组合
　　B．不同网络广告媒体形式的组合
　　C．网络媒体与传统媒体的组合
　　D．传统媒体间组合
3．衡量网络广告的媒体选择指标有（　　）。
　　A．网站的用户访问特性　　　　B．广告相对成本
　　C．网络广告主的特性　　　　　D．广告绝对成本
4．广告目标代表了（　　）的标准。
　　A．销售额　　　　　　　　　　B．利润
　　C．对目标顾客传达销售信息　　D．达到某种传播效果

三、名词解释

网络广告目标、目标用户集中度指数

四、简答题

1．简述网络媒体的应用策略。
2．简述网络媒体的组合策略。

五、案例题

2000年，"润妍"产品投入市场时曾进行了大规模的广告宣传，公司对网络广告媒体的具体要求如下。

第一，媒体选择标准。Media999根据目标受众比例、网站的知名度和声誉、广告的表现形式和可承载性、广告效果的可控制性、合理的性价比等多项指标对网站进行评估。

第二，媒体选择范围。Media999选择了三大区域：综合性门户网站相关频道、区域性覆盖网站、知名女性垂直网站。

第三，网络媒体投放的区域，以大中城市为主。

第四，最终投放网站。Media999在宝洁提供的初始资料的基础上，最终选择了新浪、网易等网站进行投放。

你认为"润妍"的媒体选择标准如何？

六、操作题

2013年7月，新疆大集网正式上线。新疆大集网是在新疆维吾尔自治区商务厅、新疆和田

地区驻京联络处、北京新疆企业商会共同努力支持下，由北京西域大集电子商务有限公司建设的大型新疆产品门户网站。

新疆大集网搭建的电子商务平台集电商平台优势于一身，目标是打造"新疆大集网，新疆啥都有"的购物新理念。网站开拓了崭新的展销展示模式，为新疆商家或经销商提供更广阔的平台，让新疆企业和产品扎根北京，让新疆商品大集常态化，不间断展销、展示绿色天然的新疆特色产品，推进特色产品销售，带动新疆经济发展，同时也让京城乃至全国消费者轻点鼠标就能"365天随时赶大集"，轻松买到正宗地道、质量上乘的新疆特色产品。

新疆大集网的建设，将促进新疆特色农产品快速进入北京市场，打造农产品外销平台，利用国家"西果东送"的契机，实现新疆农民增收，丰富北京市民物质生活，加强新疆与北京两地的经济交流与合作。

请为新疆大集网制订网络广告目标，并制定媒体策略。

学习情境 6　进行网络广告创意

广告离不开策划，更离不开创意。在充分了解广告主的意图及目标受众的需求等信息之后，网络广告的创作就有了较为明确的方向。互联网作为一种新型媒体，能将大众传播范围广泛的特点与人际传播的高反馈性和高互动性的特点充分地结合在一起，使广告和受众能有效地互动。网络广告作为广告的一部分，与传统广告既有联系又有区别，也要使用传统广告的基本理论。确定网络广告目标，应以沟通为核心，要想达到这一目标就需要有好的广告创意。

任务 6.1　认识网络广告创意

▶ 任务引例

苏泊尔一直以来是小家电行业的龙头。据 GFK 数据，2020 年苏泊尔炊具炒锅、高压锅等七大品类线下总体市场份额达 49.2%。但油烟机品类市场占有率仅 4%左右，可见市场人群对此产品的认知度不足。构建市场定位，引起消费人群关注，是苏泊尔新品油烟机上市时要第一考虑的问题。

油烟机的工作步骤总共分三步，拢烟—吸烟—排烟。头部品牌几乎都在围绕这三个步骤猛抓猛打，老板油烟机在强调"大吸力"，方太在强调"不跑烟"。如果在这些固有赛道上继续死磕，苏泊尔将很难在短时间内获得消费者关注、建立购买理由。因此，构建新的认知赛道则有可能在较快时间内占领消费者心智，"垂直吸"概念由此被提出来。

"垂直吸"概念既基于油烟机产品双翼双孔服务厨房双灶台的卖点，也与时间短、速度快的常识相关联，具象化展现产品功能，便于消费者直观感知。由此概念衍生的"油烟垂直吸　速度就是快"，高度浓缩了产品的本质价值和给用户带来的结果利益。

新品在临近上市的前夕，苏泊尔主动提出将原产品名——双翼瞬吸油烟机，更改为——双翼"垂直吸"油烟机，让产品本身的"垂直吸"特性所带来的"快"，直接成为核心卖点。新品 TVC（电视商业广告的英文缩写）继而出街，用于投放在苏泊尔各大电商销售渠道及线下大屏，如图 6-1 所示。

TVC 创意源自一个小学生都知道的知识点——"平行线之间，垂直线最短"。从正面去看灶头的水平面、吸烟口的水平面构成两条平行线，在此之间最短的吸油距离，必然是垂直路径。

TVC 在秉持苏泊尔品牌一贯温暖关怀的基调上，用家庭亲子小课堂，以一个全民皆知的知识点切入，传播产品核心卖点，精准沟通目标人群的购买需求，将创意营销转为实效营销。后续的传播规划也将以"垂直吸"为市场沟通基石，赋能品牌升级。

图6-1

图6-1 双翼垂直吸

资料来源：广告门

➲ 任务要求

1. 什么是广告创意？
2. 网络广告创意有哪些要求？
3. 网络创意理论有哪些？苏泊尔使用的是何种理论？

➲ 相关知识

6.1.1 广告创意的含义及作用

1. 什么是广告创意

创意是网络广告的灵魂，随着网络技术的不断发展与成熟，网络广告的创意也趋于多样化、复杂化。它实现了许多传统媒体广告创意不能实现的梦想。网络广告创意依据互联网这个特殊媒体的特点，将广告的创意发挥得淋漓尽致，所以需要有更多的广告创意。

广告创意是指通过独特的技术手法或巧妙的广告创作脚本，更突出产品特性和品牌内涵，并以此促进产品销售。广义理解，广告创意包含了广告活动中创造性的思维，主要是涉及战略、形象战术，以及媒体的选择等。狭义理解，现实中，广告界更愿意以"广告作品的创意性思维"来定义广告创意。广告创意简单来说就是通过大胆新奇的手法来制造与众不同的视听效果，最大限度地吸引消费者，从而达到品牌声望传播与产品营销的目的。广告创意由两大部分组成：一是广告诉求，二是广告表现。

广告创意的内涵包括：

1）创意是广告策略的表达，其目的是创作出有效的广告，促成购买。
2）广告创意是创造性的思维活动，这是创意的本质特征。
3）创意必须以消费者心理为基础。
4）广告是使顾客了解本产品的途径。
5）广告最重要的作用是使顾客通过广告产生购买产品的行为，促成交易的达成。

2. 广告创意的作用

广告创意可以说是广告活动的灵魂，是广告活动过程中非常重要的环节，因此广告创意必须通过整体广告活动体现其作用。

（1）创意有助于广告活动达成预定目标　广告活动作为一种经济范畴的商业活动，最终以营利为目的，因此广告创意必须有助于广告活动达到传播的预定目标，这是衡量广告创意的重要标准。

（2）创意有助于广告进行告知活动　广告能够完成其有关产品信息的告知与诉求的职责，这些在很大程度上取决于广告作品是否具有创意。优秀的创意使广告作品更形象、生动。

（3）创意有助于影响消费者行为　调查表明，广告要想有更强的说服力，就必须创造性地运用非文字信息元素，强化文字信息元素。例如，在作品中有效运用色彩和空间，促使受众根据广告信息了解该信息。

（4）创意有助于广告进行提示活动　创新的广告创意会使广告诉求变成有趣的、耐人寻味的广告，广告人需要思考的问题就是如何通过广告创意来提醒顾客购买自己的产品。

（5）创意可以为广告增添"轰动"效应　广告作品要通过有效的广告创意让受众产生共鸣，通过巧妙的设计来烘托氛围，从而制造出"轰动"效应。

6.1.2　网络广告创意的要求

创意是一种创造性思维，创造性思维的基本方法是发散思维和聚合思维、顺向思维和逆向思维、横向思维和纵向思维的有机结合。但是广告是一种功利性、实用性很强的经济行为，同时又是一种有着广大受众的社会文化现象，因此广告创意与一般的创造性思维不同，其必须在不自由中寻找更高境界的自由，是"戴着镣铐跳舞"。

如果一个网络广告能结合画面度、创意度、吸引人的话，必将带来更多的潜在消费者，让已经消费的人对产品更加忠实。留住老客户、吸引新客源才是创意者成功的基本要素。网络广告创意大致有以下一些要求。

1. 相关性

广告创意必须与产品特点、企业形象和消费者需求相关联。创意的过程是对商品信息的编码过程，受众接受广告信息后，要经自身的译码，在译码中产生联想和会意，使自己的经验、体会与商品信息结合在一起才能达成沟通。创意把概念化的主题转换为视听符号，直观性强，但也产生了多义性。为了避免产生歧义，创意时要符合相关性要求，即广告传递的信息必须与商品或企业相关，让人一看（或听）就知道是某商品或某企业的信息，而不能含混不清或是喧宾夺主。

2. 原创性

广告创意贵在"新"。要做到这一点，就要突破常规、出人意料、与众不同，切忌雷同、似曾相识。没有原创性，广告就缺乏吸引力和生命力。好的广告创意一定要在合情合理的前提下，做到新、奇、特，做到"意料之外，情理之中"。

3. 震撼性

震撼性是指广告创意能够深入受众的心灵深处，对他们产生强烈的冲击。没有震撼性，广告就难以给人留下深刻的印象。一个人每天要接触到大量的广告，要想使受众对广告产品留下深刻美好的印象，新颖、惊奇是重要的手法。刺激越强，造成的视听冲击力越大，就越容易给受众留下印象。具体说来，画面、音响、富有哲理的广告语，都能不同程度地造成一定的视听冲击力。只有在消费者心中留下印象，才能发挥广告的作用。要想做到这一点（吸引消费者的注意力，同时让他们来买你的产品），就需要有很好的点子。

4．简明性

广告创意必须简单明了、纯真质朴、切中主题，才能使人过目不忘、印象深刻。广告大师威廉·伯恩巴克（William Bernbach）认为："在创意的表现上光是求新求变、与众不同并不够，杰出的广告既不是夸大，也不是虚饰，而是要竭尽你的智慧使广告信息单纯化、清晰化、戏剧化，使它在消费者脑海里留下深刻而难以磨灭的记忆。"最好的创意往往是最简单的创意，因为在信息爆炸的当代社会，受众被淹没在信息的海洋中，只有那些简洁明快的广告能够吸引他们。因此，在广告创意时，主题要突出、信息要凝练、诉求重点要集中、无关紧要的要删去，广告镜头要破除烦琐，反映主信息。

5．合规性

广告管理法规是调整广告管理机关和广告客户、广告经营者及消费者之间，在广告宣传、广告经营、广告管理中所发生的各种社会关系和法律法规的总称。其表现形式为有关广告管理规定、专门的广告管理行政法规、国家管理机关发布的规章和规范性文件、地方相关机构颁布的广告管理地方性规章制度。《广告管理条例》《广告法》等都是十分重要的广告管理法规。

风俗习惯是人们根据自己的生活内容、生活方式和自然环境，在一定的社会物质生产条件下长期形成，并世代相袭而成的一种风尚和由于重复、练习而巩固下来并变成需要的行动方式等的总称。

不同的国家、不同的民族有不同的法规、风俗习惯，这些法规和民俗成为人们的行动规范和准绳。所以，在广告创意中，必须考虑合规性，一定要做到符合广告法规和广告发布地的伦理道德、风俗习惯。只有这样，才不至于徒劳无功。

6．互动性

"互动"是指双方"相互作用和相互影响"。互动性是网络广告最突出的特点。在互联网中，受众不再是被动接受信息，受众不但可以选择信息，还可以控制信息。网络广告的作用不再是单纯的信息发布与接受，浏览者可以随时参与其中，直接反映广告效果。

6.1.3　网络广告创意的理论

随着竞争的加剧，产品同质化现象日益严重，消费者真正可以接收到的信息却越来越少。于是一些营销大师、学者陆续提出一些广告创意理论，帮助品牌提升认知度、影响力，从而赢得更多销售。以下介绍几种影响深远的广告创意理论。

1．独特销售主张理论

独特销售主张理论（Unique Selling Proposition，USP）是罗瑟·瑞夫斯（Rosser Reeves）在20世纪50年代提出的一种有广泛影响的广告创意策略理论，其基本要点：每一则广告必须向消费者"说明一个主张（Proposition）"，必须让消费者明白，购买广告中的产品可以获得什么具体的利益；所强调的主张必须是竞争对手做不到的或无法提供的，必须说明其独特之处，在品牌和说辞方面是独一无二的；所强调的主张必须是强有力的，必须聚焦在一个点上集中打动、感动和吸引消费者来购买相应的产品。该理论的典型代表是 M&M 巧克力。一句"M&M 巧克力，只融在口，不融在手"，体现了该产品独特的优点。

不同的产品能为消费者提供不同的好处和功效，以此来满足消费者不同的消费需求。同类产品的竞争，如何争取消费者、赢得消费者的格外青睐呢？关键在于能否为消费者提供其他同类产品不能提供的好处和功效，并且这种好处和功效，又必须符合消费者的消费利益需求。广告的责任，就在于努力寻找和发现广告产品所具有的、能为消费者提供的，而其他产品不具有的、不能为消费者提供的独一无二的好处和功效，并将这一信息如实地传达给消费者。在运用独特销售主张策略时，要求每一个产品都应该只发展一个代表产品个性的销售说辞，并通过大量的重复展现，将该广告信息传递给媒体受众，以使该品牌产品成为同类产品的代表者。USP理论是对广告传播的科学认识，它影响了整整一个时代。

2．品牌形象理论

20 世纪 60 年代，由大卫·奥格威（David Ogilvy）提出的品牌形象论是广告创意理论中的一个重要流派。在此策略影响下，出现了大量优秀的、成功的广告。品牌形象论的基本要点：为塑造品牌服务，是广告最主要的目标。广告就是要力图使品牌具有并且维持一个高知名度的品牌形象；任何一个广告都是对品牌的长期投资。从长远的观点看，广告必须尽力去维护一个好的品牌形象，而不惜牺牲追求短期效益的诉求重点；同类产品的差异性越小，品牌之间的同质性越大，消费者选择品牌时所运用的理性就越小，因此，描绘品牌的形象要比强调产品的具体功能特征重要得多；消费者购买时所追求的是"实质利益＋心理利益"，对某些消费群来说，广告尤其应该重视运用形象来满足其心理需求。广告创意中的品牌形象策略主要有广告主形象策略、专业模特形象策略、名人形象策略和标识物形象策略。

（1）广告主形象策略　这种策略是指在广告创意中，以直接塑造广告主的美好和独特形象为创意主题，即广告品牌被赋予生产经营者自己的形象。

"你只闻到我的香水，却没看到我的汗水；你有你的规则，我有我的选择；你否定我的现在，我决定我的将来；你嘲笑我一无所有不配去爱，我可怜你总是等待；你可以轻视我们的年轻，我们会证明这是谁的时代。梦想是注定孤独的旅行，路上少不了质疑和嘲笑，但那又怎样，哪怕遍体鳞伤，也要活得漂亮！！！"这则广告道出了 80 后、90 后年轻人所遇到的困难，也展现了年轻人的理想与憧憬，引起很多 80、90 后的共鸣。这个广告使该品牌一夜走红，网站知名度迅速提升，成为当时中国最成功的网站之一。

（2）名人形象策略　这一策略是指借助名人的社会效应来间接地树立品牌形象。名人形象策略的广告创意是非常昂贵的，但这种广告的收视率或受读率却高于一般广告，能给企业带来丰厚的经济效益。

（3）标识物形象策略　这一策略是指通过宣传广告主的标识物来塑造广告产品的形象。常见的标识物主要是一些动画人物、动物或植物，如我国海尔集团的大眼睛"海尔"兄弟，国外的"米老鼠""唐老鸭"等。

3．定位论

20 世纪 70 年代，由艾·里斯（Al Ries）与杰克·特劳特（Jack Trout）提出的定位论主张在广告策略中运用一种新的沟通方法，创造了更有效的传播效果。定位理论的创始人艾·里斯和杰克·特劳特曾指出："'定位'是一种观念，它改变了广告的本质。""定位从产品开始，可以是一种商品、一项服务、一家公司、一个机构，甚至是一个人，也许可能是你自己。但定位并不是要你对产品做什么事。定位是你对未来的潜在顾客心智所下的功夫，也就是把产品定位在你未来潜在顾客的心中。所以，你如果把这个观念叫作'产品定位'是不对的。你对产品本身，实际上并没有做什么重要的事情。"

广告定位论的基本主张：广告的目标是使某一品牌、公司或产品在消费者心目中获得一个据点，一个认定的区域位置，或者占有一席之地；广告应将火力集中在一个狭窄的目标上，在消费者的心智上下功夫，是要创造出一个心理的位置；应该运用广告创造出独有的位置，特别是"第一说法、第一事件、第一位置"。因为创造第一，才能在消费者心中产生难以忘怀的、不易混淆的优势效果；广告表现出的差异性，并不是指出产品的具体功能和特殊利益，而是要显示出现实和品牌之间类的区别；这样的定位一旦建立，无论何时何地，只要消费者产生了相关的需求，就会自动的、首先想到广告中的这种品牌、这家公司或产品，达到"先入为主"的效果。例如，可口可乐是红色，百事可乐为蓝色。前者寓意热情、奔放，富有激情；后者象征着未来，突出"百事——新一代"这个主题。虽然其他可乐饮料也有采用红色与蓝色作为自己标准色的，但是它们首先占有了这些特性，因而其他品牌就难以从消费者的心目中将其夺走。可口可乐和百事可乐几乎垄断了整个清凉饮料市场。在美国，每三瓶清凉饮料就有两瓶是可乐饮料。要想在其中博一席之地，势如火中取栗，而七喜却做到了。经过详细的市场调查，七喜（7-up）的策划者采取了一个大胆的产品定位策略——"饮料有可乐与非可乐之分，七喜则属于非可乐类"。将自己与可乐类截然分开，避免同可口可乐与百事可乐两大劲敌的直接交锋，从而另辟蹊径，挺进市场。配合这一"非可乐"定位，公司制作了一系列针对性极强的宣传广告。例如，一则广告，画面以黑色为底，突显出画面中心七喜汽水的晶莹透亮，广告语也写得十分精彩："可乐、可乐、可乐，你总是喝它；现在你可以不喝它啦。"精彩的定位，精彩的广告，使七喜迅速爬升到"老三"的位置。定位的成功并无具体、统一的规律可循，其迷人之处正在于它的五光十色，形态万千。要深究其特性，只能以一句"出其不意"加以粗略概括。七喜汽水结合自身特质，在可口可乐、百事可乐商战正酣之际，巧妙地挤进饮料市场，大有"渔翁得利"之势。

任务 6.2 确定网络广告主题

任务引例

过年回家是一直以来的传统，也是父母最为期盼的日子，因为只是新春时节才能盼回在外打拼的子女。所谓"慈母手中线，游子身上衣。临行密密缝，意恐迟迟归"。没有哪个父母不期望一家人可以共聚一堂，开开心心地过个年。

秉承"妈妈心、饺子情"的品牌精神，湾仔码头从 2014 年起，携手别克，在冬至这个品牌最重要的营销节点，通过致敬母爱的微电影《回家的方向》，去慰藉千万游子的心，如图 6-2 所示。片中的老母亲，只为儿子那一句"想吃您做的酸菜饺子"，四处奔波去寻找自家味道的酸菜，父母两个人熬夜合力做出的饺子，也让儿子流下感动的泪水。

据统计，2016 年推广上线当天：微电影播放量达 54 万次，H5 互动活动曝光量超过 700 万次；活动传播周期内，两品牌都获得了近 1 亿次的品牌曝光；超过 10 万名网友参加了抽奖饺子券的活动，3,143 名网友在线预约试驾别克英朗。

图 6-2

图 6-2　湾仔码头《回家的方向》

资料来源：艾瑞网

⊃ 任务要求

1. 网络广告主题应符合哪些要求？
2. 该产品是如何设计主题的？
3. 微电影《回家的方向》的主题是什么？采用何种手法来表现？

⊃ 相关知识

广告经营者进行广告创意的目的之一就是确定广告主题。网络广告主题就是网络广告的诉求点，即网络广告作品向目标市场受众传输的主题信息。广告主题是广告的中心思想，是广告作品的核心与灵魂。任何一项网络广告策划活动必须首先确定广告的诉求点，即确定向消费者"说什么"。否则，受众就不明白网络广告所要表达的信息内容，就不会被广告所吸引，也就不能产生共鸣。

6.2.1　网络广告主题的基本要求

具体来讲，网络广告主题的基本要求包括以下几个方面。

1. 鲜明、突出

网络广告主题必须观点明确、概念清晰、重点突出，使人一目了然，鲜明地表达销售的概念。为了使主题的表达能鲜明有力，首先必须使主题的表达单纯化。成功的主题应该是简单的，结构上不复杂，表达单一明确，不力图表达更多的销售概念。目标集中，重点突出，才能具备思想性与统一性。

隐晦和不明确的广告主题，概念模糊，繁杂松散，销售重点不明确，在信息传达中不仅不能鲜明有力地传达清晰的概念，反而会使消费者产生认识上的混乱，甚至产生误导。在激烈的商品市场里，鲜明有力的广告主题对消费者有很好的心理冲击力，能够增强商品的竞争力。

2. 新颖、独特

网络广告主题要有自己的新意，即广告传达的信息要有不同于一般的个性，要与同类产品的其他广告有不同销售重点的表达。只有在主题表达中强化信息的个性，才能突出广告的产品（服务）与众不同的特点，在市场竞争中让消费者发现自己、认识自己，给消费者留下深刻的印象。

主题的新颖性要求广告经营者对客观事物有独特的感受和发现，以新的视角发现问题和提出问题，给人以新颖别致、独具一格的心理感受。

要使网络广告主题具有新意，重点在于差别化策略的运用。要善于发现同类产品之间的差别，可以从产品的质地、制作工艺、效用、心理价值等方面进行挖掘，使广告主题具有个性化的色彩。

3. 寓意深刻

网络广告主题对于客观事物的揭示，其重要的一点是思想深度。广告经营者必须具有敏锐的洞察力，能从平凡生活的细节中挖掘出让人激动不已的意蕴，使之具有深邃的思想认识价值和生活哲理。网络广告策划中一个重要问题，也是一个不易解决的问题，就是对广告主题的确定。获得正确的广告主题关键在于策划者对广告目标市场和消费者需求的认识程度。

6.2.2 确定网络广告主题的范围

确定网络广告主题要从受众的心理需求出发，选定一则广告传输的信息内容，从而打动受众，促使他们产生购买欲望，实现增加产品销售、树立企业形象的目的。广告主题的范围主要有以下几种类型。

1. 健康类

健康是消费者赖以生存发展的基本欲求，是为维持生命和发展生命所必需的外界条件的欲求。增强体质、保持健康、获得营养、防病治病等都可以选择健康作为广告主题的题材，如医药、卫生用品、营养食品、体育器械等商品都可以以此进行诉求。

2. 食欲类

食欲是消费者最基本的需求之一，是消费者肌体生存的根本所在。它不仅解决消费者生理的需求，还满足消费者追求营养、讲究口味等心理方面的需求。食欲是食品、饮料、饮食服务业常选用作为广告主题的题材，通过食品的美味芳香吸引消费者，刺激其食欲的需要，可以取得良好的促销效果。

3. 安全类

保障自己的财产和生命不受威胁侵略和掠夺，是消费者基本需要的一个层次，是保证消费者正常工作、生活和社交活动的重要因素，是消费者十分关注和敏感的问题。某些广告，如交通工具、防盗设备、银行信托、卫生用品等方面的广告，可被选作为广告主题的题材，诉求如能吻合消费者的关注点，就可以发挥良好的促销作用。

4. 爱美类

消费者对某些产品的选择往往是以其欣赏价值为主要目的的，注重产品本身的美感、对人体的美化作用以及对环境的美化功能，目的不仅在于产品的使用价值，还为了从中得到美的享受。随着社会生产的不断发展，物质和精神文明的不断提高，消费者对自身的美化和产品美感的渴求会越来越强烈。爱美常是化妆品、服装、饰品等广告主题的题材，突出美的风格与格调，渲染美给消费者带来心理上的满足，刺激消费者对美的事物的追求。

5．时尚类

在消费品市场上，尤其是在一些高文化附加值商品的消费市场上，购买潮流对消费者的心理有很大的冲击力，表现出一种以追求商品新颖为主要目的的需求，成为时髦流行的消费趋向，它刺激和诱发消费者产生一种同步的心理欲望，在购物时特别注意商品的款式和社会流行样式，而不太注意商品本身的实用价值和价格高低，追求变化，追逐潮流，表现出凭一时兴趣而产生的冲动性购买。时尚是化妆品、服装、摩托车等广告主题选择的表现题材，能创造非常成功的促销效果。

6．爱情类

爱情是消费者精神的一种最深沉的冲动，是男女之间产生的互相倾慕和交流之情。爱情是令人激动的回忆，是明快亲切的期待，爱情创造了美，使消费者的感受力敏感起来，使两性关系具有美感。

爱情是艺术家灵感的源泉，由于它非凡的魅力作用，扩大了多种艺术形式的优美与神奇。爱情是人类追求的一个目标，渗透了个人理想与情趣，可以说，爱情不仅是艺术的永恒主题，也是艺术的永恒题材。选用爱情题材来作为广告诉求，能产生亲切动人、感人心扉的心理号召力，能有效地表达主题。

7．荣誉类

消费者通过发挥自己的潜在能力和聪明才智，在事业上获得一定的成功，对社会有所贡献并期待能够得到社会的承认和尊重，从而得到精神上的慰藉和满足。这种心理需要是在社会发展过程中逐渐形成的一种社会性的高级欲求，是一种文化、道德和名誉上的精神需要。

一些消费者为了显示个人的成功或成就，而购买某种特殊产品，以产生一种建立荣誉的心理满足。广告如能针对这种欲求进行引导性的诉求，就能很有效地唤起消费者的需求欲望。

8．母爱类

母爱是消费者情爱中最为诚挚的一种感情，也是消费者情爱中天性的自然流露，具有震撼人心、感人肺腑的力量，是人类存在以来一种古老的艺术表现题材。纯真高尚的母爱动人心弦，催人泪下，具有不可抗拒的心理感召力。这种出于天性的依恋之情，对人有很强的感染力，在广告中作为某些主题的题材，运用得好能产生很好的共鸣作用，儿童食品、玩具、衣物等均可选择母爱作为题材。

9．地位类

消费者有一种显示自己地位和声望的欲望，这种心态在具有一定的社会地位、经济实力的人士中较为多见。他们往往产生一种"扬名"和"炫耀"的购买动机，购买商品特别注重商品本身的象征意义，以此显示自己的富裕生活或表示自己卓越的生活能力，从中得到心理上的满足。消费者在购买时具有很强的感情因素，出发点为了领先、超过他人或赶上他人，以获得一种自豪感、优越感。

10. 社交类

作为"社会人",消费者有希望得到社会团体重视与接纳,希望得到和给予别人友谊、关怀和爱护的要求,并期待交朋友,获得友情,进行感情交流,参加社会活动,使自己了解社会和别人,也使自己被社会和别人了解,从中得到精神上的满足。社会越发展,物质文明、精神文明越进步,消费者这种要求也会越强烈。食品、化妆品、服装、家电等常用社交作为广告题材,运用得好可产生良好的引导说服效果。

11. 快乐类

追求生活的欢快与乐趣是消费者重要的心理趋势,也是消费者的生活水平向高层次发展的必然需求。消费者在解决了生理上、生存上的基础需求后,必然转向精神上的追求与满足,以适当的刺激来调节生活节奏,使身心得到一定的放松与调整,让生活变得丰富多彩而又充满情趣。针对这种心理欲求,广告在旅游、轿车、摩托车等产品或服务上多选用快乐为题材进行创意表现,以期获得理想的促销效果。

12. 效能类

效能是广告运用最广泛的题材,强调产品或服务与众不同的特殊功能,突出表达产品或服务能给消费者带来的某种利益和好处,满足消费者某个方面的要求,以差别化的策略来建立产品或服务的定位,塑造独树一帜的产品或服务形象,激发消费者的购买需求。效能通常是化妆品、清洁用品、药品、家电产品等的广告题材。

13. 方便类

在生活节奏很快的现代社会中,消费者都十分珍惜时间与精力。在购买产品时消费者都希望能获得方便快捷的服务,购买方式明确简便,售货效率高,能在很短的时间内完成购物的全过程。同时还希望能提供产品携带方便、使用方便、维修方便等方便措施,以满足消费者购物后的不同需要。家用电器、轿车、摩托车等广告常选用方便作为表现的题材。

14. 保证类

在市场营销中,企业为了在消费者中建立良好的信誉,使消费者对企业和产品产生良好的信任感,解除消费者在购物过程中的心理障碍,对广告的产品予以认可,需要在广告中针对消费者的心理特点,在某个方面做出具体许诺与保证,以增强产品在市场上的竞争力,刺激消费者购买广告宣传的产品,这样常常可以取得理想的促销效果。家用电器、建筑材料、精密仪器常选用保证为题材来表达广告主题。

15. 经济类

消费者在购物活动中,产品的物美价廉常是其选择的重要标准。因此,在中、低档的产品上,突出价格上的优势,能很好地刺激一些消费者的购买欲望,产生良好的促销效果。日常用品、食品、家用电器等常选用经济为题材来表达广告主题。

6.2.3 网络广告主题的表现方法

广告是一种信息的传播活动,理想的情况是信息应该能得到受众的注意,引发其兴趣,提升其欲望和引导其行动。当然,这是一个逐级实现的过程,极少信息能够把消费者从知晓一直带到购买阶段。为实现某一特定阶段目标，必须对信息进行有效设计，以选择恰当的表现形式。从这个意义而言，广告表现就是信息设计的过程。信息设计需要解决以下 4 个问题，即说什么（信息内容）、如何富有逻辑地说（信息结构）、形式上如何说（信息格式）和由谁来说（信息源）。

在决定广告表现时，认真考虑是借助逻辑力量说服还是诉诸情感打动消费者，这很重要。诉求点是指某商品或服务在广告中所强调的、企图劝服或打动广告对象的传达重点。诉求点不明确的广告，不是成功的广告。寻找或确定广告诉求点时，首先要解决两个问题：一是向谁诉求（诉求对象）；二是向诉求对象强调商品的什么特点。形式上如何说，我们称为"诉求"或"表现手法"，可分为两种：理性表现策略和情感表现策略。

1．理性表现策略

理性诉求是采用理性说服方法的广告形式，通过诉求消费者的理智来传达广告内容，从而达到促进销售的目的，也称说明性广告。这种网络广告说理性强，常常利用可靠的论证数据揭示商品的特点，以获得消费者理性的承认。它既能给消费者传授一定的商品知识，提高其判断商品的能力，又会激起消费者对产品的兴趣，从而提高广告活动的经济效益。通常的理性诉求广告有承诺广告、旁证广告、防伪广告、比较性广告等。

理性表现策略即通过表明该产品将产生所要求的功能利益来引起受众的兴趣。例如，说明一件产品的质量、价值、功能、附加服务等信息。理性表现策略是建立在消费者的理性购买动机基础上的。理性购买动机是人们对商品或广告的客观性认识的一种动机，不经过对商品或广告的反复研究、分析、比较的思维过程，人们不会轻率地对广告或商品做出结论，更不会引发购买行动。理性购买动机具有客观性、周密性和控制性的特点，因此，其购买行动比较重视商品的品质、效用，注意商品的经济、实用、方便和可靠性。所以，理性表现策略更注重证据、事实以及推理形式和论证方法。普遍认为工业购买者对理性表现策略的反应最为灵敏，他们具有产品专门知识，而且他们的选择要对别人负责。当消费者购买高价物品时，他们也会收集信息并对可供选择的产品仔细比较，对质量、价格、性能的诉求会做出反应。

网络具有海量信息的存储功能，但能与受众直接见面的信息极其有限。网络广告的显示空间也是有限的，一些门户网站和提供特殊服务的网络，是广告主争夺的空间。由于网络局限性和有效空间的局限性，在网络上盛行的广告形式是旗帜广告，就旗帜广告本身而言，是无法承载很多信息的，它需要引起网民的注意，进而产生点击行为。点击是网络发挥广告效果的关键动作，一旦这一动作发生，广告主只要花很少的钱，就可以提供企业本身和产品（服务）的百科全书式的信息，可以以文本方式为主的网络广告对产品的性能、用途、使用方法等进行详细描述，也可以通过三维动画和多媒体技术展示产品外形、结构以及使用方法等。这些都使得理性诉求的方式有了很大的用武之地。

比如汽车广告，它可以通过三维动画全方位展示汽车的外观、内部结构，可以将新旧款型进行对比，甚至可以向用户提供模拟驾驶，让消费者体验驾车的方便和舒适。企业可以通过超文本链接，把包括公司历史、销售业绩、产品说明、客户反馈等广告信息组织成一个多层面的递进结构，引导消费者层层阅读，而不同的消费者可以根据自己的需要在不同层面上获得相应信息。消费者可以不再凭印象和感觉做出消费决定，而是将自己的消费行为建立在理性的基础之上。

为了增加广告的吸引力和说服力，某些企业还可以邀请业界权威、社会名人或品牌代言人在线与网民进行交流和沟通，让权威人士介绍产品的性能优势或让名人谈谈他们使用该产品的感受，从而拉近了产品与目标受众之间的距离。不同于传统媒体简单的单向交流，运用网络技术有效地实现了"意见领袖"与目标受众的互动交流，它取得的效果是传统媒体无法实现的。还有一些企业在网站上开辟专门的认证机构链接，以供受众进行查询，从而增加其产品的认知度。

2. 情感表现策略

"感人心者，莫先乎情"。在人的心理活动中，情绪、情感和认知因素一样，是影响人们对客观事物的态度和行为的心理基础之一，当这种情感因素占主导地位时，就会使人激动、振奋或反感、抵触。它对人的态度和行为产生迅速作用和强烈影响，这种煽情的价值是通过运用各种感性元素、光影、色彩、形状、音乐等组合得到实现的。心理学表明，陌生而新奇的东西所造成心理刺激，大大强于那些司空见惯的事物。成功的情感诉求广告正是借助文学艺术手法，创造新颖奇特的形象，对消费者的心灵造成强烈的震撼，令其长久难忘，因而可以持久地发生促销作用。

情感诉求是采用感性说服方法的广告形式，又称感性诉求。它通过诉求消费者的感情或情绪来达到宣传商品和促进销售的目的，也可以叫作兴趣广告或引导性广告。感性诉求的广告不做功能、价格等理性化指标的介绍，而是把商品的特点以及能给消费者提供的利益点用富有情感的语言、画面、音乐等手段表现出来。"威力洗衣机，献给母亲的爱"就属此类诉求方式。通常，感性诉求广告所介绍的产品或企业都是以感觉、知觉、表象等感性认识为基础，是消费者可以直接感知的或是经过长期的广告宣传，消费者已经熟知的。采用感性诉求最好的办法就是营造消费者使用该商品后的欢乐气氛，使消费者在感情获得满足的过程中接受广告信息，保持对该商品的好感，最终能够采取购买行为。

俗话说，"天老情难老"，情感是人类永远不老的话题，以情感为诉求重点来寻求广告创意是当今广告发展的重要趋势。因为在一个高度成熟的社会里，消费者的消费意识也日益成熟，他们追求的是一种与自己内心深处的情感和情绪相一致的"感情消费"，而不仅仅注重广告商品的性能和特点。因此，如果能在广告创意中注入浓浓的情感因素，便可以打动人、感动人，从而影响人，在他们强烈的感情共鸣中，宣传广告内容达到非同一般的广告效果。许多成功的广告创意，都是在消费者的情感方面大做文章，从而脱颖而出的。

情感诉求广告确实有很强的促销功能和审美功能，但能充分发挥这种作用的只是那些优秀作品，而要创作出优秀的情感诉求广告是极不容易的。这就要求我们必须注意几点：首先，情感诉求所抒之情应该高尚，不能违背"善"的要求。情感诉求广告传播高尚的情感，在审美教育之中既实现了产品市场的扩大，又大有裨益于社会进步和文明发展。其次，情感诉求广告之"情"必须寓情于境，否则就会因流于抽象、空泛而导致失败。王夫之云："情景名为二，而实不可离。神于诗者，妙合无垠。巧者则有情中景，景中情。"再次，情感诉求广告应当受到产品的一定限制。这就是说，有些产品如高科技产品、生产资料、生产工具等，一般不宜运用情感诉求广告。因为消费者在购买这类产品时，理智的思考占了主导地位。他们主要考虑这些产品的性能、功效如何，价格是否合理等实际问题，而且购买它们也主要不是一种情感上的满足，而是出于实际的迫切需要。因此，情感诉求广告由于不能解决上述问题而不能奏效，只有重在阐明产品性质、特征、功能等理性诉求的广告才比较合适。与此相反的是，一般日常用品，如化妆品、食品、服装等，以及旅游、安全等方面的广告，则适于运用情感诉求，而不宜做理性诉求。

网络广告的感性诉求主要依靠充满诱惑的文字、极富动感的画面、中奖送礼的承诺、优美动听的音乐等，激发消费者的某种情绪或联想，引起好奇和关注，从而产生进一步了解的欲望。对于网络广告来说，感性诉求的优点有以下几个方面。

一是通用性。国家或地区之间的语言、风俗可以相异，不同民族的审美观、价值观可以不同，但情感是可以相通的。这一点非常适合网络广告国际性的特点。

二是互动性。正因为人类有着极为丰富的感情，并容易被激发，所以感性诉求广告具有很强的互动性，这正是情感诉求广告在网络上具有较高点击率的原因。

三是非商业性。对于具有鲜明意图的商业宣传，人们不免怀有防备之心。感性诉求广告可以紧紧把握人情味这个要素，在商业宣传中淡化其商业气息，使消费者自觉自愿地点击广告，进而接受所宣传的产品或提供的服务。

在很多情况下，理性诉求和感性诉求两种方式常常是结合使用的，既注意产品本身的利益，又通过人情味较浓的手法来表现，达到事半功倍的效果。值得注意的是产品或服务的特性、实际利益要与情感内容进行合理的关联，不同的诉求手段也要与媒体的传播特性相适应。

习题

一、单选题

1. 广告创意贵在"新"体现，是广告创意的（　　）原则。
   A．相关性　　　　B．原创性　　　　C．震撼性　　　　D．简明性
2. 每一则广告必须向消费者说明一个主张，这是（　　）的思想。
   A．品牌形象理论　　　　　　　　　　B．独特销售主张理论
   C．定位论　　　　　　　　　　　　　D．系统形象广告定位
3. "M&M 巧克力，只融在口，不融在手。"这是（　　）的思想。
   A．独特销售主张理论　　　　　　　　B．品牌形象理论
   C．定位论　　　　　　　　　　　　　D．系统形象广告定位
4. USP 理论是由（　　）提出的。
   A．罗瑟·瑞夫斯　　　　　　　　　　B．大卫·奥格威
   C．艾·里斯与杰克·特劳特　　　　　D．大卫
5. 广告就是要力图使品牌具有并且维持一个高知名度的品牌形象；任何一个广告都是对品牌的长期投资。以上是（　　）的思想。
   A．独特销售主张理论　　　　　　　　B．品牌形象理论
   C．定位论　　　　　　　　　　　　　D．系统形象广告定位
6. 广告的目标是使某一品牌、公司或产品在消费者心目中获得一个据点，一个认定的区域位置，或者占有一席之地；广告应将火力集中在一个狭窄的目标上，在消费者的心智上下功

夫，是要创造出一个心理的位置；应该运用广告创造出独有的位置，特别是"第一说法、第一事件、第一位置"，这是（　　）思想。

  A．独特销售主张理论　　　　　　　　B．定位论
  C．品牌形象理论　　　　　　　　　　D．系统形象广告定位

7．广告创意必须与产品特点，企业形象和消费者需求相关联，这是广告创意的（　　）原则。

  A．相关性　　　B．原创性　　　C．震撼性　　　D．简明性

8．广告创意的本质特征是（　　）。

  A．创意的目的是创作出有效的广告，促成购买
  B．广告创意是创造性的思维活动
  C．创意必须以消费者心理为基础
  D．广告是使顾客了解本产品的途径

9．广告创意能够深入受众的心灵深处，对他们产生强烈的冲击，是广告创意的（　　）原则。

  A．相关性　　　B．原创性　　　C．震撼性　　　D．简明性

10．BI理论是由（　　）提出的。

  A．罗瑟·瑞夫斯　　　　　　　　　　B．大卫·奥格威
  C．艾·里斯与杰克·特劳特　　　　　D．李奥·贝约

11．定位理论是由（　　）提出的。

  A．罗瑟·瑞夫斯　　　　　　　　　　B．大卫·奥格威
  C．艾·里斯与杰克·特劳特　　　　　D．李奥·贝约

12．"饮料有可乐与非可乐之分，七喜则属于非可乐类"，这是（　　）的思想。

  A．独特销售主张理论　　　　　　　　B．品牌形象理论
  C．定位论　　　　　　　　　　　　　D．系统形象广告定位

二、多选题

1．下面属于广告创意原则的有（　　）。

  A．相关性　　　B．原创性　　　C．震撼性　　　D．合规性

2．广告创意的原创性原则是指广告创意必须（　　）。

  A．与产品特点相关联　　　　　　　　B．企业形象相关联
  C．竞争对手相关联　　　　　　　　　D．消费者需求相关联

3．影响深远的广告创意理论主要有（　　）。

  A．独特销售主张理论　　　　　　　　B．定位论
  C．品牌形象理论　　　　　　　　　　D．系统形象广告定位

4．广告创意中的品牌形象策略主要有（　　）。

  A．广告主形象策略　　　　　　　　　B．专业模特形象策略
  C．名人形象策略　　　　　　　　　　D．标识物形象策略

5．网络广告主题的基本要求包括（　　）。

  A．鲜明突出　　　B．新颖独特　　　C．寓意深刻　　　D．对比鲜明

6．广告创意表现手法有（　　）。

A．理性表现策略 B．情感表现策略
C．夸张表现策略 D．对比表现策略

7．品牌形象理论的基本观点为（　　）。
A．为塑造品牌服务是广告最主要的目标
B．广告就是要力图使品牌具有并且维持一个高知名度的品牌形象
C．任何一个广告都是对品牌的长期投资
D．广告的目标是提高市场占有率

8．独特销售主张理论的基本观点为（　　）。
A．每一则广告必须向消费者说明一个主张
B．所强调的主张必须有独特之处
C．所强调的主张必须能打动、感动和吸引消费者来购买相应的产品
D．广告的目标是提高市场占有率

9．定位理论的基本观点为（　　）。
A．广告的目标是使某一品牌、公司或产品在消费者心目中获得一个据点，一个认定的区域位置，或者占有一席之地
B．广告应将火力集中在一个狭窄的目标上，在消费者的心智上下功夫，是要创造出一个心理的位置
C．广告的目标是提高市场占有率
D．广告要力图使品牌具有并且维持一个高知名度的品牌形象

三、名词解释

广告创意、网络广告主题、情感表现策略

四、简答题

1．简述独特销售主题理论。
2．简述网络广告主题的范围。

五、案例题

图 6-3～图 6-8 是北京青年政治学院张雪珂等制作的地瓜坊网络广告截面图，结合地瓜坊网络广告策划书，分析地瓜坊网络广告创意。

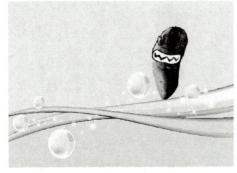

图 6-3　地瓜坊网络广告截图 1

图 6-4　地瓜坊网络广告截图 2

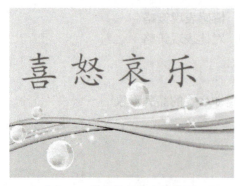

图 6-5　地瓜坊网络广告截图 3

图 6-6　地瓜坊网络广告截图 4

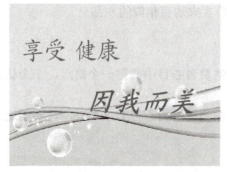

图 6-7　地瓜坊网络广告截图 5

图 6-8　地瓜坊网络广告截图 6

1．你认为该网络广告创意如何？
2．你认为应如何进行该地瓜坊的网络广告设计？

六、操作题

请写出汽车广告创意的 10 个主题，并从中选出一个主题，阐述其广告的创意思想。

学习情境 7　　掌握网络广告设计原理

本学习情境主要介绍网络广告设计中色彩学、美学、心理学原理和法律规范,使读者明确如何利用心理学、色彩学、美学和法律等知识做好网络广告的设计,为后面的学习打下基础。

任务 7.1　利用色彩学理论设计广告

● 任务引例

图 7-1 是一幅心理诊所的平面广告,广告词为:把这张图放在地板上,站在虚线框里,如果工作的压力把你逼到了这个地步,请考虑本诊疗所。

图 7-1　诊所广告

资料来源:百度文库

● 任务要求

1. 此广告是如何利用色彩来表现空间感的?
2. 广告设计中应如何合理使用色彩?

● 相关知识

心理学研究表明,人的视觉在观察物体时,最初的几秒内,色彩感觉占 80%,而形体感觉只占 20%;2 分钟后色彩感觉占 60%,形体感觉占 40%;5 分钟后各占一半,这种状态将持续下去。可见，色彩的视觉效用是多么强烈而深刻。好的色彩，可以增加广告的鲜明性，增加人们对广告的认知，也可以增加商品的真实性与美感，还可以激发人们的情感，接受广告宣传的内容。因此，根据色彩原理和公众的色彩心理来进行广告宣传作品的色彩设计，就成为广告作品设计的关键。

7.1.1 色彩三要素与广告设计

色彩的三要素是指明度、色相和纯度。在广告中合理使用色彩三要素可以提高广告宣传的效果。

1. 明度

明度是指色彩的明暗程度。在无彩色中，明度最高的色为白色，明度最低的色为黑色，中间存在一个从亮到暗的灰色系列。在有彩色中，任何一种纯度色都有着自己的明度特征，黄色为明度最高的色，紫色是明度最低的色。通过色彩的明暗变化，我们可以在设计中创造出层次感、深度、对比及视觉焦点。

明度在色彩三要素中具有较强的独立性，它可以不带任何色相的特征而通过黑白灰的关系单独呈现出来。色彩一旦发生，明暗关系就会同时出现，明暗关系是色彩的骨骼，是色彩结构的关键。

2. 色相

色相是指色彩的相貌，如果说明度是色彩隐秘的骨骼，色相就很像色彩外表的华美肌肤。色相体现着色彩外向的性格，是色彩的灵魂。在诸多的色相中，红、橙、黄、绿、青、蓝、紫是7个具有基本色感的色相。

3. 纯度

纯度指的是色彩的鲜艳程度，它取决于颜色波长的单一程度。我们的视觉能辨认出的有色相感的色都具有一定程度的鲜艳度，比如绿色，当它混入白色时，虽然仍旧具有绿色相的特征，但它的鲜艳度降低了，明度提高了，成为淡绿色；当它混入黑色时，鲜艳度降低了，明度也降低了，成为暗绿色；当它混入与绿色明度相似的中性灰时，它的明度没有改变，纯度降低了，成为灰绿色。

纯度体现了色彩内在的品格。同一个色相，即使纯度发生了细微的变化，也会立即带来色彩性格的变化。

7.1.2 色彩感觉与广告设计

色彩的感觉是人们对色彩的共同认识，主要有色彩的冷暖感、轻重感、前后感、大小感、活泼与庄重感、华丽与质朴感、兴奋与沉静感和味觉感等。

1. 色彩的冷暖感

视觉色彩会引起人们对冷暖感觉的心理联想。人们见到红、红橙、橙、黄橙、红紫等色后，马上就会联想到太阳、火焰、热血等物像，产生温暖、热烈、危险等感觉，因此我们把它们称为暖色调；见到蓝、蓝紫、蓝绿等色后，则很容易联想到太空、冰雪、海洋等物像，产生寒冷、理智、平静等感觉，我们把它们称为冷色调；绿色和紫色是中性色。在广告设计中应根据主题来确定用色的冷暖，如冰箱广告的主色调多为蓝、绿等中、冷色调。

2. 色彩的轻重感

色彩的轻重感主要与色彩的明度有关。明度高的色彩使人联想到蓝天、白云、彩霞、花卉以及棉花、羊毛等，产生轻柔、飘浮、上升、敏捷、灵活等感觉。明度低的色彩易使人联想到钢铁、大理石等物品，产生沉重、稳定、降落等感觉。

3. 色彩的软硬感

色彩的软硬感主要也来自色彩的明度，但与纯度也有一定的关系。明度越高感觉越软，明度越低则感觉越硬，但白色不同。就色彩的纯度而言，纯度越高越具有坚硬感，纯度越低越具有柔软感。中纯度的色彩也呈柔感，因为它们易使人联想起骆驼、狐狸、猫、狗等动物的皮毛，还有毛呢、绒织物等。色相与色彩的软硬感几乎无关。

4. 色彩的前后感

不同波长的色彩在人眼视网膜上的成像有前有后，红、橙等光波长的色在后面成像，感觉比较迫近，蓝、紫等光波短的色则在外侧成像，在同样距离内，感觉就比较后退。实际上这是视错觉的一种现象，一般暖色、纯色、高明度色、强烈对比色、大面积色、集中色等有前进感觉；相反，冷色、浊色、低明度色、弱对比色、小面积色、分散色等有后退感觉。

5. 色彩的大小感

由于色彩有前后的感觉，因而暖色、高明度色等有扩大、膨胀感，冷色、低明度色等有显小、收缩感。

6. 色彩的华丽与质朴感

色彩的三要素对华丽与质朴感都有影响，其中纯度关系最大。明度高、纯度高的色彩，丰富、强对比的色彩令人感觉华丽、辉煌；明度低、纯度低的色彩，单纯、弱对比的色彩令人感觉质朴、古雅。但无论何种色彩，如果带上光泽，都能获得华丽的效果。

7. 色彩的活泼与庄重感

暖色、高纯度色、丰富多彩色、强对比色感觉跳跃、活泼、有朝气，冷色、低纯度色、低明度色感觉庄重、严肃。

8. 色彩的兴奋与沉静感

其影响最明显的是色相，红、橙、黄等鲜艳而明亮的色彩给人以兴奋感，蓝、蓝绿、蓝紫等色使人感到沉着、平静。绿和紫为中性色，没有这种感觉。纯度的影响也很大，高纯度色呈兴奋感，低纯度色呈沉静感。最后是明度，高明度的色彩呈兴奋感，低明度的色彩呈沉静感。

9. 色彩的味觉感

色彩与味觉的关系，是以人类口腹之欲的经验法则作为理论基础的，绿色是果实未成熟的颜色，入口即产生酸涩难咽的感觉，因此绿色系给人酸涩的感觉。朱红色是果实成熟的颜色，通常是黄橙、朱红、红色相间，予人甜蜜爽口之感。黑褐色是一种低彩度、低明度的颜色，无表情、灰浊、暗无生机，予人苦闷、苦涩、腐烂的感觉。红、绿色是呈现互补关系的原色，会予人鲜艳、刺激的辛辣之感。灰色及带浊色的灰绿、灰蓝、灰红、灰黄，是泥土的颜色，予人涩味之感。

7.1.3 色彩性格与广告设计

各种色彩都有其独特的性格，见表 7-1。它们与人类的色彩生理、心理体验相联系，从而使客观存在的色彩仿佛有了复杂的性格，在广告创作中，可以利用广告的不同象征意义，达到较好的广告效果。

表 7-1 色彩性格

色 相	积 极 意 义
红	温暖、兴奋、活泼、热情、积极、希望、忠诚、健康、充实、饱满、幸福
橙	活泼、华丽、辉煌、跃动、炽热、温情、甜蜜、愉快、幸福
黄	轻快、光辉、透明、活泼、光明、辉煌、希望、健康
绿	生命、青春、和平、安详、新鲜
蓝	沉静、冷淡、理智、高深、透明、高科技
紫	神秘、高贵、优美、庄重、奢华
黑	沉静、神秘、严肃、沉重、含蓄
白	洁净、光明、纯真、清白、朴素、卫生、恬静
灰	柔和、细致、平稳、朴素、大方
土褐	成熟、谦让、丰富、随和

7.1.4 网络广告色彩运用法则

1. 商品性

这是广告与一般绘画用色差异最大的一点。尽管各类商品具有一定的共同属性，但更需要展现的是各自的个性。对此，广告中的色彩运用要针对商品自身的特点，充分发挥色彩的形式要素（色相、明度、纯度）和色彩的感觉要素（物理、生理、心理）的象征作用，力求典型到位地传达产品的属性特征。

例如，在广告色彩中，常常运用暖色调来表现食品，而卫生用品、清洁用品、冷冻食品、空调、冰箱、冷饮、高科技产品等的广告，通常对应蓝色和白色等较冷的色调；用鲜艳活泼的对比色表现儿童用品，用淡雅、柔和的色调表现女性用品和婴儿用品；高档的产品应用有气派的、华贵的色调，那些朴实大方的色调总是与实用品相联系；时装广告、化妆品广告常常用纯度、明度高以及对比强烈的色彩来表现，给人以华丽的感觉；机械、五金等采用低明度配色；男性用品广告纯度一般较低等。

2. 广告性

色彩效果的晦涩和含蓄只有消极作用，在进行广告色彩设计时，必须注意大的色彩构成关系的鲜明度，使之具有强烈的视觉冲击力。例如，可口可乐饮料包装以鲜明的红、白两色构成明快的色彩对比，产生了强烈的广告效果，其广告作品中的基础色调也是以红白色为主，传达出来的是"生活充满激情"和"活力四射"的产品个性。

另外，在进行广告设计时，运用色调的明快活泼感产生优美愉悦的效果，可以使人心情愉快地接受广告信息。一般说来，暖色、纯色、明色以及对比度强的色彩，能够使人感到清爽、活泼、愉快。

3．时尚性

时尚性有两种含义：一种是指某种地方风尚习俗或一定时期内流行性审美因素的影响；另一种则与产品有关，不少产品有时效性或浓郁的地方特色，在设计时也要加以注意。

4．独特性

广告色彩形象的个性表现不仅是视觉形式的活力所在，也是加强识别性和记忆性的销售竞争所导致的必然结果。对于色彩个性的追求要力求从产品的某种品质个性出发，还要在同类产品的广告色彩形象设计中标新立异。

7.1.5 网络广告色彩搭配

广告中要注意对色彩的合理支配。颜色过多容易造成画面杂乱，还会增加广告制作成本。一般来说，在广告设计过程中，彩色胜于非彩色。但是广告如果一味地追求彩色的繁华渲染，势必导致人们视觉上的审美疲劳，这时彩色就会大大削弱其自身的传达效果，导致过犹不及的不良后果。配色美的构成形式主要有均衡、强调、节奏、主从、呼应、层次、点缀、衬托等。

1．广告中主色调的确定

广告中通常不会只有一种颜色，这就需要根据广告主题、商品特色和视觉传达要求等在几种颜色中锁定一个主色调。这种颜色要处于整个广告的支配地位，以此来形成一种整体色彩导向或趋势，恰如其分地起到烘托主题和表现主题、发挥颜色的情感联想和象征的作用，与此同时，其他的一种或几种配色要在和谐统一的基础上与主色调进行搭配协调。具体来说，如果用暖色系作为整体色调，则会呈现出温暖的感觉，反之亦然。如果用暖色和纯度高的色作为整体色调，则给人以火热刺激的感觉；以冷色和纯度低的色作为主色调，则让人感到清冷、平静；以明度高的色为主则亮丽、轻快；以明度低的色为主则显得比较庄重、肃穆。

通常情况下，食品类常用红、黄、橙等色调强调食品的美味与营养，用绿色强调蔬菜、水果的新鲜水灵等。保健、滋补类药品常用单一的暖色调。交通旅游类的广告因要讲究愉快、舒适、安全和方便，所以通常选用中性系列色彩，如蓝色、绿色等。

化妆品多讲求护肤美容，想给人以靓丽清新、安全可靠的感觉，以明度高的色为主。

2．广告中辅助色的作用

主色是整个广告中占据面积最大的颜色，但辅助色也是必不可少的构成因素。辅助色应与主色的明度、面积大小、饱和度相协调，以此达到最佳的视觉效果。辅助色在整体的画面中还能够平衡主色的冲击，减轻观看者的视觉疲劳，起到视觉分散的效果，从而使平面广告取得更加和谐的效果。

3．广告色彩的注目性

从广告色彩的视觉效果规律来看，明色、纯色、暖色系的颜色注目程度相对较高，对观看者视觉冲击力强。同样，暗色、彩度低、冷色系的颜色注目程度较低，对观看者的视觉冲击力弱。

广告的注目程度还与色彩搭配有很大的关系，换句话说，就是广告背景与主体图形颜色的搭配关系。

7.1.6 计算机中的色彩使用

计算机是通过数字化方式定义颜色特性的，通过不同的色彩模式显示图像，比较常用的色彩模式有 RGB 模式、CMYK 模式、Lab 模式、Gray Scale 灰度模式、Bitmap 模式。

1．RGB 模式

RGB 模式的配色原理是加色混合法，这里 R 代表红色、G 代表绿色、B 代表蓝色，3 种色彩叠加形成了其他的色彩。例如，当 R 为 255，G 和 B 都设为 0 时，图标显示为红色；当 G 为 255，R 和 B 都设为 0 时，图标显示为绿色。

因为 3 种颜色都有 256 个亮度水平级，所以 RGB 色彩模式可以合成高达 1.67 亿种颜色，通常称为真彩色。在进行屏幕图像编辑时，人们也常采用这种色彩模式，但是它不适合打印。

2．CMYK 模式

CMYK 代表印刷上用的 4 种颜色，C 代表青色，M 代表洋红色，Y 代表黄色，K 代表黑色。因为在实际引用中，青色、洋红色和黄色很难叠加形成真正的黑色，最多不过是褐色而已，因此才引入了 K——黑色。黑色的作用是强化暗调，加深暗部色彩。

与 RGB 模式不同，CMYK 模式是一种减色色彩模式。将 C、M、Y、K 值都设为 0，这样没有颜色叠加，系统呈白色，图像点处在白色的位置；将 C 值设为 100，其他值设为 0，则系统叠加为靛青色；M 值设为 100，其他值设为 0，则系统叠加为品红色；将 Y 值设为 100，其他值设为 0，则系统叠加为黄色。由此可以看出，改动 CMYK 栏中的数据就可以得到相应的颜色。反之，从颜色板上选择了某种颜色，在 CMYK 栏中就可以看到与之相应的 CMYK 颜色值。

CMYK 模式是最佳的打印模式。RGB 模式尽管色彩多，但不能完全打印出来。因此在使用一些软件时，可以先用 RGB 模式进行编辑，再用 CMYK 模式进行打印，在打印前才进行转换，然后加入必要的色彩校正、锐化和修整。

3．Lab 模式

Lab 模式由 3 个通道组成，即：L——亮度；a——包括的颜色是从深绿色（低亮度值）到灰色（中亮度值）再到亮粉红色（高亮度值）；b——通道则是从亮蓝色（低亮度值）到灰色（中亮度值）再到黄色（高亮度值）。因此，这种色彩混合后将产生明亮的色彩。

Lab 模式所定义的色彩最多，且与光线及设备无关，并且处理速度与 RGB 模式同样快，比 CMYK 模式快很多。用户可以放心大胆地在图像编辑中使用 Lab 模式。而且，Lab 模式在转换成 CMYK 模式时色彩没有丢失或被替换。因此，避免色彩损失的最佳方法是：应用 Lab 模式编辑图像，再转换为 CMYK 模式打印输出。

在表达色彩的范围上，处于第 1 位的是 Lab 模式，第 2 位的是 RGB 模式，第 3 位的是 CMYK 模式。Lab 模式的特点是在使用不同的显示器或打印设备时，所显示的颜色都是相同的。

4．Gray Scale 灰度模式

Gray Scale 灰度模式展示的是一种黑白色调的图像，利用它可以将黑白色调调配得非常完美。一幅灰度图像在转成 CMYK 模式后可以增加彩色，但是如果将 CMYK 模式的彩色图像转为灰度模式则颜色不能恢复。

在灰度文件中，图像的色彩饱和度为 0，亮度是唯一能够影响灰度图像的选项。亮度是光强的度量，0%代表黑色，100%代表白色。调色板中的 K 值是用于衡量黑色油墨用量的。

5. Bitmap 模式

Bitmap 模式又称位图模式。Bitmap 模式的像素只有黑或白，不能使用编辑工具，而且只有灰度模式才能转换成 Bitmap 模式。

任务 7.2 利用心理学原理设计广告

⊃ 任务引例

图 7-2 是一个餐盒的平面广告。该餐盒的广告词为"食物也需要舒适的 dish"。

图 7-2 餐盒广告

图 7-2

资料来源：百度文库

⊃ 任务要求

1. 你认为该广告效果如何？为什么？
2. 举例分析如何利用心理学原理提高广告的效果。

广告界有句名言："科学的广告术是必须依靠心理学原理的。"消费者是广告的受众，广告要想获得成功，必须符合消费者的心理和行为特点，必须满足广告受众的心理要求。

宝洁公司在刚刚推出纸尿裤时，主要诉求点是"方便妈妈"，但是它也产生了一个负面影响，买纸尿裤的都是"懒惰的妈妈"，导致产品滞销。经过调查，他们将广告的诉求点改为"能更好地保护宝宝健康成长，同时方便妈妈"，从而满足了年轻母亲的心理，打开了产品销路。

相关知识

7.2.1　网络广告的传播心理过程

网络广告对消费者产生的心理效果包括认知过程、情感过程、意志过程及交互过程 4 个部分。网络广告首先作用于消费者的感觉器官，经过无意注意或有意注意被感知，进而进行辨别、理解，产生记忆，发生想象，进行思考评价。伴随着认知过程，消费者会对广告或宣传的商品产生各种情绪、情感体验，同时这种情绪、情感又反过来影响消费者对广告的点击情况，从而对认知过程产生直接影响。认知过程还会受到消费者的需要、兴趣等个性心理特征的作用。在认知过程、情感过程、交互作用的基础上，消费者可以确立对广告及所宣传商品的态度，然后对是否购买广告产品做出决策，产生购买意图，最后点击鼠标，产生购买行动。

所以，网络广告要想取得较好的效果，应按照注意—兴趣—欲望—接受—联想—记忆—行动等心理活动规律设计。

7.2.2　吸引人们对网络广告的注意

广告界流行着一句名言：让人注意到你的广告，就等于产品推销出一半。在广告宣传中，引起消费者注意并不是广告的目的，但是达到广告促销的基础。

注意是心理活动对一定对象的指向和集中，可分为无意注意和有意注意两种形式。在网络广告设计中，应着力刺激消费者对网络广告的无意注意。对消费者的有意注意，则应针对其需要，着力激发其消费动机，引起兴趣，促成购买行动。吸引人们对网络广告注意的方法主要有以下几种。

（1）突出广告的刺激强度　一般而言，在一定的限度内，客体刺激的强度越大，人们对这种刺激的注意越强烈。所以可以利用突出广告刺激强度的方法，来增大人们对广告的注意度。例如，在网络广告宣传中，采用鲜艳强烈的色彩或光线、醒目突出的字体或图案以及特殊的声响，都能引起消费者对它的注意。

（2）增大网络广告元素之间的对比度　人们的视觉对同质的刺激并不容易兴奋，要想使广告被人注意，就必须加大广告元素间的差异度，在广告中形成较大的反差。因此，在网络广告中可以采用画面布局的动静对比与空白对比，图案大小对比与色调对比，色彩、光线的明暗对比与强弱对比，音响、音调的节奏对比和高低对比，文字、语句的长短对比与轻重对比等来增加网络广告对消费者的吸引力。

（3）利用变化　心理学研究表明：人的视觉对视野中的静态信号一般呈现出惰性反应，但对动态信号会连续追踪。刺激物的变化包括突然变化与不断变化两种，这正是网络广告的优越之处。可以利用各种软件制作动画网络广告。

（4）新异的刺激　求新求异是人类的本性。从感知的角度而言，消费者如果长期接受相似的刺激，对其差别的分辨能力将随之下降。但是，如果有新意，便会引起人们的注意。某家企业也是请人在大街上发放宣传单，但每位促销小姐都牵着一条非常可爱的小狗，这种牵着小狗发放宣传单的举措引起广大路人的注意，从而使发传单这种传统的宣传方法再次成为受众的焦点，起到很好的宣传效果，这就是新异刺激的注意效果。所以，网络广告作为对消费者的刺激物，如果新鲜奇异，就会吸引消费者的无意注意。

（5）符合消费者的兴趣　消费者的注意常常具有选择功能，而这种选择是依据消费者的兴趣爱好而定的。兴趣对人的心理活动起着积极的影响，人们对广告内容发生兴趣，不仅能引起对广告的注意，而且能提高注意的持久性，主动收集商品信息，为购买做准备。所以网络广告宣传的内容如果和消费者的兴趣相符合，就能吸引消费者的注意。

（6）利用悬念　设计者可以使消费者对广告的被动状态转变为主动状态，吊起他们的胃口，让他们主动去注意悬念的结果。

7.2.3　激起受众对网络广告点击的兴趣

兴趣指的是认识探究某种事物的心理倾向。兴趣与感情有密切关系，人对某一事物产生好感，就有兴趣，反之则无兴趣。

网络广告创作中应通过巧妙的设计，激起人们深入研究网络广告的兴趣。如图 7-3 所示，用"点击参与"来吸引人们点击鼠标。

图 7-3　广告截图

资料来源：新浪网

7.2.4　提高网络广告记忆效果的方法

广告记忆是消费者思考问题，并做出购买决策必不可少的前提。一般说来，消费者在接受了广告信息之后，即使对某种广告产品产生良好的印象，也并不会立即购买，而是在对这种产品进行评估之后，才实施购买行动。如果广告的内容难以记忆，必然会降低广告效果。

一般而言，在网络广告中，设计者可以通过以下途径帮助人们记忆。

（1）将广告进行适当的重复　利用信息的适当重复与变化重复，加强巩固神经联系痕迹，是加深记忆的一个重要手段。所以在广告宣传中，有意识地采用重复的手段，加深消费者对有关信息的印象，延长信息储存时间，是惯用的心理策略。网络广告中的重复主要有：同一则广告中对广告的重要部分加以重复，使消费者能够掌握广告中的重要信息；同一则广告在不同的页面或不同的网站进行重复。但是重复必须适度和有所变化，否则容易使消费者大脑产生疲劳或心理上产生厌恶感。

（2）广告信息的数量必须恰当　心理学研究表明：学习的材料越多，遗忘的速度越快。所以就内容而言，广告应做到简单易懂。具体而言，就是广告的标题或广告宣传的主句字数不要太多，应尽量少于 6 个字；广告的文案信息点，不要多于 7 个；广告的画面内容要单一。

（3）充分利用形象记忆　有人推测，在人的记忆中，语言信息量与形象信息量的比例是 1∶1000。可见，形象记忆对于人而言十分重要。在网络广告宣传中应该充分利用直观、形象的信息传递，增强消费者对广告的记忆。例如，利用谐音、特殊的符号、语言的节奏、韵律等都可以增加记忆的效果。

（4）利用多种感觉器官同时参与记忆　心理学研究表明，视觉的识记效果为 70%，听觉的识记效果为50%，视觉和听觉的识记效果为86.4%。从这些数字可以得出，多种感官同时加以记忆，效果更佳。所以，在网络广告设计中应充分调动人们的感觉器官参与记忆活动。

（5）注意广告重点系列材料的位置　记忆与遗忘研究发现，记忆材料所处的系列位置会直接影响记忆的效果。所以，一则广告必须注意材料的系列位置。一般而言，中间位置的材料，由于受到前抑作用和后抑作用的影响，比较容易忘却，所以在内容的安排上，应把需要记住的重点内容放在广告的两端。

7.2.5　刺激联想的方法

一个成功的网络广告，总是经过细致的素材加工和形象的塑造，利用事物之间的内在联系，用明晰巧妙的象征、比拟手法，激发有益的联想，丰富广告的内容，加强刺激的深度和广度。在网络广告中刺激消费者联想的方法主要有以下几种。

（1）采用消费者熟知且欢迎的形象来比喻商品的特点　例如，"铁达时"手表聘请某明星来拍摄它的电视广告"怀旧篇"，广告描述20世纪30年代一对青年男女分离的情景。由于该明星的知名度高并且深受人们的喜爱，因此这一广告使人们很容易将他这个人物与广告中的人物联系在一起，体现了"铁达时"手表"不在乎天长地久，只在乎曾经拥有"这一意境。

（2）用耐人寻味的相关语言暗示商品的功能　在商品广告中或者直接在商标上用一些耐人寻味的双关语，或者是富于哲理的语言来暗示商品的功能，或者暗示商品有美好的寓意，这是生产和销售部门常用的方法。例如，在春节前夕我国市场上出售的许多年货都有这种特点。像年画"连年有鱼"，就是象征和祝福消费者生活水平提高，连年有余款，连年有积蓄；食品年糕之所以家家户户都要买，大人小孩都要吃，因为它不仅象征着"天增岁月人增寿"，而且暗示着消费者生活水平年年在提高。

（3）通过使用前后的对比画面诱发消费者的购买欲望　在许多情况下，商品的性质、功能和效用一时是不容易用语言说清的。这种现象在食品、药物、化妆品以及某些特殊的服务商品上表现得尤其明显。因此，为了激发消费者的积极联想，就必须用案例，即使用前后的情况对比来说明问题，争取市场。例如，许多化妆品的电视广告都是用消费者使用前后面容和头发的变化来说明问题的。

7.2.6　促使人们采取行动的方法

广告的直接目的就是促使人们对所宣传的产品采取一定的商业行为，如产生兑换奖券的兴趣、光顾商店等。一般可以采用如下措施：鼓励亲身体验，试用试尝；宣布特价时限和供应量；提供带有虚线的优惠券和免费的赠品；用大字体或鲜亮的色彩突出企业的电话号码；提供一种较好的选择等。

任务 7.3　利用形式美法则设计广告

◯ 任务引例

广告设计中如果只注重精妙的广告创意而忽略卓越的形式美感，广告主题的体现就会黯然失色，缺乏吸引力。所以，形式美法则对表现广告主题和增强广告作品的美感具有十分重要的作用。如何做到形式美呢？

"最好的相聚从公筷公勺开始"公益广告（图 7-4），创作者用一双筷子、渐变的圆圈、阴实结合的勺子、文字、色彩等不同的广告要素表现和突出了广告主题。

图 7-4　最好的相聚从公筷公勺开始

图7-4

资料来源：百度图片

◉ **任务要求**

1. 利用形式美法则分析此广告。
2. 举例分析网络广告设计中如何利用形式美法则。

◉ **相关知识**

7.3.1　网络广告的形式美

形式美是指生活、自然、艺术中各种因素（色彩、形体、声音）及其规律的组合所具有的美。探讨形式美是所有设计学科共有的课题，网络广告设计也不例外。

和所有的艺术作品一样，网络广告的形式同样是为网络广告内容服务的，在网络广告中形式美起着反映、表现网络广告主题和增强作品美感的作用。

形式美的构成因素一般划分为两大部分：一部分是构成形式美的感性质料，另一部分是构成形式美的感性质料之间的组合规律，或称为构成规律、形式美法则。

7.3.2　网络广告的形式美法则

形式美法则是形式构成和结合的特点及规律，是美在设计中的表现形态。在网络广告中应遵循以下形式美法则。

1．多样统一

多样统一是形式美的总法则，其他形式美的法则都是在这个总法则的下面，它是形式美的高级形式。

事物的多样性是整体中所包含的各个部分在形式上的区别性和差异性。事物的统一是指各个组成部分在形式上的某些共同特征，以及它们之间的某种关联、呼应、衬托的关系。多样统一是指形式组合多个要素之间有一个共同的结构形式和节奏，使人感到整个网络广告既有变化又有差异，同时又是一个统一的形象，也就是统一中求变化，变化中求统一。

2．节奏与韵律

节奏借用了音乐中的术语，在广告学中是指图案构成的诸因素有秩序、有条理地反复出现时，人们的视线随之在时间上所做的有秩序的运动。韵律借用了诗词中的术语，在广告学中是指图案构成的诸因素的条理与反复所产生的节奏中，表现得像诗歌一样抑扬顿挫的优美情调和趋势。韵律产生于按一定规律而变化的节奏之中，也是自然界处处可见的现象。节奏是韵律的条件，韵律是节奏的深化。体现节奏和韵律的广告设计具有积极的生气，含有魅力的律动能量。

3．对称和均衡

对称是指一条中轴线两侧的形象相同或相近的形式，是艺术造型和图案设计求得重心稳定的一种结构形式。均衡是指在特定空间范围内，使形式诸要素保持视觉上力的平衡关系。均衡是有变化的对称。

4．对比与和谐

对比是由对立的两者或两者以上互不相同的复数要素结合而成的，也就是说，对比是差异性强调，是利用多种因素的互比互衬来达到量感、虚实感和方向感的表现力。和谐是近似性强调，是两种以上的要素相互具有的共性，形成事物的统一感觉。

对比是把两个极不相同的东西并列，使人感到鲜明、醒目、振奋、活跃；和谐是把两个相似的东西并列，使人感到融合、协调，在变化中求统一。

5．比例与尺度

比例是部分与部分或部分与全体之间的数量关系，构成各要素之间的匀称性。被人们公认最美的比例就是"黄金比"。

黄金比，即大小（长宽）的比例等于大小两者之和与大者之间的比例，实际上大约为

0.618∶1。现代一般书籍、杂志、报纸大约采用了这种比例。

除了黄金比之外，人们常用的比例还有 1∶2、2∶4、4∶4、5∶9 等。作为形式美的表现，这些比例具有很好的表现力和明确的性格特征。

6. 空白与虚实

在设计画面的构成中，空白与虚实的有机运用有着不可忽视的重要作用，是进行艺术表现的重要手段，它能缓和画面的紧张及复杂性，有利于组织严密和突出主题。

虚实作为一种表现形式，也是为深化主题服务的。网络广告的构成画面必须有虚有实、虚实呼应。网络广告画面的主题形象必须实，陪体和背景要虚，虚是为了突出实。

任务 7.4　遵循法律规范设计广告

▶ 任务引例

2021 年，央视 3.15 晚会上曝光了一条新闻"手机清理软件黑手伸向爸妈！它们正将老人推向诈骗深渊"。

新闻披露了李女士由于被某软件误导，错误地安装了一款叫"内存优化大师"的 App。这款 App 表面上看起来是在清理手机垃圾，背地里实则在不断大量获取用户手机里的信息。

测试的技术人员称：短短 8.75 秒，就读取了 890 次应用列表，读取手机号用户识别码（IMSI）1300 多次，读取手机设备身份识别码（IMEI）达到 900 多次。读取 GPS（全球定位系统）地理位置信息、定位位置达到 50 多次。

中国电子技术标准化研究院网安中心测评实验室副主任何延哲介绍："它会收集很多的个人信息，甚至会频繁上传，使手机会变得更卡，老年用户就会中招，再次去下载这种清理类 App，形成了恶性循环。"

号称是手机管家，却在短时间内高频读取手机信息，故意让手机卡顿，从而达到让用户不断点击下载 App 的目的。不明就里的老年人更容易上当，不断点击下载。

进一步分析发现，这类 App 着实不少，十分活跃。它们通过在 App 里发布广告，诱导老人点击下载。

资料来源：新闻频道_央视网

▶ 任务要求

1. 法规对广告的作用是什么？
2. 网络广告有哪些特殊性法规要求？

▶ 相关知识

7.4.1　《广告法》与广告活动

《中华人民共和国广告法》（简称《广告法》）是为了规范广告活动，保护消费者的合法权益，促进广告业的健康发展，维护社会经济秩序而制定的法律。

《广告法》于 1994 年 10 月 27 日在第八届全国人民代表大会常务委员会第十次会议通过。此后先后于 2015 年 4 月 24 日、2018 年 10 月 26 日、2021 年 4 月 29 日修订。

根据《广告法》，网络广告设计应注意以下两个问题。

1. 真实、合法、健康是广告设计的基本要求

《广告法》规定：广告应当真实、合法，以健康的表现形式表达广告内容，符合社会主义精神文明建设和弘扬中华民族优秀传统文化的要求。广告不得含有虚假或者引人误解的内容，不得欺骗、误导消费者。

2. 广告内容设计应符合《广告法》内容准则

《广告法》的第二章"广告内容准则"，非常详细地规定了广告内容应遵循的原则，从总体原则到特殊商品的规定，非常翔实。下面重点分析两点。

第一，广告中明示的内容，应当显著、清晰表示，内容齐全。例如，获得专利的，应当标明专利号和专利种类；保健食品广告应当显著标明"本品不能代替药物"等。

第二，避免出现违禁广告。例如，不能使用"国家级""最高级""最佳"等顶级用语。医疗、药品、医疗器械广告不得含有：表示功效、安全性的断言或者保证，说明治愈率或者有效率，与其他药品、医疗器械的功效和安全性或者其他医疗机构比较，利用广告代言人作推荐、证明等。

7.4.2 《电子商务法》与网络广告

《中华人民共和国电子商务法》（简称《电子商务法》）是为了保障电子商务各方主体的合法权益，规范电子商务行为，维护市场秩序，促进电子商务持续健康发展而制定的法律。《电子商务法》于 2018 年 8 月 31 日第十三届全国人民代表大会常务委员会第五次会议通过，自 2019 年 1 月 1 日起施行。

网络广告属于电子商务范畴。因此，网络广告活动必然要受《电子商务法》约束，具体到网络广告设计中，应注意下面几个问题。

1. 网站设计应包含法规规定的公示信息并及时更正

《电子商务法》第十五条规定：电子商务经营者应当在其首页显著位置，持续公示营业执照信息、与其经营业务有关的行政许可信息、属于依照本法第十条规定的不需要办理市场主体登记情形等信息，或者上述信息的链接标识。前款规定的信息发生变更的，电子商务经营者应当及时更新公示信息。

《电子商务法》第十条规定：电子商务经营者应当依法办理市场主体登记。但是，个人销售自产农副产品、家庭手工业产品，个人利用自己的技能从事依法无须取得许可的便民劳务活动和零星小额交易活动，以及依照法律、行政法规不需要进行登记的除外。

《电子商务法》第三十三条规定：电子商务平台经营者应当在其首页显著位置持续公示平台服务协议和交易规则信息或者上述信息的链接标识，并保证经营者和消费者能够便利、完整地阅览和下载。

总之，营业执照信息、经营业务许可信息、平台服务协议和交易规则等都应当在首页公示并及时更正。

2. 广告信息应做到全面、真实、准确、及时

《电子商务法》第十七条规定：电子商务经营者应当全面、真实、准确、及时地披露商品或者服务信息，保障消费者的知情权和选择权。电子商务经营者不得以虚构交易、编造用户评价等方式进行虚假或者引人误解的商业宣传，欺骗、误导消费者。

3. 广告设计必须保护消费者的合法权益

《电子商务法》以下规定，应是网络广告设计者必须注意的。

1）电子商务经营者根据消费者的兴趣爱好、消费习惯等特征向其提供商品或者服务的搜索结果的，应当同时向该消费者提供不针对其个人特征的选项，尊重和平等保护消费者合法权益。

2）电子商务经营者向消费者发送广告的，应当遵守《广告法》的有关规定。

3）电子商务经营者收集、使用其用户的个人信息，应当遵守法律、行政法规有关个人信息保护的规定。

4）电子商务经营者应当明示用户信息查询、更正、删除以及用户注销的方式、程序，不得对用户信息查询、更正、删除以及用户注销设置不合理条件。

7.4.3 其他

1.《互联网广告管理暂行办法》

为了规范互联网广告活动，保护消费者的合法权益，促进互联网广告业的健康发展，维护公平竞争的市场经济秩序，根据《广告法》等法律、行政法规，2016 年 7 月 4 日，有关部门公布了《互联网广告管理暂行办法》。根据该法规，网络广告设计中应注意以下几个方面。

1）设计的广告应具有可识别性。互联网广告应当具有可识别性，显著标明"广告"，使消费者能够辨明其为广告。付费搜索广告应当与自然搜索结果明显区分。

2）设计的广告应具有防干扰性。利用互联网发布、发送广告，不得影响用户正常使用网络。在互联网页面以弹出等形式发布的广告，应当显著标明关闭标志，确保一键关闭。不得以欺骗方式诱使用户点击广告内容。未经允许，不得在用户发送的电子邮件中附加广告或者广告链接。

3）互联网广告活动中不得有下列行为。

① 提供或者利用应用程序、硬件等对他人正当经营的广告采取拦截、过滤、覆盖、快进等限制措施。

② 利用网络通路、网络设备、应用程序等破坏正常广告数据传输，篡改或者遮挡他人正当经营的广告，擅自加载广告。

③ 利用虚假的统计数据、传播效果或者互联网媒介价值，诱导错误报价，谋取不正当利益或者损害他人利益。

2.《反不正当竞争法》

《中华人民共和国反不正当竞争法》是为了促进社会主义市场经济健康发展，鼓励和保护公平竞争，制止不正当竞争行为，保护经营者和消费者的合法权益制定的法律。《中华人民共和国反不正当竞争法》明确了不正当竞争行为的含义：不正当竞争行为，是指经营者在生产经营活动中，违反本法规定，扰乱市场竞争秩序，损害其他经营者或者消费者的合法权益的行为。网络广告中经常出现的不正当竞争行为主要有以下几种。

1）虚假广告。有些广告主在网络广告中故意使用含混晦涩的语言以迷惑消费者，对于产品的制作成分、性能、功效等不如实宣传，而采用回避、隐瞒等手段进行宣传，以牟取暴利。

2）利用网络广告贬低对手或诋毁对方商誉的。

3）在广告形式或内容上与竞争对手相混淆的。

4）不正当网页链接。在网络经济中，一个高访问量的网站意味着在网站上进行广告的高价值性，这为网络公司带来的经济利益是难以计算的，于是一些人开始利用网络的超链接技术使用他人网站上的内容来为本网站获得利益。目前，网络公司主要通过"加框的超链接技术"进行网络广告的不正当竞争。所谓"加框的超链接技术"是指此网站以分割视窗的方式将他人网站的内容呈现在自己网站的网页上，故当浏览者点击此网站与他人网站的链接时，他人网站的内容会出现在此网站页面的某一个区域内，而此网站页面的广告则始终呈现在浏览者的面前，这样此网站的广告就可以借助他人网站的内容而被宣传。在这一过程中，浏览者往往误以为自己并没有进入他人的网站。网络经营者利用此类技术的目的无非是想借助别人的网站来提高自己网站的知名度，或者推销自己的产品，这违背了商业道德和诚实信用原则，扰乱了市场竞争秩序，亦属于网络不正当竞争行为。

5）利用关键词、字技术引起的不正当竞争行为。某些公司利用关键词技术把他人的驰名商标、产品名称和流行词汇写入自己的页面，再通过搜索引擎等将自己的排名放入前几名的位置以提高自身网站的点击率。

6）有奖网络广告的不正当促销行为。网络公司通过向访问者提供奖品达到吸引观众，扩大销售业务的目的。此类行为属于通过关联当事人提供奖品以增加其他商品或服务的销售，同样可以达到不正当竞争的后果。有奖网络促销广告的销售双方是经营者与消费者的关系，即网民到网站访问该广告，成为广告的购买客户，广告主根据广告中的承诺而给予奖品。在传统形式下行政规章对有奖销售的认定中，有奖销售的当事人被限定于经营者和购买者。网络环境下，该类行为表现为：一是电子商务类网站，此类网站网主制作网页纯粹是为销售商品或提供服务，因此属于传统形式的经营者。网民访问网站也纯粹是为了获取消费机会。显然此时有奖网络促销广告的双方完全符合经营者和消费者的特征，该类不正当竞争行为完全适用《反不正当竞争法》。二是综合性网站，该类网站是以为网民提供综合性服务为目的的，网民到网站也是单纯为了享受服务。此种情况，网民是不需要为此向网站支付任何费用的，而网主可以通过增加网站广告点击率等方式营利。例如，某广告内容是"点击该广告，就有机会赢取大奖"，网民点击了该广告，虽没有成为该广告的购买客户，但有机会获得奖品，而网主可通过广告点击率的增加而赚更多广告费。因此，在这种情况下，网民与网主之间的关系，也应看作是一种消费者与经营者之间的关系，也应受《反不正当竞争法》的调整。

习题

一、单选题

1.（　　）是色彩的骨骼。
   A．明暗关系　　　　B．色相　　　　C．纯度　　　　D．对比关系

2. （　　）是色彩的相貌。
   A．明暗关系　　　　B．色相　　　　C．纯度　　　　D．对比关系
3. （　　）指的是色彩的鲜艳程度，它取决于一处颜色的波长单一程度。
   A．明暗关系　　　　B．色相　　　　C．纯度　　　　D．对比关系
4. （　　）模式是最佳的打印模式。
   A．RGB　　　　　　B．CMYK　　　　C．Lab　　　　　D．Gray Scale
5. （　　）模式的像素只有黑或白，不能使用编辑工具。
   A．RGB　　　　　　B．CMYK　　　　C．Lab　　　　　D．Bitmap
6. 利用（　　）模式可以将黑白色调调配得非常完美。
   A．RGB　　　　　　B．CMYK　　　　C．Lab　　　　　D．Gray Scale
7. （　　）模式的特点是在使用不同的显示器或打印设备时，所显示的颜色都是相同的。
   A．RGB　　　　　　B．CMYK　　　　C．Lab　　　　　D．Gray Scale
8. （　　）模式通常称为真彩色。
   A．RGB　　　　　　B．CMYK　　　　C．Lab　　　　　D．Gray Scale
9. 网络广告要想取得成功，首先必须（　　）。
   A．吸引人们对网络广告的注意　　　　B．激起受众对网络广告点击的兴趣
   C．提高网络广告记忆效果　　　　　　D．增进受众对广告的理解
10. 黄金比，实际上大约为（　　）。
    A．0.618∶1　　　　B．3∶2　　　　C．1∶2　　　　D．1∶3
11. 机械、五金等采用（　　）配色。
    A．低明度　　　　　B．高明度　　　　C．低纯度　　　　D．高纯度
12. （　　）是形式美的总法则。
    A．多样统一　　　　B．节奏与韵律　　C．对称和均衡　　D．对比和谐
13. （　　）色为明度最高的色，处于光谱的中心位置。
    A．黄　　　　　　　B．红　　　　　　C．紫　　　　　　D．青
14. 时装广告、化妆品广告常常用（　　）的色彩来表现，给人以华丽感。
    A．纯度高、明度高、对比强烈　　　　B．纯度高、明度低、没有对比
    C．纯度低、明度高、对比强烈　　　　D．纯度高、明度低、对比强烈

二、多选题

1. 网络广告色彩运用时必须应用（　　）的原则。
   A．商品性　　　　　B．广告性　　　　C．时尚性　　　　D．独特性
2. 明度低的色彩（　　）。
   A．产生轻柔、飘浮、上升、敏捷、灵活等感觉
   B．感觉软
   C．产生沉重、稳定、降落等感觉
   D．感觉硬
3. （　　）色呈兴奋感。
   A．高明度　　　　　B．弱对比色　　　C．高纯度　　　　D．红、橙、黄等

三、简答题

1. 简述广告设计中的心理学原理。
2. 简述网络广告的形式美法则。
3. 简述网络广告设计中应遵守的法律法规。

四、案例题

环境保护一般是指人类为解决现实或潜在的环境问题，协调人类与环境的关系、保护人类的生存环境、保障经济社会的可持续发展而采取的各种行动的总称。环境保护工作的好坏，直接与国家的安定有关，对保障社会劳动力再生产免遭破坏有着重要的意义。环境保护涉及方方面面，对公民进行环保意识宣传是不可缺少的措施之一。"地球人，我们该怎么办？"（见图7-5）公益广告，目的是通过广告，让人们从心理上接受警告，唤起环保意识，加入环境保护行列。

图7-5 地球人，我们该怎么办？

图7-5

资料来源：百度

利用本章所学的基本原理，分析广告的设计思路。

五、操作题

以"初心不改，创新永续，商业向善"为一家保险公司设计一个网络广告。

学习情境 8　设计网络广告

一般而言，一个完整、全面的网络广告，大多由文字、图形图像、声音等几部分组成。本学习情境主要是通过网络广告文案的撰写、文字的设计、网络广告的图形图像设计以及声音的使用 4 个方面，分析网络广告各组成部分的设计、使用，为成功制作网络广告作品提供服务。

任务 8.1　创作网络广告文案

➲ 任务引例

2020 年 8 月，一段名为"位子"的短视频广告不知看哭了多少人，下面是这个广告的部分旁白。

有时候，一个人想找到自己的位子
是要花点时间的
这世界有多少人
就有多少位子
有些位子已经有人坐了
有些位子得和别人挤一挤
而有些位子，还没坐热
就不得不站起来让座
有时候，你明明知道
有多少人想坐这个位子
可那又怎样
也许摔过几次跤
下次就能坐得更稳当些
选择坐下，还是路过
尽管坐在你身边的人
也许会站起来先走
我知道，你很害怕选错
有时候一回头
你也会羡慕别人的位子
可你知道
只要向前走
就一定能看到自己的位子

找个好位子
不是件容易的事
但好在
越来越多的新位子正在冒出来
值得去坐吗?
谁也回答不了
只有坐下去
你才知道
这位子究竟适不适合自己
曾坐在这些位子上的人们啊
愿你们走出这扇门
都将找到属于自己的位子
#青春就位#
……
献给每一个努力寻找位子的你

资料来源:百度百家号

任务要求

1. 你认为这个广告文案如何?
2. 如何撰写广告文案?

相关知识

网络广告文案又称为网络广告文,是指网络广告中用以表达广告主题和创意的语言文字。网络广告的语言文字几乎是所有网络广告的灵魂和主体,是网络广告制作的蓝图,同网络广告的成功与否有重大关系。

从网络广告设计的角度看,首先要根据网络广告的创意来撰写网络广告的文稿,然后根据文稿的内容,设计网络广告的图形和声音,所以网络广告文案是其他部分的说明书,其他部分是文案的具体化和形象化。

一般而言,网络广告文案由标题、标语和广告正文、附文等要素组成。

8.1.1 创作网络广告标题

标题是广告的题目,是表现主题的短句,是广告内容的高度概括与浓缩,是网络广告文案中的一部分,其功能是表达网络广告的主题,以吸引消费者的注意。在一则网络广告中,标题的好坏对网络广告的效果具有直接的影响。标题不妥或吸引力不够,很容易造成广告费的流失和浪费。

1. 标题的类型

网络广告标题的创作形式多种多样,如同作诗,同样的景物,经过不同诗人的创作,就会有不同的诗句佳作。就其创作形式而言,可归纳为如下几种。

(1)陈述式 陈述式也称为新闻式标题,这种标题开门见山,将产品的主要情况、产品所能提供的收益等直接告诉消费者。这种标题最大的特点是简明,在采用这种标题时,可以采用有效的表现方式,如大号字或黑体字等。采用新闻式标题的先决条件是广告信息的本身必须具有新闻价值,必须是真实的、新的事物和事件的产生和发现。常用词汇有新、最新、发现、推出、首次、目前、现在、消息、即将等。

（2）问答式　问答式使用最广泛。它是一种通过提问和回答的方式来吸引受众的注意力的表现形式。它的常用词汇和句式：难道……？它是……？谁不愿？谁能？怎么样？为什么？怎能？等。具体表现有两类,设问式和反问式。设问式一般呈现两种情形,或在标题中设问,在正文中回答；或在标题中自问自答。

（3）承诺式　承诺式也称为许诺式、利益式。其主要特点是在标题中就向受众承诺某种利益和好处。常用词汇有免费、定能、优惠、美丽、气派、方便、减价、附赠等。但承诺的表现也并不是只用常用词汇来进行,除了直接承诺外,还有间接的或暗示性的承诺方式。

（4）悬念式　悬念式即在标题中设置一个悬念,迎合受众追根究底的心理特征,以吸引受众注意广告。它经常和问答式标题配合运用,用问题的提出来制造悬念。

（5）故事式　故事式也叫叙事式或情节式。它类似于一则故事的题目,在标题中提示或暗示故事的发生和情节的展开。其主要特点是能吸引受众阅读正文。

（6）对话式　对话式采用对话的形式来表现网络广告信息,其最大特点是具有场景感、现实感和生活感。看似人们在毫不经意地谈天说地、相互寒暄,但事实上却传达了广告信息。

（7）假设式　假设式在广告标题中提出某种假设,同时据此提出某种结果。其主要特点是为了运用假设引起受众的注意,并督促他们产生相关的思考和行为。

（8）解题式　解题式围绕企业或商品的品牌名称或产品名称而形成的标题形式,有 3 种表现：把企业或商品的品牌名称拆开来进行解释；将商品的品牌名称在上下句子中反复出现,使品牌名因位置的变化而产生新的含义和新的内容；用注解的方式来表现广告主题。

解题式标题可以将品牌名称用解题方式进行形象化,加深受众对品牌的记忆,但在运用时要注意不能牵强附会。

（9）祈使式　祈使式,也叫进言式或建议式,就是用建议或劝导的语言和口吻,向受众提出某种消费建议。其主要特点是可以运用情感因素,使广告和消费者之间的距离缩短,又因为告知了原因和理由,使标题很有说服力和吸引力。常用词汇如请、千万不要、让、应该、无论如何、来吧、试一试等。

（10）赞美式　赞美式,也叫炫耀式、夸耀式,就是在标题中直接赞美、夸耀,甚至炫耀网络广告中企业、商品、服务的特征、功能、有效性。写作特点是能在直接的赞美中,让受众明白广告中信息的优胜之处。这种标题对分寸的掌握要求相对较高,如果出现自我陶醉、自我炫耀、夸耀无度而不真实的情况,会造成受众的逆反心理。

（11）口号式　简洁而富于号召力的口号形成的广告标题,因为经常用格言形式来表现,也叫格言式广告标题。其内容一般都有企业和品牌名称介入其中,在表现企业或商品的品牌特性等的基础上,能比一般的广告标题起到更好的传播作用。

运用言简意赅、易记易读的格言形式时,格言所具有的令人咀嚼的含义使其产品具有特殊意味。

2. 广告标题创作的原则

（1）注重受众利益,适时传达承诺　目标对象总是接受那些与自身利益相关的网络广告信息，因此网络广告标题一般不要在利益上含糊其辞，而应尽可能地明确承诺。

（2）长度适中　一般而言，短标题容易让人记忆，产生印象。普遍认可的是6～12个字的标题的广告效果最佳。

（3）避免使用笼统或概括性很强的词语　网络广告标题力求生动、具体、形象、阐述直观。泛泛的词语不会使受众产生兴趣，且容易产生误解，严重影响广告效果。因此，对此类词语应避免使用。

（4）免用否定词　广告标题应尽量不使用否定词。因为受众喜欢从正面接受广告信息，若在广告标题中使用否定词就容易造成负面影响。广告标题中最好说明事物是什么，而非不是什么。

8.1.2　创作网络广告正文

网络广告正文是网络广告文案的中心内容，是对网络广告标题的解释以及对网络广告产品的介绍。网络广告主题也是用网络广告正文来充分表现的，网络广告正文的好坏关系到网络广告创意思想的表现。它与标题的关系：标题在于吸引，正文在于说服；标题提出问题，正文回答问题。

1. 网络广告正文的类型

网络广告正文因体裁、风格、手法等不同，可分为若干类型，如直述式、叙述式或描述式等。

（1）直述式　直述式正文是直接阐述广告产品功能特性，客观表述介绍产品，没有过多的修辞与描绘。

（2）叙述式　叙述式正文是用故事形式写成的网络广告文案，它往往能将枯燥无味的网络广告信息变得饶有趣味。这类正文要使内容像小说故事情节那样，有矛盾冲突的出现和最后的解决，读来引人入胜，颇有微型小说的味道。此类正文写作往往是以某人遇到困难或麻烦而感到苦恼开始，以找到解决办法而圆满结束。目的是告诉受众在遇到同样的困难时，采用同样的办法。

（3）证言式　证言式网络广告正文是按证明书形式写成的，它需要提供"权威人士"或"著名人士"对网络广告商品的鉴定、赞扬、使用和见证等。这里的"权威人士"可以使用其真实姓名，也可以不反映出来，但无论如何，他们都必须有资格为其所宣传的产品做出证言。

（4）描述式　描述式网络广告正文是以极其生动细腻的描绘刻画达到激发人们基本情感和欲望的一种网络广告文体，读来恰似一篇散文。如果描绘真切感人，会给受众一个鲜明形象和深刻印象。否则，就会让人觉得言之无物，枯燥乏味。

2. 创作广告网络正文的原则

（1）紧扣主题，围绕标题　正文是标题的解释，同时增加了标题的信息量。正文应围绕标题展开阐述，可举事例来论证标题。当然，正文更是对主题的文字表述，以主题为核心概念展开，否则，网络广告正文就失去了重心。

（2）正面陈述，言简意赅　正文应尽量陈述网络广告产品的事实，用艺术化的语言表述产品特性，以传达最为直观的信息。切记不要闪烁其词，绕圈子，不知所云。正文的长短篇幅并无界定，一般以短文为宜。但对于特殊商品如汽车，长文案反而效果显著。

（3）特性突出，具体生动　正文应突出网络广告商品的特性，抓住受众最为关心的利益点进行阐述，注意避免"使用说明"式的陈述，读来枯燥乏味且毫无活力，而应增加艺术表现成分，使其生动有趣。

（4）语言热情，朴实真诚　在正文中应注意流露出对网络广告商品的信心和喜爱，这样才能传递此种感受。网络广告正文创作的艺术性并非要求文字的华丽，而要强调朴实和真诚。在此基础上渲染气氛，增强吸引力。

（5）提出忠告，表明承诺　网络广告正文的结尾若对目标受众提出有益的忠告或表明与目标受众利益相关的承诺，则比整篇正文只介绍产品的网络广告多吸引 75% 的受众，且此忠告或承诺可与网络广告标题遥相呼应，强化网络广告主题，加深网络广告信息的印象，能很好地体现网络广告效果。

8.1.3　创作网络广告附文

附文是负载附加信息的，是文案中表示广告主名称、企业名称、购买地址、联系方式以及购买方法的文字，它是广告文案中一个不可缺少的组成部分，在网络广告中附文具有附加性和敦促性等基本特征。

附文的具体表现内容大致分以下几个部分：①品牌名称；②企业名称；③企业标志或品牌标志；④企业地址、电话、邮编、联系人；⑤购买商品或获得服务的途径和方式；⑥权威机构证明标志；⑦特殊信息，如奖励的品种、数量，赠送的品种、数量和方法等。如果需要反馈，还可运用表格的形式。

8.1.4　创作网络广告标语

广告标语，又叫广告口号，是最常使用的广告语言之一。广告标语是对广告商品信息的精炼概括或对广告主企业理念的简洁诠释，或两者兼顾。广告标语便于传播和记忆，是广告主企业进行宣传的重要内容，甚至与企业品牌一同构成企业宝贵的无形资产。在撰写广告标语时应注意：

（1）简洁明了　广告标语力求简洁，言简意赅。
（2）朗朗上口　广告标语应易读、易记、文字流畅。
（3）阐明利益　广告标语要对受众，表明其关心的利益点。
（4）经久耐用　广告标语要考虑其时效性，最好能与品牌永久相伴。

任务 8.2　网络广告文字的设计

▶ 任务引例

字体是设计中表达情感的要素，图 8-1 是某款补水仪和美牙仪的广告，巧妙地利用字图组合，含蓄地将两个产品特点表现出来，激发人们的想象。

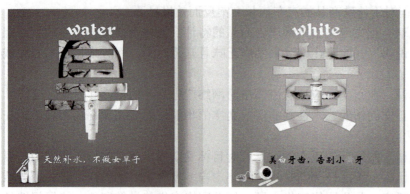

图 8-1 创意字体广告示例

图 8-1

资料来源：百度

⊃ 任务要求

广告中是如何进行字体设计的？

⊃ 相关知识

中国的广告文字起源比较早，距今已有 3000 多年的历史，最早出现在古代的训诫文告上。这些广义上的广告是现代广告的雏形。现存世界公认的最古老的文字广告距今 5000 多年，是一个埃及奴隶主悬赏寻找一个逃奴的传单广告，文字是手抄的。

8.2.1 网络广告中字体的选择

1. 字体

（1）印刷字体的运用　所有广告文字要素（标题、广告语、正文）都适合用印刷字体来完成。在这 3 个要素中，正文必须采用印刷体，标题也以印刷体为主，而广告语在一些特定情况下，为适应内容的需要，可适当考虑印刷体以外的其他字体。

从各类字体本身的特点来看，宋体具有传统的特点，适合表现传统的内容；黑体是最大众化的字体，可表现任何广告内容；而综艺体和圆黑体具有极强的现代感，适合表现现代的广告内容。综艺体由于笔画比较粗，一般只适合标题等较大文字，而不适合广告正文等较小文字。

网络广告还可以根据需要选择字体的粗细和变化。例如，粗体字强壮有力，有男性特点，适合机械、建筑业等内容；细体字高雅细致，有女性特点，更适合服装、化妆品、食品等行业的内容。在同一页面中，字体种类少，版面雅致，有稳定感；字体种类多，则版面活跃，丰富多彩。

（2）装饰文字的运用　装饰文字是在印刷字体标准、规范的基础上，加上适当的艺术化处理，使文字的字体显得更艺术、美观和生动，同时在装饰变化的过程中，可以使文字的造型与广告的内容更加吻合。但由于装饰字体在装饰变化的过程中有可能使字体的可读性降低，所以装饰字体多用于广告标题、广告语的文字使用，而很难用于正文。值得注意的是，装饰字体的变化必须在印刷体的基础上，与广告内容紧密结合。

（3）书法字体的运用　　书法字体比装饰字体更具有艺术性和生动性。由于书写习惯、书写方式以及书写工具的不同，从书法字体中所体现的个性是十分明显的。因此，对于一些有特别意义和特殊风格的广告内容，书法字体也是很适用的。例如，宣传民族文化、地方土特产品，具有民族特色和传统优势的产品，以及文化、艺术、书画展览的广告，利用书法体来表现就极为恰当。

书法字体作为广告文字的运用，其最大的不足之处就在于可读性上的缺陷。克服的方法是，可以选用一些可读性强的书法字体或与印刷体有效结合。

（4）字、图的组合运用　　以图形为主的广告，字体在视觉效果上应服从于图形，处于从属地位。字、图要互相穿插重叠，有机地结合成一个整体，从而加强广告图形统一的视觉效果；如果以字体为主的广告，字体处于主导地位，人物或商品形象处于从属地位时，就应该注意字体的排列以及图形位置的安排。

（5）字体对比组合的运用　　字体的对比组合更能产生强烈的广告效果，更能引人注目。字体的对比主要包括：风格各异的字体对比、大小不同的字体对比、笔画粗细的字体对比等。

广告设计为追求图形字体的对比效果，有时采用风格各异的字体，如粗壮的黑体与秀丽的宋体结合，或龙飞凤舞的草书同规范整齐的印刷字体结合，同时出现在一幅广告图形内。这种情况下，一定要把握住两种字体之间的对比程度和主次关系，切不可两种不同风格的字平分秋色。

另外，广告构成因素中也存在文字的明亮对比。一方面，文字的明度对比可利用文字的明度差来实现，但必须配合字体的风格对比和大小对比；另一方面，文字的明度对比还可以通过文字排列的疏密来实现。

（6）字体和谐组合的运用　　虽然对比的字体在广告文字设计中占有重要的地位，但和谐的字体组合，也能够产生愉悦的感觉，这同样也是广告文字设计必须考虑的。它一方面可以是对比组合的辅助手段，同时也是控制图形整体效果不可缺少的，对于一些特殊的广告也可以作为单独的手段来运用。

广告中和谐的字体组合主要包括相似风格的字体组合、相同大小的字体组合和相同明度的字体组合。

广告图形设计中，为追求整体感，通常采用同一风格的字体组合，而加强文字大小和明度的对比变化，使其在整体和谐中层次清楚，主次突出。字体大小和明度的和谐则主要针对一些具体要素的处理，如在同一个标题、同一个广告语和同一段正文，就必须从字体的大小和明度上接近和谐，以达到同一内容在视觉传达上的整体感。

（7）字体排列组合的运用　　我国绘画构图讲究的是"密不透风，疏可跑马"。也就是说，该疏的疏、该密的密，使图形构成要素产生一种强烈的疏密对比，这条规律在广告的字体排列中同样适用。具体来讲，在各类广告文字之间应形成"集团"式的分组排列方式，标题、广告语和正文之间不要连在一起，应保持一定的距离和空间，形成一定的疏密变化，观看时主次分明，条理清楚。一般的情况是标题和广告语应疏，而正文的排列应密。进一步来说，在一个"集团"内的文字排列，也同样应具有疏密的变化。例如，在正文的排列上，行距和文字的疏密安排，段与段之间的间隔等也极其重要，以便阅读方便，段落分明。为了使广告图形生动活泼，常将广告文字（特别是标题文字）排列成各种形状，如弧形、斜线、竖排等形式。

无论是字体的选择，还是字体的运用，都必须遵循"功能第一，形式第二"的原则。不能只顾盲目追求华美的表现形式，而减弱以致丧失文字传达信息的功能。

（8）动态文字和特效文字的使用。动态文字和特效文字的使用能够使网络广告更有生命力，

Dreamweaver、COOL 3D 等软件都能制作出一些动态文字和特效文字。

2. 行距

行距的变化也会对文本的可读性产生很大影响。一般情况下，接近字体尺寸的行距设置比较适合正文。行距的常规比例为 10∶12，即用字 10 点，则行距 12 点。

除了对于可读性的影响之外，行距本身也是具有很强表现力的设计语言，为了加强版式的装饰效果，可以有意识地加宽或缩窄行距，体现独特的审美意趣。例如，加宽行距可以体现轻松、舒展的情绪，应用于娱乐性、抒情性的内容恰如其分。另外，通过精心安排，使宽、窄行距并存，可增强版面的空间层次与弹性，表现出独到的匠心。

3. 字号

一般印刷品的字号是指字体物理尺寸的大小，计算机的字号指的是字体在显示器上的显示尺寸大小。字号大小直接关系到阅读效果和页面容量。在 Word 里，字号从初号、1 号～8 号共有 16 种，同时字号还有一种以磅（pt）为单位的，从 5～72pt 共 21 种。广告文字的字号变化宜少不宜多，一般常用 9pt 或 11pt（相当于 Word 的 5 号字）的宋体字做文本字体，9pt 以下的字不易辨认，12pt 以上则太大，浪费空间。

标题的字号大小建立在整体版面设计的基础上，版面设计从文稿内容出发，排出传达意图的强弱层次，从传达信号秩序上区分出突出与克制、醒目与隐晦。在同一页面中，大字号突出醒目，黑白对比鲜明，分量重，这样的处理一般用于标题和重点部分。同时，一篇文稿文字可形成一块灰色，色调连贯性好，适宜长期阅读，可以看成是网页色彩搭配的一部分。

4. 用作图形图像的字体

由于一般计算机用户字库中的字体太少，网页设计师想用字体在传达信息的同时又起到装饰的作用，不得不使用其他的艺术字体，但必须将字体做成图形图像格式，尤其是用软件制作的金属字、立体字等，这种字体主要用于网站名、广告、菜单、链接以及重要的文章标题。

8.2.2 网络广告中文字的编排

1. 文字的编排方式

因为人的视线是由大向小流动，先看大字，再看小字的。所以，需要突出的文字内容适宜设计得大一些，要和普通文字形成对比，第一时间抓住人的视觉。

网络广告文字在编排时有两种方式：横排和竖排。为了信息传达的准确、快速，横排文字视线由左到右移动，最好使用扁字；竖排文字视线由上向下移动，最好使用长字。

（1）文字置于广告画面的最顶部　文字放置于广告画面的最顶部，会产生上升、轻快的视觉效果，同时也具有愉悦、适宜的象征意义。因此，有关表现快乐、高兴、舒适的广告内容，文字最好排列在该位置。

（2）文字放置在画面的正中心位置　文字放置在画面的正中心位置，具有极端安定、平稳、视觉强烈的表现效果。

（3）文字放置在画面的最下端　文字放置在画面的最下端，具有下降、不稳定与沉重的视觉效果，有时也有哀伤、消沉的象征意义，比较适合具有相同意义的文字排列。

（4）文字放置在画面的最左端或最右端　文字放置在画面的最左端或最右端具有极不平衡的感觉，但这种不平衡对于文字的突出极其有效。

2. 文字的强调

（1）行首的强调　将正文的第一个字或字母放大并做装饰性处理，嵌入段落的开头，这在传统媒体版式设计中称为"下坠式"。此技巧的发明源于欧洲中世纪的文稿抄写员。由于它有吸引视线、装饰和活跃版面的作用，所以被应用于网页的文字编排中。其下坠幅度应跨越一个完整字行的上下幅度，至于放大多少，则依据所处广告环境而定。

（2）引文的强调　在进行广告文字编排时，常常会碰到提纲挈领性的文字，即引文。引文概括一个段落、一个章节或全文大意，因此在编排上应给予特殊的页面位置和空间来强调。引文的编排方式多种多样，如将引文嵌入正文的左右侧、上方、下方或中心位置等，并且可以在字体或字号上与正文相区别而产生变化。

（3）个别文字的强调　如果将个别文字作为页面的诉求重点，则可以通过加粗、加框、加下画线、加指示性符号、倾斜字体等手段有意识地强化文字的视觉效果，使其在页面整体中显得出众而夺目。另外，改变某些文字的颜色，也可以使这部分文字得到强调。这些方法实际上都是运用了对比的法则。

8.2.3　网络广告中的文字设计

在广告中文字设计应该遵循文字的可读性，文字的位置应符合整体性要求，在视觉上应给人以美感，在设计上要富于创造性，综合应用和更复杂的应用等原则。

1. 广告中文字的设计原则

（1）标题　标题是表达广告主题的文字内容，应具有吸引力，能引起读者注意，引导读者阅读广告正文，观看广告插图。标题是画龙点睛之笔，因此要用较大号字体，要安排在广告画面最醒目的位置，应注意配合插图造型的要求。

（2）正文　广告正文是说明广告内容的文本，基本上是标题的发挥。广告正文具体地叙述所宣传的商品，使读者更明确商品的价值。广告正文文字集中，一般都安排在插图的左右或上下方。

（3）广告语　广告语是配合广告标题、正文，加强商品形象的短语。广告语应顺口易记，要反复使用，使其成为"文章标志""言语标志"，在设计时可以将其放置在版面的任何位置。

（4）标志　标志是广告对象借以识别商品或企业的主要符号，分商品标志和企业形象标志两类。在广告设计中，标志造型最简单、最简洁，其视觉效果也最强烈，在一瞬间就能识别，并能给消费者留下深刻的印象。

（5）公司名称　公司或企业名称一般放置在广告版面下方次要的位置，也可以和商标配置在一起。

2. 文字的设计风格

根据文字字体的特性和使用类型，文字的设计风格大致可以分为下列几种。

（1）秀丽柔美　字体优美清新，线条流畅，给人以秀丽柔美之感。此种类型的字体适用于女性化妆品、饰品、日常生活用品、服务业等主题，如图 8-2 所示。

图 8-2　秀丽柔美的文字风格

资料来源：新浪网

（2）稳重挺拔　字体造型规整，富有力度，给人以简洁爽朗的现代感，有较强的视觉冲击力。这种个性的字体适用于机械、科技等主题，如图 8-3 所示。

图 8-3　稳重挺拔的文字风格

资料来源：新浪网

（3）活泼有趣　字体造型生动活泼，有鲜明的节奏韵律感，色彩丰富明快，给人以生机盎然的感受。这种个性的字体适用于儿童用品、运动休闲、时尚产品等主题，如图 8-4a 所示。

（4）苍劲古朴　字体朴素无华，饱含古时之风韵，能带给人们一种怀旧感觉。这种个性的字体适用于传统产品、民间艺术品等主题，如图 8-4b 所示。

a)　　　　　　　　　　　　　　　　b)

图 8-4　活泼有趣和苍劲古朴的文字风格

资料来源：新浪网

任务 8.3　网络广告图形图像的设计

▶ 任务引例

这是一则公益广告，目的是呼吁人们保护大象。广告是在象牙贸易肆虐，大象种群生存受到严重威胁的情况下产生的。

图 8-5 中，母象和小象结伴而行。在草原上背对着观众向着太阳落下的地方缓缓走去。值得注意的是，以群居为主的大象却仅仅出现了两头。

图 8-5 妈妈我长牙了

资料来源：百度

⊃ 任务要求

1. 图片在广告中的作用如何？
2. 广告中是如何使用图片的？

⊃ 相关知识

网络广告图形由多种形式构成，可以是静态图形和图像，也可以是动画。图形是网络广告设计最重要的要素，能起到吸引人的作用，对于加速网络广告的信息传播起着非常重要的作用。网络广告图形不能单纯注重图形的艺术美，更重要的是要树立商品形象，传达商品信息，讲究广告效应，促进商品销售。另外，也应该看到，图片和动画在网络上的使用往往会增加文件的大小，影响其下载速度，因此合理使用和设计图片、动画就显得十分重要。

8.3.1 网络广告图形的作用

1. 传达广告的主题

广告通过图形表现商品的特征，向读者展示广告所传达的重点，传达广告的主题思想。广告主题是抽象的概念，要使读者容易理解和接受，必须通过插图将抽象的概念形象化、具体化。

2. 吸引读者的注意力

广告图形是广告的"吸引力发生器"，在引人注目、美化版面方面起着不可替代的作用。调查数据显示，图形对视觉的刺激作用远远高于文字，人们对图形和文字的注意度分别为 78%和 22%。

3. 展现生动具体的产品形象

与语言文字要素相比，广告图形能直接具体展现产品和企业的视觉形象，而视觉形象是树立企业和品牌知名度的重要手段。

8.3.2 网络广告图形设计的基本要求

插图可以说是一个广告中最引人入胜的部分，是吸引视觉注意的重要因素之一。它可以简洁明确地传达设计思路，能使读者一目了然。

1）广告插图应具备简洁单纯的视觉效果，也就是说插图的构成要单纯集中，对准诉求目标。这样才能使广告受众在阅读插图时，一眼抓住广告的重点，理解广告表达的主题。

2）广告插图要勇于创新、生动有趣。独特、生动的图形是吸引受众注意、引起顾客兴趣的关键所在，设计者必须创造出独特鲜明的图形，才能吸引读者的注意。

3）广告插图必须有针对性。广告插图的宣传对象是不同的消费者，若想使每个人都接受你的广告，那是徒劳的。只有根据商品内容来选择广告对象，针对广告对象的需要，设计具有针对性的插图，才有成功的可能性。

4）广告插图必须符合广告主题。例如，在一则名为"绿色环保总动员，回收手机旧电池"的广告中，电池从天而降，而当你用手推车"收"到一块电池时，草地上就会长出一棵大树。广告通过车、电池、绿树、草地等插图，表现了主题思想。

8.3.3 图像格式

印刷品上的图像不存在格式问题，但在计算机的数字图形图像的储存、交换技术上，图形图像的格式就显得十分重要了。没有统一的格式，图形图像就不能方便地在其他计算机上显示。在数据传输过程中，由于图像格式使用不合理，会影响数据传输效果。所以，网络广告中研究图像格式尤为重要。

常用图像格式主要有以下几种。

1. GIF 格式

GIF（Graphics Interchange Format，图像交换格式）表示图像交换格式，它是一种 256 色的图像格式。

GIF 具有许多优点：①支持 256 色以内的图像，因此很容易在所有的 Web 页面上显示，而不必考虑浏览器的色彩功能；②可用许多具有同样大小的图像文件组成动画；③交错关联的文件在下载过程中即可呈现图像内容；④由于使用颜色少、高效率的压缩，GIF 图像比 TIFF 小；⑤无损压缩保持了原始图像的清晰度；⑥可以制作出背景透明的图像效果。

GIF 的缺点：①某些 GIF 调色板的显示效果可能不好，即使在 256 色显示器下也是如此；②GIF 仅支持 256 种或更少的颜色，因此图像感官较差。

2. JPEG 格式

JPEG（Joint Photographic Experts Group，联合图像专家组格式）是按联合照片专家组（Joint Photo Graph-phic Experts Group）制定的压缩标准产生的压缩格式，可以用不同的压缩比例对这种文件进行压缩，其压缩技术十分先进，对图像质量影响不大，因此可以用最少的磁盘空间得到较好的图像质量。由于它优异的性能，所以应用非常广泛，而在因特网上，它更是主流图形格式。

JPEG 可支持多达 16MB 颜色，因此它非常适用于摄影图像以及在 24 位颜色显示模式下工作的浏览器。JPEG 还具有调节图像质量的模式，允许用户选择高质量、几乎无损的压缩（文件尺寸相应较大）或低质量、丢失图像信息的有损压缩（但是图像文件规模小得多）。例如，利用 JPEG 最高的压缩比可以把 10MB 的 TIFF 图像压缩至 200KB。

JPEG 的优点：①支持极高的压缩率，因此 JPEG 图像的下载速度大大加快；②能够轻松地处理 16.8MB 颜色，可以很好地再现全彩色的图像；③在对图像的压缩处理过程中，该图像格式允许用户自由地在最小文件尺寸（最低图像质量）和最大文件尺寸（最高图像质量）之间选择。

JPEG 的缺点：①并非所有的浏览器都支持将各种 JPEG 图像插入网页；②压缩时可能使图像的质量受到损失，因此不适宜用该格式来显示高清晰度的图像。

3. BMP 格式

BMP 是英文 Bitmap（位图）的简写，这种格式在 Windows 环境下使用最为广泛，而且使用时最不容易出问题。最典型的应用 BMP 格式的程序就是 Windows 的画笔。文件几乎不压缩，占用磁盘空间较大，它的颜色存储格式有 1 位、4 位、8 位及 24 位，该格式是当今应用比较广泛的一种格式。但由于该格式文件尺寸相对来说比较大，所以只能应用在单机上，而在因特网上考虑到速度方面的因素，一般不使用该格式的图像。

4. PCX 格式

PCX（Personal Computer exchange，个人计算机交换）格式是 ZSOFT 公司在开发图像处理软件 Paintbrush 时开发的一种格式，存储格式从 1 位到 24 位。它是一种经过压缩的格式，占用磁盘空间较少。由于该格式出现的时间较长，并且具有压缩及全彩色的能力，所以 PCX 格式现在仍十分流行。

5. PSD 格式

PSD（Photoshop Document）格式是 Photoshop 软件存储的默认格式，支持 Photoshop 处理的任何内容（如图层、通道、色彩信息、文字等），支持无损压缩。所以，在编辑图像的过程中，通常将文件保存为 PSD 格式，以便重新读取需要的信息。

6. TIFF 格式

TIFF 格式被称为标签图像文件格式（Tag Image File Format，TIFF）是一种灵活的位图格式，主要用来存储包括照片和艺术图在内的图像。是由 Aldus 公司开发，具有跨平台的兼容性，在排版上得到广泛的应用，且是图像处理程序中所支持的最通用的文件格式。它具有保存剪贴路径、图层、Alpha 和专色通道、注释及其他一些选项。它最大的优点是图像不受操作平台的限制，主要是为了便于应用软件之间进行图像数据交换。大多数扫描仪都可以输出 TIFF 格式的图像文件。

7. PNG 格式

PNG（Portable Network Graphics，便携式网络图形）格式是专门为 Web 创造的，是一种将 GIF 和 JPEG 最好的特性结合起来的格式。和 GIF 格式不同的是，PNG 格式并不限于 256 色，可支持 24 位图像，通过保存一个 Alpha 通道来定义透明区域，产生没有锯齿边缘的透明区域。PNG 格式支持灰度、索引颜色和 RGB 模式。

8. SVG 格式

SVG 是 Scalable Vector Graphics 的首字母缩写，其含义是可缩放的矢量图形。它是一种开放标准的矢量图形语言，可设计出高分辨率的 Web 图形页面。该软件提供了制作复杂元素的工具，如渐变、嵌入字体、透明效果、动画和滤镜等效果，并且可使用平常的字体命令插入到 HTML 编码中。开发 SVG 的目的是为 Web 提供非栅格的图像标准。

9. EPS 格式

EPS（Encapsulated Post Script，被封装的脚本）是一种通用的行业标准格式，应用于绘图、排版和印刷，最大优点是可以在软件中以低分辨率预览，将插入的文件进行编辑排版，而在打印或出胶片时则以高分辨率输出，做到工作效率与图像输出质量两不误。

8.3.4 图形的分类

图形分为位图图像和矢量图形两种类型。

1. 位图图像

由像素组成的图像，每个像素都被分配一个特定位置和颜色值。在处理位图图像时，编辑的是像素而不是对象或形状，即编辑的是每一个点。位图图像的特点是颜色细腻，主要用于保存各种相片图像。但是，位图的缺点是文件占用的磁盘空间大并且与分辨率有关，将图像放大到一定程度后，图像将变得模糊。

2. 矢量图形

矢量图形由矢量定义的直线和曲线组成，图像保存时存储它的形状和填充特性，因此它占用的磁盘空间小并且不会失真（与分辨率无关）。可以将它缩放到任意大小和以任意分辨率在输出设备上打印出来，都不会影响清晰度。因此，矢量图是创建编辑文字（尤其是小字）和线条图形（比如徽标）的最佳选择。

8.3.5 动画

今天，网络图形已不再局限于平面和静止，动态和交互性使图形获得了崭新的生命。动画的出现使网页、网站和网络广告更加吸引人。动画实际上是把几幅静止的图连续循环地播放。

动画也可以由不变的对象和变化的对象两个部分组成。通常不变的对象是指背景之类，而变化的对象是通过变化而形成的对象。

网络广告中动画形式有 GIF 动画和 Flash 动画，AVI 动画由于文件过于庞大，在网络广告中一般不使用。

1. 动画文件格式

常用的动画文件格式有 GIF 格式、FLIC（FLI / FLC）格式、SWF 格式。

（1）GIF 格式 它的特点是压缩比高，使其能在网络上大行其道。GIF 图像格式还增加了渐显方式，用户可以先看到图像的大致轮廓，然后随着传输过程的继续而逐步看清图像中的细节部分，从而适应了用户的"从朦胧到清楚"的观赏心理。

（2）FLIC（FLI / FLC）格式 但凡从事过三维动画的人应该都熟悉这种格式。它由 Autodesk 公司研制而成，在 Autodesk 公司出品的 Autodesk Animator、Animator Pro 和 3D Studio 等动画制作软件中均采用了这种彩色动画文件格式。FLIC 是 FLC 和 FLI 的统称，FLI 是最初的基于 320×200 像素分辨率的动画文件格式，而 FLC 进一步扩展，它采用了更高效的数据压缩技术，所以具有比 FLI 更高的压缩比，其分辨率也有了不少提高。

（3）SWF 格式（Flash 动画） Flash 是一种动画（电影）编辑软件，实际上它是一种扩展名为 swf 的动画，这种格式的动画能用比较小的体积来表现丰富的多媒体形式，并且还可以与

HTML 文件达到一种"水乳交融"的境界。Flash 动画其实是一种"准"流（Stream）形式的文件，也就是说，在观看的时候，可以不必等到动画文件全部下载到本地再观看，而是随时可以观看，哪怕后面的内容还没有完全下载到硬盘，也可以欣赏动画。而且 Flash 动画是利用矢量技术制作的，不管用户将画面放大多少倍，画面仍然清晰流畅，质量一点也不会因此而降低。

2. 动画文件的压缩

动画文件的制作与储存是相当耗费存储空间的，例如 1 分钟的 FLI 动画，若以 15 帧/s 来播放，就要占 57.6MB 的存储空间。这就需要通过文件压缩来减少文件的存储空间，以下说明 FLI 和 FLC 格式所使用的压缩方法。

（1）行列间的信号压缩　因为动画的画面比较简单，常会有一些同色的区域，因此可利用 Run-Length（简称 RL）压缩法，将一组重复色彩的像素点用两个数值表示，一个代表该组像素点的色彩值，另一个为该色彩值的出现次数。用 RL 压缩方法，在单纯的背景下可得到 1 bit/px（每像素点只使用一个二进制位表示）的压缩效果。

（2）画面间的信号压缩　当画面与画面间的差异不是很大时，如果只记录画面间的差异信号，可省下不少的存储空间。对于同一背景的动画而言，这种方法可产生相当高的压缩比。

任务 8.4　网络广告声音的使用

➲ 任务引例

有人说，现在是一个耳朵经济崛起的时代，不仅喜马拉雅、蜻蜓 FM 等听书 App 强势崛起，而且"听觉"也渐渐在广告营销领域崭露头角。在"听觉符号"的运用中有很多值得借鉴的案例，视频广告《雨和炸鸡》就是其中一个。

这是一个看起来非常治愈的广告，郁郁葱葱的树叶、淅淅沥沥的雨声，再配上一个充满磁性的男声背景音，舒适治愈的感觉瞬间让人安静下来，但是正当观众准备放松身心的时候，搞笑的事情发生了，油锅里，被炸得金黄酥脆的炸鸡竟和雨声融为一体，让人瞬间清醒过来。实际上这是一则快餐广告，但是看起来却像是伪装了治愈外壳的深夜炸弹，不过感觉炸鸡和雨天也挺配的。

资料来源：搜狐网

➲ 任务要求

广告中是如何使用声音的？

➲ 相关知识

8.4.1　网络广告声音的作用

声音是信息传播的一种基本形式，它利用人们的听觉器官来接收。在广告片中声音的作用主要体现在以下几个方面。

1. 加强画面的表现力

广告如果仅仅用画面去传递信息是非常单一的，通过画面虽然可以很形象地传递一个视觉形象或者场景，但很难将这个视觉形象和场景所蕴含的情绪、情感加以生动地表现。如同电影中的特效一样，如果没有声音的渲染和烘托，身临其境的感觉也许就无从谈起了。

2．创造流畅、明快的视听节奏

广告不同于电影和电视剧，电影和电视剧的叙事节奏需要尽量与真实的生活节奏保持一致，作品虽有轻重缓急、抑扬顿挫的整体节奏变化，但绝大部分还是按照一般生活的慢节奏演进的。广告则大为不同，由于时间短，广告片要求作品要尽快地将一种或者明快，或者舒缓的节奏风格凸显出来，只有这样才能保证作品形象和意义的强化和表现，所以影视广告按照一般的影视叙事节奏来进行信息传递显然是不现实的。

3．辅助画面表达

广告片的画面在一些意义的表现和传达上存在不足或者不明确的问题，这时用必要的音响手段加以补充和润色，就会起到很好的辅助表达作用。例如，开可乐瓶时汽水的声音，汽车发动时的轰鸣声和刹车时的摩擦声，都会很好地将画面所无法完全表现出来的商品质感加以强化，使画面更加生动、贴切，而富有感染力。

4．塑造生动的视听形象

广告中往往会用特殊的声音去表现商品的特性。巧妙的音响效果的运用不仅可以增强广告的真实感，更能将商品的某种特点以夸张的方式更加明显地突出出来。

5．强化广告主题

很多广告片会通过一些广告歌曲来点明主题，简单易记、新颖独特的音乐旋律和通俗易懂的广告歌词对于商品主题的强化也有显著的作用。

8.4.2　网络广告声音的分类与运用

1．广告中声音的分类

在网络广告中，声音主要分为3类：音乐、音响、语音（人声）。

广告中的音乐包括主题曲、插曲及背景音乐。音乐不仅能表"情"，用来渲染广告的气氛、增强广告的感染力，而且能增强人们对广告信息的记忆。

音响是除了音乐和语言之外的视听艺术中所有声音的统称，包括动作音响（走路声）、自然音响（雨声）、机械音响（汽车声）、环境音响（背景音响）、特殊音响（经过变形处理的非自然界的音响）等。音响的作用第一是表"真"，增强广告的真实感、渲染环境，第二是制造趣味或悬念，第三是利用音响可以向用户提示某些特殊事件的发生，引起用户的注意。

语音是指含有人类语言的符号，包括对话、独白、解说词等。

2．声音与画面的关系

（1）声画同步　声画同步又称声画合一，是指画面中的视像与它所发出的声音在时间上吻合一致，即声音是由画面中的人或物体、环境所产生的。无论是在情绪上还是节奏上，都是基本一致或完全吻合的。由于声音和画面形象同时作用于用户的感官，在用户心理上会引起视听联觉的反应，两种不同感觉印象互相渗透，有力地强化了广告的逼真性和可信性，从而也达到了加深用户对广告艺术的审美感受力度的效果。声画合一是广告交互动画中使用最多、最普遍的一种审美创造手段。

（2）声画分立　声画分立又叫声画分离，是指画面中声音和形象不同步，相互分离，即声音不是由画面中的人或物体、环境所产生的。这时，声音是以画外音的形式出现的。声画分立意味着声音与形象具有相对的独立性，它们可以通过分离的形式在新的基础上求得统一，成为独立的艺术元素，承担起更多的审美创造的任务。

（3）声画对位　声画对位是指声音和画面各自独立，分头并进而又殊途同归，从不同方面表示同一含义，是对立统一的辩证关系。声画对位的结果，产生了某种声画原来各自并不具备的新寓意，通过用户的联想达到对比、象征、比喻等效果，给人以独特的审美享受。

（4）声画错位　声画错位又称声画移位。它是指原本可以同步一致的声音与画面，由于设计师有意的安排，发生位置的相互错移所造成的不同步和不对位的结构方式。它包括向前移位和向后移位两种情况。

声音向前移位，即下一个镜头的声音首部，超前进入上一个镜头的画面尾部。采用这种手法，可以产生期待、悬念的心理效果，或创造心理上的准备，并使前后场景的时空或情绪、氛围保持某种形式的内在联系。

声音向后移位，俗称"拖声带"，即上一个镜头的声音尾部，滞后延至下一个镜头的画面首部。采用这种手法，可以解释、补充并扩展画面。

3．声音的应用

（1）从地方文化特色中创造声音　2010年世界杯可口可乐"啵乐乐乐"广告，由于采用了地方特色声音，取得了很好的效果。"啵乐乐乐"声音已经成为可口可乐的形象，在冷饮店，只要你"啵乐乐乐"一下，店员就要立刻递过一瓶可口可乐。

（2）从品牌传播的特征中创造声音。

（3）从原有的音效中提炼声音　腾讯主题为"在线精彩，生活更精彩"的广告，通过把QQ的提示音"beng beng beng"提炼成广告声音，充分展现了互联网在拉近人们情感沟通、消除隔阂、营造温馨和谐环境方面的巨大贡献，这也被业内人士认为是腾讯"在线生活"战略的感性诠释。

（4）利用不同类型的声音要素突出主题　首先，运用音乐烘托主题，音乐作为表情达意的一种艺术方式，常常被运用在广告中，用以表达情感烘托气氛，借助音乐的渲染来烘托主题。其次，运用音响渲染主题音响作为塑造环境、渲染气氛的一种特技方式，常常被运用在广告中，用以塑造环境、渲染主题。最后，运用人声直接表现主题，人声作为表现主题的主力军，常常被用在广告中做旁白，直接表现主题。

习题

一、单选题

1．网络广告（　　）是指网络广告中用以表达广告主题和创意的语言文字。
　　A．文案　　　　　B．图形图像　　　　C．声音　　　　　D．标题
2．（　　）是所有网络广告的灵魂和主体，是网络广告制作的蓝图。
　　A．文案　　　　　B．图形图像　　　　C．声音　　　　　D．标题

3. （　　）是广告的题目，是表现主题的短句。
   A．文案　　　　　B．图形图像　　　　C．声音　　　　D．标题
4. 网络广告（　　）必须能够抓住商品的目标对象，特别引起他们的注意。
   A．标题　　　　　B．标语　　　　　　C．正文　　　　D．附文
5. 权威认可的是（　　）字的标题的广告效果最佳。
   A．6～12　　　　B．15～20　　　　　C．6　　　　　　D．14～24
6. 网络广告（　　）是网络广告文案的中心内容。
   A．标题　　　　　B．标语　　　　　　C．正文　　　　D．附文
7. 一般而言，适用于女性化妆品、饰品、日常生活用品、服务业等主题，广告文字设计风格为（　　）。
   A．秀丽柔美　　　B．稳重挺拔　　　　C．活泼有趣　　D．苍劲古朴
8. （　　）格式图像仅支持256种或更少的颜色，感官较差。
   A．GIF　　　　　B．JPEG　　　　　　C．BMP　　　　D．PSD
9. 行距的常规比例为（　　）。
   A．10∶12　　　　B．10∶14　　　　　C．6∶3　　　　D．10∶16
10. 从字体排列方式看，（　　）可以使字群形成方方正正的面，显得端正、严谨、美观。
    A．两端均齐　　　　　　　　　　　　B．居中排列
    C．左对齐或右对齐　　　　　　　　　D．绕图排列
11. 网络广告（　　）可以起到强化广告主题的作用。
    A．文案　　　　　B．图形图像　　　　C．声音　　　　D．标题

二、多选题

1. 一般而言，网络广告文案由（　　）等组成。
   A．标题　　　　　B．标语　　　　　　C．正文　　　　D．附文
2. 广告标语创作的原则是（　　）。
   A．简洁明了　　　B．朗朗上口　　　　C．阐明利益　　D．经久耐用
3. 根据文字字体的特性和使用类型，文字的设计风格大约可以分为（　　）。
   A．秀丽柔美　　　B．稳重挺拔　　　　C．活泼有趣　　D．苍劲古朴
4. 常用的动画文件格式有（　　）。
   A．GIF 格式　　　　　　　　　　　　B．FLIC（FLI／FLC）格式
   C．SWF 格式　　　　　　　　　　　　D．JPEG 格式
5. 一般而言，一个完整、全面的网络广告大多由（　　）等几个部分组成。
   A．文字　　　　　B．图形图像　　　　C．声音　　　　D．标题
6. 广告声音与画面的关系有（　　）等几个部分组成。
   A．声画同步　　　B．声画分离　　　　C．声画对位　　D．声画错位

三、名词解释

广告语、广告标题

四、简述题

1. 如何进行网络广告文案的撰写？
2. 如何在广告中使用声音？

五、案例题

在网络广告中,大众同样延续了电视片的核心思想和表现手法。广告一开始,白色的背景上出现了明暗不同、大小不同的中国书法字"忠诚,心为本"如图 8-6 所示。接着小字渐渐隐去,图形上只留下一个"忠"字,然后"立志,先立心"出现在"忠"的上方,如图 8-7 所示。同样是"志"字保留,其他字消失,接着在"智慧,心境界;悠由,心自在;感,由心生;恣情心奔放"等不同语句中留下了"慧、悠、感、恣"等字,如图 8-8 所示。接着在它们的周围依次出现了 29 个带有"心"的字,如图 8-9 所示。然后在它的中心"爱"的地方出现一个"心"字,其他字消失,如图 8-10 所示。随后,"有多少心""用多少心"相继出现,最后"中国路,大众心"出现。

图 8-6

图 8-6　大众的广告截图 1

图 8-7

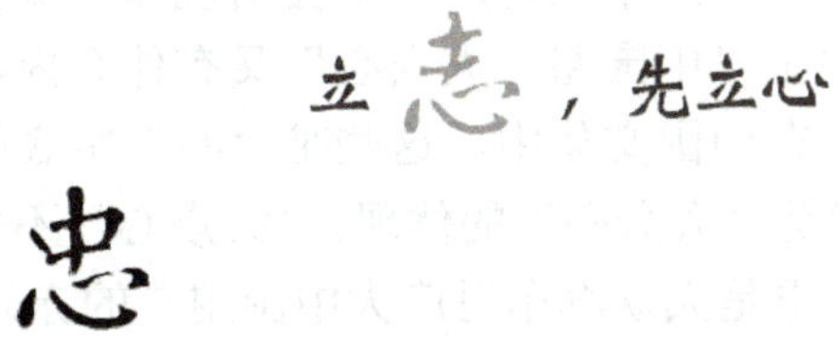

图 8-7　大众的广告截图 2

图 8-8

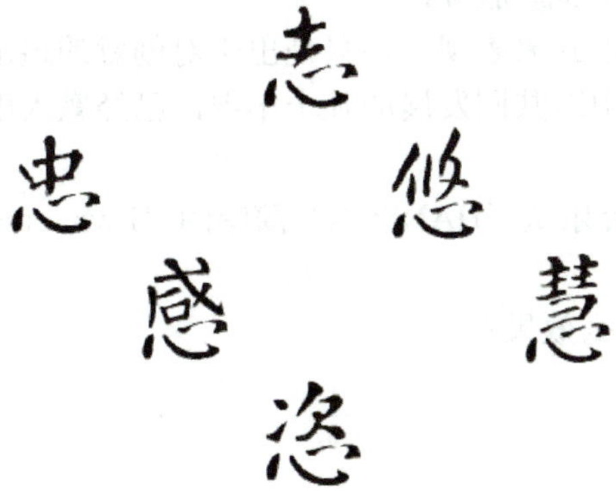

图 8-8　大众的广告截图 3

图 8-9

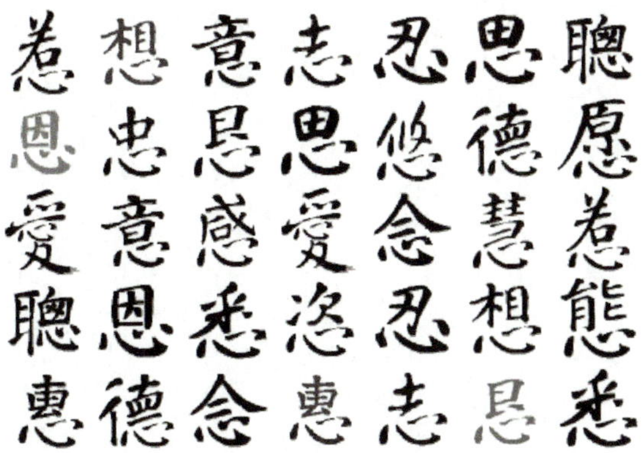

图 8-9　大众的广告截图 4

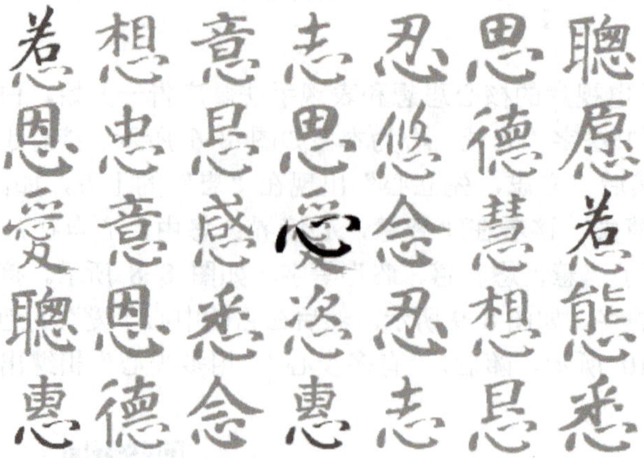

慈想意志忍思聰
恩忠悥悠德思愿
愛意感愛念慧慈
聰恩恋恋忍想態
惠德念惠志悬悉

图 8-10 大众的广告截图 5

图 8-10

　　到此，我们可以发现，在广告图形中不时出现用书法形式写就的汉字，而这些汉字都有一个共同的特点，那就是"心"字底。为什么一个汽车品牌广告中会出现那么多带"心"字底的汉字呢？这些汉字与大众汽车全新的品牌主张"中国路　大众心"又有什么内在关联呢？大众汽车集团（中国）销售部门的负责人表示，在中国文化中，这些带"心"字底的汉字，都可以用来表现那些非常美好的品质和精神，这就是"大众心"的体现。"大众心"不仅是大众汽车追求完美、不断创新和持之以恒的造车之心，更是大众汽车对广大中国用户的赤诚之心。"有多少心，用多少心"，不仅是大众的承诺，更传达了大众汽车始终与中国消费者心心相印，正全心倾注于为中国消费者制造更多的好车，提供更多的优质服务。

　　广告中出现的每一个汉字都以书法的形式来表现，不只是出于对创意的追求。事实上，广告在更深层面上是为了表达大众汽车在与中国共同发展的几十年中，已经融入中国人生活的方方面面，与中国文化水乳交融。

　　和电视广告一样，歌曲同样采用了汉森乐队（HANSON）演唱的"I will come to you。"

1．你认为此广告整体设计如何？
2．你认为大众品牌的整合将会出现什么效果？

六、操作题

为某一产品撰写广告文案。

学习情境 9　网络广告制作软件

网络广告设计制作是一件复合性较强的事。它需要美术设计和 Web 技术方面的知识。从具体制作的角度来看，往往也需要多种软件的复合应用。无论是网页设计制作或者是网页中广告的制作，通常都是利用一些应用工具软件来完成的。在制作过程中，要用到图形图像处理方面的工具软件、短视频处理软件、网页动画的设计生成软件、网页制作软件等多不胜数的各式各样的工具软件。

本学习情境从工作岗位的实际需求出发，介绍一些具有代表性的、主流的工具软件，以便使读者在进行网络广告设计制作时，对各种工具软件能方便准确地进行选用。

任务 9.1　图形图像处理软件

▶ 任务引例

天禾健身俱乐部是一家专业化健身俱乐部，整体布局时尚、动感、人性化，云集业界一流的健身教练，配备高档先进的健身项目，为会员的"健康事业"提供有力保障。为了能够让更多的健身爱好者随时随地都可以得到科学、规范的健身指导，俱乐部决定建立微信公众号，利用移动网络平台将俱乐部的主要特色项目及健康生活的理念传递给广大健身爱好者。

公众号中的广告要求以健身房的实际照片作为背景，营造出热情、有活力的氛围；使用深色背景搭配浅色文字，画面以教练和器材为主题，效果直观；文字的设计与整个设计风格相呼应，让人印象深刻。效果如图 9-1 所示。

图 9-1　天禾健身俱乐部广告

图 9-1

资料来源：百度文库

➲ 任务要求

1. 利用 Adobe Photoshop CC 2022 制作公众号中的广告。
2. 使用"添加杂色"和"高反差保留"滤镜命令调整主体照片。
3. 使用"混合模式"制作图层的融合。
4. 使用"照片滤镜"命令为图像加色。

➲ 相关知识

9.1.1　Photoshop 软件介绍

Photoshop 是 Adobe 公司开发的图形图像处理和编辑软件，它的应用十分广泛。不论是 3D 动画、平面设计、数码艺术、网页制作、矢量绘图、多媒体制作还是桌面排版，Photoshop 在每一个领域都发挥着不可替代的重要作用，它具有完整全面的图像处理功能，利用它可以设计一个全新的图像世界。

Photoshop 还具有较强的图层控制功能，利用图层管理功能可以将图层组织成一个图层集，以便管理上百个图层中的元素。用户可以同时在一个高效对话框中指定多种图层设定，包括图层效果、混合模式、透明和其他设定来创作优秀的合成效果，这些效果在商业广告、电影海报、宣传册上都能得到充分的体现。Photoshop 软件界面如图 9-2 所示。

图 9-2　Photoshop 软件界面

9.1.2　CorelDRAW 软件介绍

CorelDRAW 是 Corel 公司推出的一款矢量图形设计软件。它具有编辑方式简便实用、所支持的素材格式广泛等优势，受到众多图形绘制人员、平面设计人员和爱好者的青睐，曾经多次被用户评选为"桌面排版之王"。CorelDRAW 同时也是一个功能齐全、效果卓越的图形图像处理软件包,它的特长是制作 LOGO、卡通画及图文排版等工作。

与矢量图处理软件 CorelDRAW 相比,Photoshop 软件针对像素进行操作,在光影、材质等方面有着非凡表现,但受分辨率的限制,并且在对轮廓的制作和编辑等方面不如矢量软件方便;矢量软件的优势在于操作控制简便、灵活、快捷,并且制作效果几乎可以与位图处理软件媲美。CorelDRAW 软件界面如图 9-3 所示。

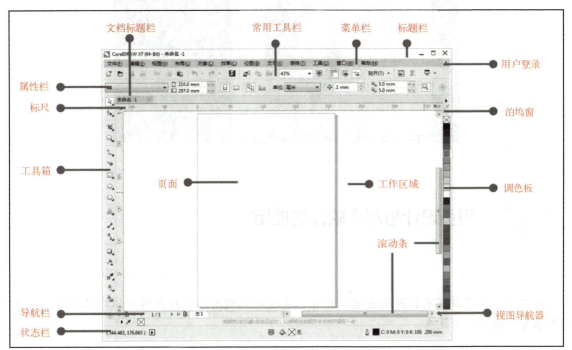

图 9-3 CorelDRAW 软件界面

9.1.3 Illustrator 软件介绍

Illustrator 是 Adobe 公司推出的矢量图形编辑软件,作为一款图片处理工具,Adobe Illustrator 广泛应用于印刷出版、海报书籍排版、专业插画、多媒体图像处理和互联网页面的制作等领域,也可以为线稿提供较高的精度和控制,适合生产任何小型设计到大型的复杂项目。

Illustrator 作为全球著名的矢量图形软件,以其强大的功能和体贴用户的界面,已经占据了全球矢量编辑软件中的大部分份额,尤其基于 Adobe 公司专利的 PostScript 技术的运用,已经完全占领专业的印刷出版领域。无论是线稿的设计者和专业插画家、生产多媒体图像的艺术家,还是互联网页或在线内容的制作者,使用过 Illustrator 后都会发现,其强大的功能和简洁的界面设计风格只有 Freehand 能相比。Illustrator 软件界面如图 9-4 所示。

图 9-4　Illustrator 软件界面

| 任务 9.2 | 网页设计与制作软件的使用 |

⊃ 任务引例

插页广告是随着网页打开而出现的广告，它较好地利用人们打开网站的空暇时间，但使用不当容易引起人们的反感。

⊃ 任务要求

1. 如何减少人们对插页广告的抵触情绪？
2. 制作一个插页广告。

⊃ 相关知识

9.2.1 网页

1. 什么是网页

网页实际上是一个文件，它存放在世界某个角落的某一台计算机中，而这台计算机必须是与互联网相连的。网页经由网址（URL）来识别与存取，在浏览器中输入网址后，经过一段复杂而又快速的程序，网页文件会被传送到用户的计算机，然后再通过浏览器解释网页的内容，最后展示给用户。

网页是构成网站的基本元素，是承载各种网站应用的平台。通俗地说，任何一个网站都是由或多或少的网页组成的。

网页是网站中的一"页"，通常是 HTML 格式（文件扩展名主要有.html、.htm、.asp、.aspx、.php 和.jsp）。网页通常用图像文档来提供图画。网页要通过网页浏览器来阅读。进入一个网站后看到的第一个页面称为主页（Home page）。一般的主页名称为 index.htm（index.html）或 index.asp。

2．网页的分类

网页有多种分类，笼统意义上的分类是静态页面和动态页面。

1）静态页面多通过网站设计软件来进行重新设计和更改，相对比较滞后，现在通过网站管理系统，也可以生成静态页面——我们称这种静态页面为伪静态。

2）动态页面通过网页脚本与语言自动处理自动更新的页面，如各主题论坛，就是通过网站服务器运行程序，自动处理信息，按照流程更新网页。

3．网页的基本元素

网站的基本元素是网页，一个个的网页构成了一个完整的网站。

网页也是可分的，构成网页的基本元素包括标题、网站标识、页眉、主体内容、页脚、功能区、导航区、广告栏等。这些元素在网页的位置安排，就是网页的整体布局。

9.2.2 网站

1．什么是网站

网站就是指在互联网上，根据一定的规则，使用 HTML 等工具制作的用于展示特定内容的相关网页的集合。简单地说，网站是一种通信工具，就像布告栏一样，人们可以通过网站来发布自己想要公开的资讯（信息），或者利用网站来提供相关的网络服务。人们可以通过网页浏览器来访问网站，获取自己需要的资讯（信息）或者享受网络服务。

2．网站的分类

（1）展示型　以展示形象为主，艺术设计成分比较大，内容不多，多见于从事美术设计方面的工作室。

（2）内容型　该类站点以内容为重点，用内容吸引人。一般该类站点的设计以简洁、大方为主，不需要太多花哨的东西转移读者的视线。

（3）电子商务型　该类型网站是以从事电子商务为主的站点，要求安全性高、稳定性高，比较考验网站中运行的程序。一般该类站点设计既要简洁、大方，又要显得比较有人气，多用蓝色等表现信任感。

（4）门户型　该类站点类似内容型，但又不同于内容型，其站点上的内容特别丰富，内容也比较综合。一般内容型网站内容比较集中于某一专业或领域，也会体现自己的公司、工作室等小范围的内容，而门户型网站除了表现更为丰富的内容外，通常更加注重网站与用户之间的交流。

9.2.3 软件介绍

Adobe Dreamweaver CC 2022 是一款集网页制作和网站管理于一身的所见即所得网页编辑器。Adobe Dreamweaver CC 2022 是一套针对专业网页设计师开发的视觉化网页开发工具，利用它可以轻而易举地制作出跨平台和跨浏览器的充满动感的网页。

Adobe Dreamweaver CC 2022 是 Adobe 公司近期推出的网页制作软件，用于对网站、网页和 Web 应用程序进行设计、编码和开发，广泛用于网页制作和网站管理。Adobe Dreamweaver CC 2022 软件界面如图 9-5 所示。

图 9-5　Adobe Dreamweaver CC 2022 软件界面

任务 9.3　动画广告制作软件

⊃ 任务引例

动画广告是网络广告中经常使用的一种广告类型，"慕衣阁"（北京青年政治学院学生制作）网店，主要经营服装。

⊃ 任务要求

根据经营特点，制作一个网页中的动画广告。

⊃ 相关知识

9.3.1　动画的概念

动画是利用人眼的"视觉暂留"特性，通过连续播放一系列分解画面，给视觉造成的连续变化的图画，如图 9-6 所示。它的基本原理与电影、电视一样，都是视觉原理。

图 9-6　连续变化的图画

图9-6

"视觉暂留"特性是人的眼睛看到一幅画或一个物体后，在 1/24s 内不会消失。利用这一原理，在一幅画还没有消失前播放出下一幅画，就会给人造成一种流畅的视觉变化效果。

9.3.2 动画的制作流程

1. 前期策划与筹备阶段

前期策划包括策划文案撰写、形象素材筹备、故事脚本（文学剧本）、角色与环境设定、画面分镜头初稿、生产进度日程安排图表。

2. 中期创作与制作阶段

中期创作与制作阶段主要包括原画、动画、背景绘制、扫描、修线填色、合成及编辑等。原画与动画以及背景主要依靠铅笔和纸绘出草稿后再进行数码扫描。随着技术的发展，目前已使用无纸动画这一制作方式，即使用鼠标、压感笔和数位板等完成动画制作。

3. 后期加工阶段

最终将二维动画软件的作品输出为视频文件，再对这些视频文件进行一些合成以及剪辑工作，就成了动画片。

9.3.3 Adobe Animate CC 2022 软件介绍

1. Adobe Animate CC 2022 软件界面

Animate CC 由原Adobe Flash Professional CC 更名得来，除了支持原有的 Flash 开发工具外，还新增了 HTML 5 创作工具，为网页开发者提供更适应现有网页应用的音频、图片、视频、动画等创作支持。Animate CC 将拥有大量的新特性，特别是在继续支持 Flash SWF、AIR 格式的同时，还会支持HTML5 Canvas、WebGL，并能通过可扩展架构去支持包括 SVG 在内的几乎任何动画格式。Adobe Animate CC 2022 的工作界面主要由标题栏、菜单栏、工具箱面板、时间轴面板、浮动面板、舞台等组成，软件界面如图 9-7 所示。

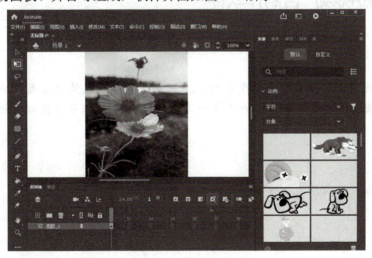

图 9-7　Adobe Animate CC 2022 软件界面

2. Adobe Animate CC 2022 新增功能

（1）图层深度和摄像头增强　通过在不同的平面中放置资源，可以在动画中创建深度感。可以修改图层深度、补间深度，并在图层深度中引入摄像头以创建视差效果。还可以使用摄像头放大某一特定平面上的内容。

默认情况下，摄像头可应用于 Animate 中的所有图层。如果想排除任何图层，就可以通过将该图层附加到摄像头来锁定它。Animate 还允许在运行时管理摄像头和图层深度。例如，游戏中的交互式摄像头。

（2）时间轴增强　Animate 中的时间轴现在具有更便于设计人员和动画制作人员使用的许多增强功能。时间轴经过改进，具有以下增强功能：显示时间及帧编号，延长或缩短了选定帧间距的时间，使用每秒帧数（fps）扩展帧间距，将空白间距转换为 1s、2s 或 3s，在舞台上平移动画。

（3）操作码向导　如果动画制作人员不熟悉编写代码，那么操作码向导可以提供帮助。在创建 HTML5 Canvas 动画时，可以使用操作向导添加代码，而无须编写任何代码。要打开该向导，请单击"Windows"→"操作"，然后单击"操作"对话框中的"使用向导添加"。

（4）增强缓动预设　借助增强的自定义缓动预设，可以轻松管理动画的速度和大小。

（5）纹理贴图集增强　Unity 插件现在支持 Animate 生成的纹理贴图集文件的色彩效果。该插件还支持通过图层制作遮罩。

（6）转换为其他文档类型　Animate 可以根据设备要求，通过易于使用的文档类型转换器将动画从一个文档类型转换为其他文档类型。

（7）组件参数面板　可以将外部组件导入 Animate 并使用这些组件生成动画。为使此工作流变得更简单，Animate 现在在独有面板中提供组件参数属性。

（8）建立图层父子关系　Animate 允许将一个图层设置为另一个图层的父项。建立图层父子关系的一种简单方法是允许动画的一个图层/对象控制另一个图层/对象。作为动画设计人员或游戏设计人员，可以更加轻松地控制人物不同部位的移动，从而加快动画时间。

任务 9.4　短视频广告制作软件

➲ 任务引例

"慕衣阁"（北京青年政治学院学生制作）是一家主要经营服装销售类的网店，为了能够更好地让顾客对网店的产品有一个详细的了解和认知，"慕衣阁"店长决定以短视频的形式对网店所销售的服装进行详细介绍。

➲ 任务要求

根据经营特点，对网店所销售的女装进行短视频制作。

➲ 相关知识

9.4.1　帧、帧速率、分辨率及像素比的概念

1. 帧

帧是指影像动画中最小单位的单幅影像画面，相当于电影胶片上的每一格镜头。

2. 帧速率

帧速率也称 FPS（Frames per Second），是"帧每秒"的缩写，是指每秒刷新的图片的帧数，也可以理解为图形处理器每秒能够刷新几次。如果具体到电视上就是指每秒能够播放（或者录制）多少格画面。帧速率越高动画越流畅、越逼真。对影片内容而言，帧速率是指每秒所显示的静止帧格数。捕捉动态视频内容时，此数字越高越好。

3. 分辨率

分辨率从广义上讲决定了一个图像的细致程度。视频信号的分辨率由构成画面的水平行数来度量。水平行数越多，可以分解的细腻程度就越高，图像的质量也就越好。

4. 像素比

像素比是指图像中的一个像素的宽度与高度之比。

9.4.2 视频的概念

Video 就是所谓的视频，在日常生活中看到的电影、电视、DVD、VCD 等都属于视频的范畴。简单地说，视频是活动的图像，就如像素是一幅数字图像的最小单元一样，一幅幅静止图像组成了视频，图像是视频的最基本的单元。在电视中把每幅图像称为一帧（Frame），在电影中把每幅图像称为一格。

因为视频是活动的图像，当以一定的速率将一幅幅画面投射到屏幕上时，由于人眼的视觉暂留效应，视觉就会产生动态画面的感觉，这就是电影和电视的由来。对于人眼来说，若每秒播放 24 格（电影的播放速率）、25 帧（PAL 制电视的播放速率）或 30 帧（NTSC 制电视的播放速率），就会产生平滑和连续的画面效果。

9.4.3 视频的分类

从视频信号的组成和存储方式来讲，视频可以分为模拟视频和数字视频。模拟视频简单地说就是由连续的模拟信号组成的视频图像，电影、电视、VHS 录像带上的画面通常都是以模拟视频的形式出现的。数字视频是区别于模拟视频的数字式视频，它把图像中的每一个点（称为像素）都用二进制数字组成的编码来表示，可对图像中的任何地方进行修改，这也正是数字视频魅力无穷的原因。平时所说的开路电视（用天线接收的电视模式）就是模拟视频信号传送的画面，机顶盒和有线电视是数字视频信号传送的画面。

视频信号往往是和音频信号相伴的，一个完整的信号需要将音频和视频结合起来形成一个整体。经常使用的录像带就是将磁带分为两个区域，分别用来记录视频和音频信号，在播放时，再将视频、音频信号同时播放。

9.4.4 视频的制式与区别

1. 常见的视频制式

常见的视频制式分为：PAL 制、NTSC 制和 SECAM 等。

NTSC（National Television System Committee，美国国家电视台系统委员会）用于美国、日本、加拿大、墨西哥，以及大部分中美和南美等地区。

PAL（Phase Alternating Line，逐行倒像制式）用于中国、英国、澳大利亚、德国、意大利和欧洲大部分国家和地区。

SECAM 用于法国、俄罗斯等国家和地区。

2．视频制式的区别

（1）帧速率区别　PAL 制式帧速率是 25 帧/秒，1 秒包含 50 场，没有掉帧问题，因为在实际运行的时候就是 25 帧/秒的帧速率。

NTSC 制式视频是以每秒 30 帧的速率运作，不过严格意义上来说是 29.97 帧/秒。一般情况下，设置 NTSC 制式视频时以 30 帧/秒来设置帧速率没有什么问题。

（2）分辨率区别　实际上电视视频图像的分辨率由电视制式决定，PAL 制是 625 行分辨率，NTSC 制式是 525 行分辨率。

（3）影像大小区别　PAL 制和 NTSC 制式都被数位化为 720 像素，不同的是 PAL 制式 576 行扫描，帧的大小是 720×576。当把 PAL 制式的图像放置到计算机显示器上时，PAL 的像素上下挤压，像素变宽了，感觉是变胖了。

NTSC 制式数位化后，帧的大小是 720×486，每行扫描线被数位化成 720 像素，扫描时有 486 行。NTSC 像素是水平挤压，所以把 NTSC 制式的图像放置到计算机显示器上，像素变窄了，感觉是变瘦了。

（4）像素比区别　PAL 制的像素比是 1.1，也就是说像素的高是宽的 90%。

NTSC 制式的像素比是 0.9，也就是说像素的宽是高的 90%。

9.4.5　Adobe Premiere 软件介绍

Adobe Premiere 是由 Adobe 公司推出的基于非线性编辑设备的视频、音频编辑软件。Adobe Premiere 已经在影视制作领域取得了巨大的成功，现在被广泛地应用于电视台、广告制作、电影剪辑等领域，也被称为 PC 和 Mac 平台上应用最为广泛的视频编辑软件，其界面如图 9-8 所示。

图 9-8

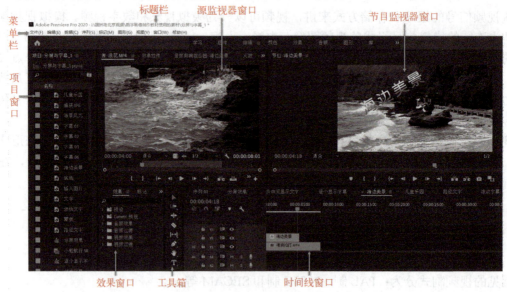

图 9-8　Adobe Premiere 软件界面

9.4.6 After Effects 软件介绍

After Effects 是 Premiere 的自然延伸，同属于 Adobe 公司，主要用于将静止的图像向视频、声音综合编辑的新界面。它集创建、编辑、模拟、合成动画、视频于一体，综合了影像、声音、视频的文件格式，可以说在掌握了一定技能的情况下，想象的东西都能够实现，其界面如图 9-9 所示。

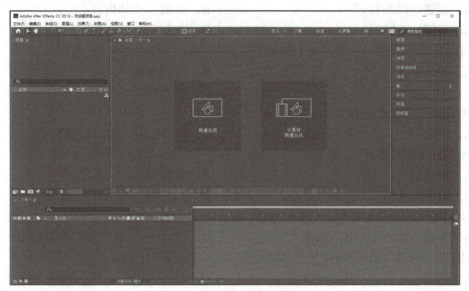

图 9-9　After Effects 软件界面

习题

一、单选题

1. 网站的基本元素是（　　）。
   A．文字　　　　　B．图像　　　　　C．网页　　　　　D．标题
2. 影像动画中最小单位的单位是（　　）。
   A．像素　　　　　B．帧　　　　　　C．位　　　　　　D．点
3. 中国的电视制式是（　　）。
   A．PAL　　　　　B．NTSC　　　　　C．SECAM　　　　D．以上都不是
4. 美国的电视制式是（　　）。
   A．PAL　　　　　B．NTSC　　　　　C．SECAM　　　　D．以上都不是
5. PAL 制式帧速率是（　　）。
   A．23 帧/秒　　　B．24 帧/秒　　　C．25 帧/秒　　　D．26 帧/秒
6. NTSC 制式帧速率是（　　）。
   A．15 帧/秒　　　B．20 帧/秒　　　C．25 帧/秒　　　D．30 帧/秒
7. PAL 制像素的高是宽的（　　）。

A．80% B．85% C．90% D．95%
8．NTSC 制的像素比是（　　）。
　　A．0.8 B．0.9 C．1.0 D．1.1

二、多选题

1．网页的基本元素包括（　　）。
　　A．标题、网站标识 B．页眉、主体内容
　　C．页脚、功能区 D．导航区、广告栏
2．网页有多种分类，笼统意义上的分类是（　　）。
　　A．静态页面 B．动态页面
　　C．子页面 D．交互页面
3．常见的视频制式分为（　　）。
　　A．PAL B．NTSC C．SECAM D．RMVB
4．网站的分类主要有（　　）。
　　A．展示型 B．内容型
　　C．电子商务型 D．门户型
5．以下哪些国家的电视制式是 PAL 制？（　　）。
　　A．英国 B．加拿大 C．日本 D．澳大利亚
6．以下哪些国家的电视制式是 NTSC 制？（　　）。
　　A．英国 B．加拿大 C．日本 D．澳大利亚

三、名词解释

网站、动画

四、简述题

1．简述动画的制作流程。
2．简述视频制式的区别。

学习情境 10　制作网络广告作品

网络广告在设计与制作过程中离不开各式各样的设计软件。本学习情境从工作岗位实际需求出发，以案例式讲解为主，以典型性工作任务为导向，着重介绍网络广告在制作过程中的流程与操作步骤，以便使读者在进行网络广告设计与制作时，对各种软件工具的使用有一个较为详细的了解。

任务 10.1　利用图形图像处理软件制作主页 Banner

◉ 任务引例

"慕衣格"是为广大女性消费者提供的服饰销售及售后服务平台，主要经营女包、配饰、服装和化妆用品等。双 11 来临之际，需要为女包平台设计一款 Banner，要求在展现产品特色的同时，突出优惠力度。

在设计思路上，通过以产品图片为主体的画面，模拟实际场景，带来直观的视觉感受；使用直观醒目的文字来诠释广告内容，表现活动特色；整体色彩清新干净，与宣传的主题相呼应；设计风格简洁大方，给人整洁干练的感觉，如图 10-1 所示。

图 10-1　"慕衣格"潮美女包 Banner 案例

◉ 任务要求

1. 利用 Photoshop 制作慕衣格潮美女包 Banner。
2. 使用"亮度"和"对比度"命令调整主体照片。
3. 使用"横排文字"工具制作广告内容。

◉ 相关知识

10.1.1　Banner 设计概述

Banner 又称为横幅，即体现中心意旨的广告，用来宣传展示相关活动或产品，提高品牌转化率，常用于 Web 界面、App 界面或户外展示等。

Banner 是帮助提高品牌转化的重要表现形式，直接影响到用户是否购买产品或参加活动，因此 Banner 设计对于产品及 UI 乃至运营至关重要。

10.1.2　Banner 设计与制作案例

1. 制作女包类主页 Banner 案例。

本案例的最终效果图如图 10-1 所示。

2. 案例制作具体过程请扫二维码。

任务 10.1　利用图形图像处理软件制作主页 Banner

任务 10.2　利用图形图像处理软件制作 Logo

➲ 任务引例

众所周知，网店的首页就相当于一个实体店的门面，其作用不亚于一个产品的详情描述，店铺首页装修的好坏会直接影响客户的购物体验和店铺的转化率。

一个正常营业的网店，其店铺首页主要由店招、导航条、海报、产品分类、产品展示、店铺页尾、店铺背景等部分组成。于是"二乐铺子"的店主吴家乐查阅了相关资料以后，决定首先对店铺的 Logo 进行设计。为了尽快设计好店标，吴家乐先了解淘宝网对店标的要求。了解到：淘宝店标的尺寸为 80×80 像素，大小为 80KB 以内，支持的格式为 GIF、JPG、PNG；可以是静态的也可以是动态的店标。店标的主要内容通常为店名和店铺的风格，也可以展示店铺的主营业务，如图 10-2 所示。

图 10-2

图 10-2　"二乐铺子" Logo 的最终效果

➲ 任务要求

1. 利用 Photoshop 制作"二乐铺子"的 Logo。
2. 使用"钢笔"工具绘制形状。
3. 使用"滤镜"制作最终效果。

相关知识

10.2.1 Logo 的基本概念

1. Logo 的作用

对一个店铺而言,Logo 有着非常重要的作用。好的 Logo 更能给顾客留下深刻的印象,更有利于稳定、扩展自己的客户群。淘宝店标不仅代表店铺的风格、店主的品位、产品的特性,还能起到宣传的作用。

2. 设计 Logo 的注意事项

1)淘宝店标的 Logo 尺寸为 80×80 像素,大小在 80KB 以内,支持 GIF、JPG 和 PNG 格式。
2)容易识别:消费者能很容易把它和其他网店区别开来。
3)有意义:店标(商标)的设计一定要针对目标市场人群。
4)颜色要符合自己的经营项目或商品特征。

3. Logo 的制作技巧

1)主题不仅可以凸显店铺的主营业务,也可以强调店名内涵。
2)主题可以通过花、鸟、人物、卡通漫画等来表现。
3)不同的企业(店铺),其主题不同,所用的色调也有所不同。

4. 设计 Logo 的一般步骤

1)收集素材。
2)利用图形图像处理软件制作 Logo。

10.2.2 Logo 设计与制作案例

1. 制作"二乐铺子"的 Logo 案例。
本案例的最终效果图如图 10-2 所示。
2. 案例制作具体过程请扫二维码。

任务 10.2 利用图形图像处理软件制作 Logo

任务 10.3 制作网络广告字体

任务引例

在网络广告中,字体设计尤为重要,恰如其分的字体设计可以帮助广告更准确地传递出产品或概念的信息,有助于整体设计风格化。

"慕衣格"为了迎接五周年店庆,准备做五周年店庆限时购活动,特设计了三维字体效果,如图 10-3 所示。

图10-3 "慕衣格"五周年店庆限时购案例

⇒ 任务要求

1. 利用 Illustrator 对 "五周年店庆限时购"进行设计。
2. 使用 "文字"工具进行制作。
3. 使用 "混合渐变"进行填充。

⇒ 相关知识

10.3.1 字体设计的基本原则

字体设计是在文字本身的信息传达功能基础上附加形象化、艺术化特征的活动。字体设计可以打破原有文字的笔画、结构和字形特征，但这不意味着字体设计可以漫无边际、完全自由地进行，在设计时要注意以下几个方面：①字体设计是否合乎行业与商品的形象；②是否符合推广策略，若对象为企业，能否体现企业的文化理念与可信赖性，若对象为商品，能否体现产品本身的特质；③是否清晰易认；④是否符合统一的审美规律等。总而言之，字体设计必须遵循准确性、可读性和美观性原则。

1．准确性原则

广告设计中的文字是企业或商品与消费者之间信息沟通的主要特征：字体的个性化特征应符合产品、企业或广告的个性气质，字体设计是将抽象的理念可视化，从而起到锦上添花的作用。选择或设计合适的商务字体、字形会直接提升信息传达的准确率。

2．可读性原则

先将信息传达到位，除特殊目的外，广告设计中的文字都应有可读、可识别的功能，字体设计不能以牺牲文字信息的传达功能为代价。

3．美观性原则

字体设计是整个广告设计的一部分，字体设计的形式美应符合整体设计的风格、韵律和节奏。

10.3.2 文字在网络广告中的应用

网络广告设计中的文字一般包括标题、内文、广告语和附文。标题是表现广告主题的短文或语句，是一则广告的核心；内文是对广告语的深度阐释，可清晰地表明广告的诉求对象与诉求内容，向受众提供完整而具体的广告信息；广告语是指表达企业理念或产品特征的、长期使用的宣传短句；附文是广告信息的进一步补充与说明，是广大文案中的附属文字。

合适的字体设计可以起到帮助广告更准确地传递出产品或概念的作用，有助于整体设计风格的强化。

在以文字为主要设计要素的广告中，字体设计起着更重要的作用。通过对文字的艺术化处理，表现文字本身的美感，使文字兼具信息传达与艺术表现的功能。文字通过复杂的修饰与变形形成抽象的图案，其具体内容变得不再重要，其形态风格成为设计的主要内容与重要元素。

10.3.3 字体设计的常用方法

字体设计是文字的图形化，经过良好设计的字形，其视觉表达的内涵远多于文字本身的含义，甚至字体设计本身充当了广告设计的主题。

1. 笔画设计

笔画设计是在保持文字结构相对稳定的基础上对笔画的形状进行的变化设计。笔画的形状决定着字体的形式与风格。变化采用变异、均衡等方法。笔画形态的设计可以是部分笔画的局部变化，也可以是整体笔画的统一变化，笔画变化要符合字体的结构特征，要考虑整体风格的协调。

2. 结构设计

结构设计是对文字间架构进行的变化设计。结构是文字可识别的主要依据，对文字结构的修改要视具体文字的可塑性而动，对结构的变化可以使用嵌套、扭曲、共享等手法。

3. 字体装饰设计

字体装饰设计是在不改变字形结构的基础上，对文字表面进行的设计。可以通过肌理、立体等手法对字体进行美化设计。装饰设计的手段应与内容符合，应强化文字本身个性与文字内容的特征，使文字与装饰效果和谐统一。

4. 字体连接设计

连接是指字的笔画与笔画之间的相连，以构成几个字的整体关联关系，是字体设计中比较常用的一种手法。可使用连接、互用、重叠等设计手法进行字体连接设计。连字要灵活组合，防止不合理的、生拉硬拽的连接，以免造成识别性的缺失。

设计手法在实际应用中可以单独使用，也可以综合运用，应根据具体情况具体分析。

10.3.4 "慕衣格"5周年店庆限时购活动案例

1. 制作"慕衣格"5周年店庆限时购活动案例。
本案例的最终效果图，如图10-3所示。
2. 案例制作具体过程请扫二维码。

任务 10.3 制作网络广告字体

任务 10.4　网站首页制作案例

◯ 任务引例

互联网的应用已普及千家万户，随着互联网的飞速发展，涌现出了很多个人网站和商业网站，大部分企业也建立了自己的商业网站。本案例以创建模板来进行企业网站首页的制作，如图 10-4 所示。

图 10-4　企业网站首页制作案例

◯ 任务要求

1. 利用 Adobe Dreamweaver CC 2022 制作网站首页。
2. 使用"创建模板"进行企业网站首页的制作。

◯ 相关知识

10.4.1　网站前期规划

网站前期规划是指在网站建设前对市场进行分析、确定网站的用途和功能，并根据需要对网站建设中的技术、内容、费用、测试、维护等进行规划。网站规划对网站建设起到计划和指导的作用，对网站的内容和维护起到定位作用。

网站规划一般以网站规划书的形式给出。网站规划书应该尽可能涵盖网站规划中的各个方面。网站规划书的写作要科学、认真、实事求是。

10.4.2 建设网站前的市场分析

1）相关行业的市场是怎样的，市场有什么样的特点，是否能够在互联网上开展公司业务。
2）市场主要竞争者分析，竞争对手上网情况及其网站规划、功能作用。
3）企业自身条件分析、企业概况、市场优势，可以利用网站提升哪些竞争力，建设网站的能力（费用、技术、人力等）。

10.4.3 建设网站的目的及功能定位

1）为什么要建设网站？是为了宣传产品，进行电子商务，还是建设行业性网站？是企业的需要还是市场开拓的延伸？
2）整合公司资源，确定网站功能。根据公司的需要和计划，确定网站的功能：产品宣传型、网上营销型、客户服务型、电子商务型等。
3）根据网站功能，确定网站应达到的目的和作用。
4）企业内部网的建设情况和网站的可扩展性。

10.4.4 网站内容规划

1）根据网站的目的和功能来规划网站内容。一般企业网站应包括公司简介、产品介绍、服务内容、价格信息、联系方式、网上订单等基本内容。
2）电子商务类网站要提供会员注册、详细的商品服务信息、信息搜索查询、订单确认、付款、个人信息保密措施、相关帮助等。
3）如果网站栏目比较多，就考虑请网站编程专业人员负责相关内容。注意：网站内容是网站吸引浏览者最重要的因素，无内容或不实用的信息不会吸引匆匆浏览的访客。可事先对人们希望阅读的信息进行调查，并在网站发布后调查人们对网站内容的满意度，以及时调整网站内容。

10.4.5 网页设计

1）网页涉及美术设计，网页美术设计一般要与企业整体形象一致。同时，要注意网页色彩、图片的应用及版面规划，保持网页的整体一致性。
2）在新技术的采用上要考虑主要目标访问群体的分布地域、年龄阶层、网络速度、阅读习惯等。
3）制订网页改版计划，如半年到一年时间进行较大规模改版等。

10.4.6 网站维护

1）服务器及相关软硬件的维护，对可能出现的问题进行评估，制定响应时间。
2）数据库维护，有效地利用数据是网站维护的重要内容，因此数据库的维护要受到重视。
3）内容的更新、调整等。
4）制定相关的网站维护规定，将网站维护制度化、规范化。

10.4.7 网站测试

1）服务器稳定性、安全性。
2）程序及数据库测试。
3）网页兼容性测试，如浏览器、显示器。
4）根据需要的其他测试。

10.4.8 网站发布与推广

1）网站测试后的公关、广告等宣传推广活动。
2）搜索引擎登记等。

10.4.9 制作企业网站首页案例

1. 制作企业网站首页案例。
本案例的最终效果图，如图10-4所示。
2. 案例制作具体过程请扫二维码。

任务 10.4 网站首页制作案例

任务 10.5　文字动画制作案例

➲ 任务引例

大数据时代背景下，网络上的广告也随之发展起来，利用 Adobe Animate CC 2022 做出的网络广告效果较好，还可提供输出 HTML5 Canvas 支持。Adobe Animate CC 2022 软件可以输出高质量图片和 GIF，支持4K 高清视频输出，利用 Adobe Animate CC 2022 做出的文字动画效果，如图10-5所示。

图10-5　利用 Adobe Animate CC 2022 做出的文字动画效果

➲ 任务要求

1. 利用 Adobe Animate CC 2022 制作文字动画。

2. 使用"图层"和"文字"工具进行制作。
3. 使用渐变填充。

⬇ 相关知识

10.5.1 制作基本动画

1．逐帧动画

逐帧动画是一种常见的最基础的动画形式，是在时间轴的每个帧上逐帧地绘制出不同的画面，并对其进行连续播放而形成的画面，它可以灵活表现丰富多变的动画效果。该动画技术利用人眼的视觉暂留原理，可快速播放连续的、具有细微差别的图像，使原来静止的图像运动起来。逐帧动画的特点是具有很好的灵活性，可以制作出比较逼真的细腻的人物或动物的行为动作，如人物行走、说话、头发飘动、动物奔跑、爬行、跳跃，以及 3D 效果等大多是用逐帧动画来实现的。但因需要一帧一帧地编辑，所以工作量比较大，同时还会占用较多的内存。

2．形状补间动画

形状补间动画不同于逐帧动画，该动画是一种基于对象的动画，是一种全新的动画类型，通过形状补间便可以创建类似于形变的动画效果，可使一种形状变为另一种形状，如圆变为长方形、长方形变为正方形、正方形变为三角形等。此外，还可实现诸如人物衣服摆动、窗帘飘动、人物头发飘动，以及各种动物之间形状的改变。

3．传统补间动画

传统补间动画又称为渐变动画或中间帧动画等，这种动画适用于设置图层中元件的各种属性，包括元件的位置、大小、旋转角度和改变色彩等，可为这些属性建立一个变化的运动关系。构成传统补间动画的对象可以是影片剪辑元件、图形元件、按钮元件、文字、位图和组等，但不能是形状，只有将形状转换成元件后才可以是传统补间动画中的对象。

4．引导动画

引导动画也称为引导层动画，是指动画对象沿着引导层中绘制的线条进行运动的动画。绘制的线条通常是不封闭的，以便于 Animate CC 系统找到线条的头和尾（动画开始位置及结束位置）从而进行运动，被引导层通常采用传统补间动画来实现运动效果。被引导层中的动画可与普通传统补间动画一样，设置除位置变化外的其他属性，如 Alpha（透明度）和大小等属性的变化。

5．旋转动画

旋转动画是一种有别于传统的引导动画和基于对象补间动画的一种特殊动画，如风车的旋转、汽车车轮的转动以及自行车车轮的转动等，都可以用旋转动画来实现。旋转有顺时针旋转和逆时针旋转两种，通过属性面板中的旋转设置选项中的选项可以很容易实现效果设置。

6．自定义缓动动画

自定义缓动动画与前面介绍过的传统补间动画有很大的不同，通过属性面板，利用"自定义缓动"功能可以准确地模拟对象运动速度等属性的各种变化，使其更能符合对象的运动特性。

7. 摄像头动画

摄像头动画可以利用 Adobe Animate CC 2022 的"摄像头工具"来实现，利用该工具可以控制摄像头的摆位、平移、放大、缩小以及旋转摄像头等特殊效果，控制角色和对象在舞台上的运动。

10.5.2 制作高级动画

1. 遮罩动画

遮罩动画是 Adobe Animate CC 2022 中很重要的一种动画类型，遮罩动画可以作为转场、过渡效果的实现，还可以实现聚光特效、文字特效以及背景特效等多种效果。遮罩动画的原理是在舞台前增加一个类似于电影镜头的对象。这个对象可以是文字、图形对象等，制作完成的影片中只会显示电影镜头拍摄出来的对象，其他未在电影镜头区域内的舞台对象不再显示。利用遮罩可以控制用户观看到的内容，如制作一个三角形遮罩，导出影片后用户只能看到三角形区域内的内容，其他内容则不会显示。

2. 3D 动画

3D 动画是指利用工具箱面板中的"3D 旋转工具"或"3D 平移工具"，在三维空间内对二维对象进行处理，并结合补间动画来制作的 3D 动画效果。工具箱面板中的"3D 旋转工具"，如图 10-5 所示，利用该工具可实现影片剪辑元件的 3D 效果。

3. 骨骼动画

骨骼动画也可称为反向运动（Inverse Kinematics，IK）动画，是一种利用骨骼的关节结构对一个对象或彼此相关的一组对象进行动画处理的方法。创建骨骼动画的对象分为两种，一种为元件实例对象，另一种为图形形状。使用骨骼后，元件实例或形状对象可以按照复杂而自然的方式移动，通过反向运动（IK）可以轻松地创建人物动画，如胳膊、腿和面部表情的自然运动。

10.5.3 制作文字动画

1. 制作文字动画。
本案例的最终效果图，如图 10-5 所示。
2. 案例制作具体过程请扫二维码。

任务 10.5 文字动画制作案例

任务 10.6 运动产品广告制作案例

⇨ 任务引例

在新媒体时代，由于短视频具有更灵活的观看场景、更高的信息密度、更强的传播和社交属性、更低的观看门槛，所以其娱乐价值与营销价值得到了人们的广泛认可。短视频的创作不仅包括前期拍摄，还包括后期剪辑。只有经过合理的剪辑处理，才能制作出高质量、高水平的短视频作品，如图 10-6 所示。

图 10-6 运动产品广告案例

◯ 任务要求

1. 利用 Adobe Premiere CC 2022 制作广告。
2. 使用"效果控件"面板编辑视频文件并制作动画。
3. 使用"基本图形"面板添加并编辑图形和文本。

◯ 相关知识

10.6.1 数字视频基本概念

数字视频就是以数字形式记录的视频,和模拟视频相对。数字视频有不同的产生方式、存储方式和播出方式。如通过数字摄像机直接产生数字视频信号,存储在数字带、P2 卡、蓝资源包或者磁盘上,从而得到不同格式的数字视频,再通过 PC、特定的播放器等播放出来。

10.6.2 标清与高清

标清是物理分辨率在 720p 以下的一种视频格式。720p 是指视频的垂直分辨率为 720 线逐行扫描。具体地说,分辨率在 400 线左右的 VCD、DVD、电视节目等属于"标清"视频格式,即标准清晰度。

10.6.3 流媒体与移动流媒体

1. 流媒体

流媒体是指采用流式传输的方式通过网络播放的媒体格式,如音频、视频或多媒体文件。流媒体在播放前并不下载整个文件,只将开始部分内容存入内存。流式媒体的数据流可以随时传送和播放,只是在开始时会有一些延迟。流媒体实现的关键技术就是流式传输。

2. 移动流媒体

采用 Symbian、Windows Phone、Android、iOS 等系统的手机越来越多,这些智能手机除了能完成日常通信外,还能通过下载流媒体播放器实现流媒体播放。这种在移动设备上实现的视频播放功能就是移动流媒体。移动流媒体播放的视频一般是以 rtsp//:开头的，播放格式是 3GP 格式。

10.6.4 线性编辑与非线性编辑

1. 线性编辑

线性编辑就是按时间顺序从头至尾进行编辑的节目制作方式。这种编辑方式要求编辑人员首先编辑素材的第一个镜头，最后编辑结尾的镜头。编辑人员必须对一系列镜头的组接做出确切的判断，事先做好构思，因为一旦编辑完成，就不能轻易改变这些镜头的组接顺序。对编辑带的任何改动，都会直接影响到记录在编辑带上的信号，从改动点以后直至结尾的所有部分都将受到影响，需要重新编一次或者进行复制。新闻片制作、现场直播和现场直录宜选用线性编辑。

2. 非线性编辑

非线性编辑系统是指把输入的各种视频音频信号进行模拟/数字（A/D）转换，采用数字压缩技术将其存入计算机硬盘中；也就是使用硬盘作为存储介质，记录数字化的视频音频信号，在 1/25s（PAL）内完成任意一幅画面的随机读取和存储，实现视频音频编辑的非线性。复杂的制作宜选用非线性编辑。

10.6.5 运动产品广告制作案例

1. 制作运动产品广告制作案例。
本案例的最终效果图，如图 10-6 所示。
2. 案例制作具体过程请扫二维码。

任务 10.6 运动产品广告制作案例

操作题

1. 制作儿童服饰类网店首页 Banner

使用移动工具添加素材图片，使用图层样式为图片添加特殊效果，使用圆角矩形工具、直线工具和横排文字工具制作品牌及活动信息，最终效果如图 10-7 所示。

图 10-7　儿童服饰类网店首页 Banner

2．制作手机图标

使用圆角矩形工具、钢笔工具、矩形工具和矩形选框工具绘制图标，使用渐变工具填充背景和图标，最终效果如图10-8所示。

图10-8　手机图标

学习情境 11　网络广告投放

所谓广告投放，就是将制作好的广告通过网络媒体发布出去，使其与公众见面。正确选择网络广告的投放渠道和方法，对提高网络广告效果和降低网络广告成本具有重要意义。

本学习情境主要介绍网络广告投放的方式和网络广告交换的途径。通过学习，学生能够根据企业自身情况及网络广告的目标，选择合适的网络广告投放渠道及方式。

任务 11.1　网络广告的站点投放

➲ 任务引例

某酒店官网上线半年多，平均月访问量超过900，而且超过四成是二次访问者，为什么？下面是该酒店的一些做法。

1. 差异化价格策略

第一，客房类型不同，价格不同。该酒店是一家标准的四星级酒店，拥有各类标准客房，以及经济型客房。该酒店根据不同的房型设置了从88元/晚到3980元/晚的不同价格，以满足不同类型客户需求。

第二，客房类型相同，价格不同。该酒店对同一房型的客房也采用了差异化的价格政策，如图11-1所示的普通标准间，酒店设置了"网上订购价""今夜特价""文峰特惠"3种价格，客户的选择范围得到扩大，可以根据自己的具体需求选择最合适的产品。

图11-1　同类型房价格不同

2. 富有吸引力的促销宣传

（1）制定多种促销宣传活动

1）时令与活动促销，如图11-2所示。

图11-2 时令促销

2）利用"名人效应"的宣传方式，将酒店当地名人对酒店的评价展示在酒店官网上。

（2）重视促销宣传在官网上的展示

1）在官网首页展示促销海报，并经常更换促销信息。

2）在访问量高的页面增加促销优惠信息的入口。

3）在优惠页面，选用能直观体现优惠主题的精美图片。

4）为优惠活动贴上标签（如"最热""最新"）及提示语（如"剩余×××天可以预定"），如图11-3所示。

图11-3 优惠信息

3. 从客户的角度考虑官网的体验

（1）精心挑选酒店图片展示在官网，重点展示酒店客房

照片是最能体现酒店情况的信息，该酒店为客户精心拍摄了大量的酒店图片展示在官网，包括客房、餐饮、会议室、公共区域及经典菜肴等图片，重点展示客房的情况，还专门设置了"图赏"的页面，方便客户查看酒店图片，快速了解酒店信息。

（2）图文并茂展示酒店特色

例如，在酒店概况的描述中，有体现酒店特色与优势的文字介绍。酒店用红色字体显示，并放上酒店外景的全景图，从视觉上突出显示酒店的特色。

（3）展示OTA（在线旅行社）及点评网站上其他客户对酒店的评价

网站首页及各个详细页面都加上了其他客户对酒店的总评分，访客点击"查看最新"按钮即可进入酒店评论的汇总页面，查看携程、去哪儿等主流OTA网站上其他客户对酒店的最新评价，访客不必登录OTA网站即可浏览其他网友的评价。此外，访客还可以通过"服务""卫生""餐饮"等标签，快速查看自己最关心的点评内容。

（4）为官网做 SEO 优化（搜索引擎优化）

该酒店也十分重视网站的优化，对官网的文字、图片进行了 SEO 优化，提升网站在搜索引擎上的排名，提高网站的曝光率。例如，为网站增加内链、给网站图片增加 Alt 标签。

资料来源：个人图书馆

➲ 任务要求

1. 网站网速对站点的访问率有影响吗？
2. 如何提高站点的访问率？

➲ 相关知识

11.1.1　建立企业网站

在企业自己的网站发布网络广告是最常见的营销方式。这种情况下，企业可对广告的内容、画面结构、互动方式等因素进行全面的、不受任何约束的策划。

与传统广告不同的是：企业的网站本身就是一个广告，可以利用旗帜广告、超链接等工具将消费者吸引到自己的网站上来，或利用传统媒体发布的广告宣传自己的网址，这些做法都是为了使网站引起访问者的注意，即"争夺眼球"。

但是，站点的网页也不能像传统媒体广告那样整幅页面就是一则广告的内容。根据目前网络媒体的运作实践来看，如果一种媒体只能提供广告，而不能同时提供其他信息，肯定不会有众多的访问者。因此，网站这种特殊的广告形式，其定位应当放在树立企业的整体形象上。所以，企业网站上通常都会提供一些非广告信息，如可供访问者免费下载的软件、游戏，提供时事新闻、名人逸事等。总之，必须能给访问者带来一定的收益，使之成为网站的常客。

1. 建立网站的方式

建立企业自己的网站一般有以下 3 种方式。

（1）自建管理网站方式　企业利用自己的 Web 服务器，申请独立的域名来建立自己的网站。这种方式的初期投入大，并且需要专业技术人员进行日常维护和经常性的更新工作，因此适用于规模较大的企业或政府部门。

（2）采用虚拟主机方式　这种方式的特点是经济实用，无须对软件、硬件设备进行投资，用户只需对自己的信息进行维护，可节省大量的人力、物力及一系列烦琐的工作，是中小企业上网发布信息的最佳方式。

（3）服务器托管方式　这种方式不需要企业申请专用线路和构建复杂的网络环境，所以建设周期短，无线路之忧。一旦条件成熟，可将设备移至自己的单位，保证其投资的延续性。主机托管方式每月的收费标准相对固定，因此特别适合有大量数据要发布或要通过 Internet 传送数据的信息服务商及大型企业。

2. 选择 ISP 的方式

不论是虚拟主机还是服务器托管，都涉及对因特网服务提供方（Internet Service Provider，ISP）选择的问题，那么该如何选择 ISP 呢？

1）看公司是否合法，必须是工商注册的合法法人公司及工信部备案的网络公司。

2）分析成功案例，看是否能提供与服务商网站同一 IP 的成功案例。

3）分析主机功能，看是否能提供主机在线管理功能，提供主机、邮箱、域名的管理面板，可以自定义管理，即 FTP 用户登录密码、数据库密码、查看空间使用率等功能。有实力、技术成熟的主机提供商还可以提供文件管理、ZIP 解压缩、Web 邮件界面、phpMyAdmin 数据库管理程序等工具。

4）运行稳定、安全、速度、均衡性。服务器的稳定性决定着虚拟主机是否能够正常开放，也关系到网站能否被正常访问。对于配置较高、周边设备较好的服务器，其稳定性标准是一年的断线时间不能超过 10 小时，即一年的稳定运行时间应达到 2850 小时以上。空间提供商是否为服务器安装了专门的杀毒软件和网络防火墙，并配备专门工作人员 24 小时监控服务器决定着其安全性。带宽是网站速度的保证，而服务器的速度快慢是由连接到每台服务器的带宽所决定的。这里要注意每台服务器的实际可用带宽，例如一个机房的入口带宽是 1Gbit/s，其中存放 100 台服务器，那么理论上每台服务器可分得的带宽就是 10Mbit/s。一般情况下，当一台服务器上架设的虚拟主机超过 200 台后，服务器的性能就会明显下降，如果中间还有站点提供数据库的动态查询服务，那么服务器的性能就会下降得更为剧烈。

5）适中的价格。价格是消费者注重的一个方面，为此，现在很多的公司（不仅是互联网行业，其他行业也如此）大打价格战。在比价格的同时，也要理智，不选择高价，但也绝不能选择价格低得离谱的。

6）是否提供完善的售后服务。由于主机除了硬件性能卓越外，更为关键的是技术支持服务，因为互联网本身就是一项技术性的服务产品，所以好的服务是必不可少的。

11.1.2 提高站点的访问率

在企业自己的网站发布广告，如果企业网站没有访问率，又哪里会有广告效果，因此必须提高站点的访问率。

1. 高质量的内容

内容永远是王道，提高网站质量是想要提高网站访问量的企业必须修炼的内功。高质量网站，首先要有清晰的定位。清晰的定位能够增加网站光顾者的黏性。其次，内容要更新、有价值，标题要有吸引力。经常更新网站目标用户关注的信息内容，经常提供有价值的信息，不仅可以保持网站的生命力和活力，而且也可以吸引用户访问，增加用户在网站的停留时间。更新内容以原创为佳，这样可以确保内容的专业性与实用性。要吸引用户浏览网站信息，标题是一个关键。为什么会打开这个链接，无非是看见了这个标题，有了兴趣。当然只有标题是不行的，内容也要具有吸引力，要了解网民的需求，吸引来访客，为下一步做准备。再次，冷门热门两头抓。人们对热门很热衷，但对不了解的冷门也很感兴趣，因此这两头都要抓住。提高网站流量就得紧跟热门的社会事件，对于重大事件要讲究速度和独家性。例如，奥运会期间各大门户网站的重点频道都有相关的博文推荐，此外冷门独家的视角也会引起一大部分网民的关注。最后网站要有交互性。与访客沟通互动非常重要，越来越多的访客希望有互动的内容，他们不仅只想看，而且还想参与。网站可以添加信息反馈、论坛、聊天室、博客等互动项目环节，这些都会提高站点的流量。

2. 进行网站推广

推广是让人们迅速了解网站，接受网站。好酒也怕巷子深，没有合适的推广，就无人知道你的网站，自然就没有访问量。网站可以通过以下手段进行推广。

（1）论坛推广　这是增加网站访问量的常用方法。可以在一些人气较高的论坛上发帖，在一些有用的资料里面附上网站链接，然后有针对性地放在论坛上，这样有助于为网站带来一定的流量，还能扩大网站的知名度。

（2）加入流量联盟　流量联盟也叫流量交换联盟，是指多个网站结为一个网站群。网站群的每一个成员都在自己的网站上链接其他成员网站的网址，这样凡是访问这些网站的访客均能通过链接访问到其他网站群的成员，从而达到相互交换流量的目的。

（3）利用好收藏夹功能　如今，浏览器中一般会有收藏夹功能，用户往往把一些认为有价值且经常访问的网站放入收藏夹，那么如何才能使自己的网站被用户放入收藏夹呢？一方面，要把网站做得有吸引力，为用户持续提供有价值的内容。另一方面，不妨在网站上开发一些弹窗，提醒用户进行收藏。

（4）进行搜索引擎优化　搜索引擎采用易于被搜索引用的方式，对网站进行有针对性的优化，提高网站在搜索引擎中的自然排名，吸引更多的用户访问网站，提高网站的访问量，提高网站的销售能力和宣传能力，从而提升网站的品牌效应。

当然除上述方法，还有很多方法可以快速提高网站访问量，如微信群推广等。

任务 11.2　在他人网站发布广告

⊃ 任务引例

某款智能全账单管理 App，集信用卡、花呗、白条及车贷、房贷等多种账单管理功能于一体。它通过智能解析信用卡电子账单来实现持卡人用卡信息管理和个人财务的智能化应用。该 App 含有一键绑定邮箱功能，用户不用录入任何信息，即可使用信用卡账务管理服务，查阅账单余额、消费明细、免息日计算、各种消费报表等，及时获得还款提醒，操作简单快捷。同时，该 App 还增加了花呗、白条、车贷、房贷等多样化账单管理及还款服务，让用户可以更高效地实现个人财务智能化管理。

据统计，该 App 受众人群在一二线城市占比高达 38.5%，男女分布相对均衡，受众的年龄主要分布在 18～40 岁，具有购买力较强的用户属性。

为了从产品的维度进一步细分投放的受众人群，降低（拉新）转化成本，该 App 决定进行网络广告宣传活动。

前期投放中，主要选择信息流广告和详情页广告作为主要推广资源，同时通过 ocpc 出价（优化的点击成本计价）找到的受众人群是具有较强的旅游出行、家装百货、生活服务、文化娱乐属性的群体。

针对贷款人群，撰写广告创意，重点突出公积金、额度、分期等关键词，吸引受众点击。

针对信用卡人群，撰写广告创意，重点突出信用卡、金卡、免费等关键词，吸引受众点击。

针对品牌核心用户人群，通过 DMP（数据管理平台）上传自有人群包，通过 lookalike（相似人群扩展）功能拓展高精准度的相似人群。

针对广告投放无效用户形成的人群包，在投放时进行排除。

针对高收入人群，上传自有人群包，与头条用户进行映射，用高出价策略锁定他们。

针对贷款人群，上传自有人群包，投放贷款相关素材，提升转化率，降低转化成本。

针对 1 张卡人群，上传自有人群包，投放信用卡相关素材。

针对 3 张卡人群，上传自有人群包，投放信用卡相关素材，配合使用高出价的策略。

针对激活未注册人群，通过排除人群包，屏蔽对其投放，通过 App 定期推送消息唤醒用户。

通过对头条 DMP 自有包、拓展包的搭配使用，转化率显著提升，转化成本下降 50%，通过拓展相似人群，精准覆盖海量受众人群。人群定位更精准，点击率提升超过 40%

资料来源：搜狐

➲ 任务要求

1. 针对高收入人群进行广告投放时，为什么选择今日头条？
2. 如何选择广告服务商？

➲ 相关知识

11.2.1 广告服务商的选择

在他人网站发布广告，这是目前常用的、有效的网络广告形式。在发布广告时，如何选择广告服务商是非常重要的，这将会直接影响网络广告的效果。

网络广告服务商是提供网络广告服务的网站，或者是搜索引擎。通常 ISP 和 ICP 都具有这样的服务功能。随着网络的迅猛发展，国内外已涌现出一大批网络广告服务商，由于他们的服务内容、质量和费用存在很大的差异，因此选择一个服务优良、收费公道的广告服务商是企业成功投放广告的重要环节。

在选择广告服务商时主要应考虑以下 5 个方面的要素。

1. 广告服务商提供的信息服务种类和用户服务支持

网上信息服务的种类很多，但是在收费标准大体相当的情况下，不同的信息服务商提供的服务种类往往是不同的。一般应选择信息量较大，信息准确性较高，内容可定期更新或补充，栏目设置条理清晰、主题鲜明、文字简洁，主页设计与制作比较精良的网站。另外，还要注意这些站点发布信息所使用的语言。有些信息服务商除了提供常规的因特网信息服务之外，还提供一系列专门的信息服务，如经济信息查询、在线商场、股市信息、法律咨询、人才交流、体育及娱乐等。这些服务措施将大大增加站点的浏览量，在这样的站点上刊登网络广告的效果较好。此外，还要注意是否提供免费服务，因为有一定价值的免费服务往往能够吸引很多访问者。用户服务支持是指在刊登网络广告时，服务商对用户提供的构思帮助、说明资料、免费试播时间等，对这些情况也应当了解清楚。

2. 广告服务商的设备条件和技术力量配备

设备条件关系到广告商所提供的服务是否可靠，能否保证每天 24 小时、一年 365 天不间断地播出广告等问题。客户应当优先考虑那些技术先进、设备可靠性和可扩展性高的广告服务商。技术力量配备不仅关系到服务本身的可靠性，而且关系到用户在遇到问题时能否得到及时的技术咨询服务和技术支持服务。一个可靠的广告服务商的技术队伍应该是由技术熟练的专业人员组成的，而不是由一些缺乏经验的新手组成的，以确保用户在任何时候都能得到及时的技术支持。

3. 广告服务商的通信出口速率

通信出口速率是选择广告服务商的一个十分关键的因素。目前，我国只有少数几个网络具备直接链接国际因特网的专线，许多广告服务商都是通过这些网络进入国际因特网的。因此选择广告商时首先要弄清它的通信出口速率的情况，是专线出口速率还是接入专线的出口速率。其次，应了解这个广告商的出口专线是自建的还是租用别人的，或是与他人共享的。这关系到广告商的出口线路及速率的可靠性问题。与他人共享线路的广告服务商一般是难以保证其宣称的通信出口速率的。最后，还应当了解用户的数量，有的因特网专线通信出口速率虽然很高，但因用户较多，每个用户实际的通信速率仍不理想。

4. 广告服务商的经营背景

广告服务商的背景也很重要，包括注册资本是否雄厚，经营状况如何，是否具有长期经营的能力等。需要指出的是，国家对于经营因特网广告服务有严格的规定，一个广告服务商必须同时持有经国务院批准的因特网接入代理许可证以及工信部核发的电信业务经营许可证（含计算机信息服务、电子邮件服务等），才可以面向社会提供网络广告服务。

5. 广告服务商的收费标准

目前，网络广告没有统一的收费标准，它是由多种因素构成的。不同的网络广告服务商所制定的价格有很大的差异，需要认真地进行比较后再做抉择。

11.2.2 注意事项

在他人网站发布广告，为了获得尽可能好的广告效果，还应注意以下事项。

1. 选择访问率高的站点投放自己的广告

人气是广告成功的主要因素，传统广告牌要选择繁华的闹市或交通要道的路旁。同样，在他人的网站上发布广告也应选择流量大的网站。网上有许多访问率较高的网站，它们一般都是一些搜索引擎或比较有影响的信息内容提供商，其中搜索引擎可作为首选站点。

好的搜索引擎能够将成千上万从未造访过企业站点的网民吸引过来。需要指出的是，现在许多导航站点也提供了很多供客户发布广告的展位，首页当然是最好的，但费用也是最高的。在导航站点中还有很多按照不同主题划分的类别，每次检索，数据库会根据关键词动态地组合生成检索结果的网页，在这些不同层次的页面中都可以设置 Banner 广告，这些位置不见得就比首页差，因为那些浏览与企业广告内容相近的网页的受众往往是企业最想吸引的。

总的来讲，在搜索引擎中投放广告，受众覆盖面广，数量大，但美中不足的是，由于搜索引擎所涉及的信息具有很大的综合性，因此其中的很多受众可能与企业无关，而且在导航站点上发布广告的费用也较高，所以广告主应根据不同的情况加以选择。

如果网络广告主计划购买大量的广告版面去影响尽可能多的不同人群，搜索引擎站点主页是理想的选择；相反，如果广告的目标受众并非是网上冲浪的所有人，或者至少不是他们之中的大多数人，这时搜索引擎主页不是最好的选择，而搜索更加定向的站点或者内容站点更为合适。

另一个选择是在搜索引擎中购买关键词。这可以使广告主能够搜索到只有特定信息的用户，如果使用恰当可以产生较好的点击率。

2. 选择有明确受众定位的站点

这类网站一般都是一些专业性的站点，如 Sport-Zone 是吸引体育迷的优秀网站。其特点是受众数量较少，覆盖面也比较窄，但访问这些站点的网民可能正是企业需要的有效受众。从这个角度看，有明确受众定位的站点的有效受众数量可能并不比导航站点少。因此，选择这样的站点放置广告，获得的有效点击次数甚至可能超过导航站点，正所谓"小市场、大占有率"。

3. 运用发布技巧

在发布网络广告时，还可以运用以下发布技巧来提高效果。

（1）网页上方比下方效果好　统计表明，许多访问者不愿意通过拖动滚动条来获取内容，因而放在网页上方和网页下方的广告所能获得的点击率是不同的。放在网页上方的广告点击率通常可达到 3.5%～4%，效果远比放在网页下方的广告好。

（2）经常更换图片　研究表明，当一个图片放置一段时间以后，点击率开始下降。当更换图片以后，点击率又会增加，所以保持新鲜感是吸引访问者的一个好办法。

（3）适当运用动画图片　统计表明，动画图片的吸引力比静止图片高 3 倍。但是，如果动画图片应用不当，如太花哨或文件过大影响了下载速度，就会引起相反的效果。一般要限制图片的大小以使它能及时显现，同时也方便受众下载。

任务 11.3　信息流广告的投放

⇨ 任务引例

信息流广告，它最大的优点就是"在内容里面融入广告"，对于"吃软不吃硬"的消费者来说，可以在浏览内容时不自觉地去接受广告信息，保留了固有的用户体验。同时，信息流广告还具有有效降低对用户的干扰、更加精准地投放到目标客户、容易激发受众的主动性，促使并主动分享、操作简单等优势！

那么广告主该如何选择合适的投放渠道？目前市场上比较受欢迎的几类信息流投放渠道如下。

1. 新浪微博

微博粉丝通是基于用户兴趣等，将企业广告广泛传递给粉丝和潜在粉丝的营销产品。同时它拥有七大信息流广告展现形式。粉丝通商业化成熟，是目前大多数广告主必投的渠道。

优势：拥有 6.5 亿注册用户、3.9 亿月活跃用户，同时移动端日活跃用户占比达 91%，并具有博文、应用、账户、视频、图文、九宫格六大形式灵活使用，通过移动社交实现原生传播！

2. 新浪扶翼

新浪扶翼是以数据洞察为基础、程序化购买为主导的精准广告平台。通过数据洞察、定向精准等方式实现更好的广告效果，除了新浪新闻 App、wap 流量以外，还包含一些流量联盟 App。

优势：数百个资源位，覆盖 100 多个核心优质资源，每日总曝光量高达 6 亿，2.5 亿日均

PV,多终端多平台,开启效果广告新世界。

3. 陌陌

陌陌是一款基于地理位置的移动社交产品。基于陌陌海量的用户数据,广告引擎智能匹配目标受众,商家可以与用户进行实时对话,开展新客源,维系老客户,主要在 App、游戏、金融、电商、美容整形等行业进行投放。

优势:具有 3 亿总注册用户量,人均打开次数 10 次/天,月活跃用户为 7480 万,广告点击率高于行业平均值 10 倍以上。

4. 微信广告

微信广告包括朋友圈广告和公众号广告,以类似朋友圈原创内容形式或者在公众号内部进行展现,可支持跳转到公众号加关注、公众号图文信息以及 H5 页面、应用下载。随着朋友圈本地推广广告以及原生推广页的出现,微信商业化逐步有了成效。

优势:微信累计注册用户达 12 亿+,拥有 8 亿月活跃用户,每天超 20 亿次图文消息阅览,1.9%公众号平均广告点击率,朋友圈广告抢占每日 12 点、18 点前后曝光高峰值,实现品牌广告有效转化。

5. 腾讯广点通

广点通包含手机腾讯网、微信、QQ 空间等众多资源。通常投放比较多的是 Feeds 广告。

优势:平台拥有 8 亿 QQ 用户、20 亿+移动端日均流量、100 亿+PC 端日均流量,同时适合多种类型的 App 投放,实现自助精准投放。

6. 搜狐汇算

搜狐汇算拥有搜狐门户、手机搜狐网、搜狐新闻客户端、搜狐畅游、搜狐视频、搜狗等多渠道优质媒体资源,进行多种创意表现形式的网络广告投放,综合使用人群定向、创意轮播、地域定向等优化技术,为客户提供精准服务。

优势:汇聚搜狐月度触达 95.58%的网民数据,覆盖广泛的互联网及移动互联网人群。同时搜狐精准系统使用搜狐网民唯一标识 ID,使用户标签更完整、有效、精准,提供客户预算控制、反作弊流量滤除、素材优化及自动生成、广告效果监控及优化等功能,保证客户利益。

7. 今日头条

今日头条是一款基于数据挖掘的推荐引擎产品,是国内互联网领域成长最快的产品服务之一,是目前主流的资讯类信息流平台,支持跳转 H5 页面、一键下载 App。

优势:用户多元、精准触达、高效转化、投放有保障。

8. UC 头条

UC 头条广告平台主打基于大数据分析用户兴趣标签的信息流广告投放,一方面由 UC 提供海量流量资源,另一方面则由阿里妈妈提供专业的广告后台和服务支持。全面帮助广告主将服务、产品信息更精准有效地推向全球 UC 浏览器用户。

优势:全球 UC 浏览器用户达到 5 亿+,日活跃用户突破 1 亿+,日曝光量高达 40 亿,个性化推荐,精准分析和内容匹配能力,平均 CPC(单次点击价格)低于同行业,并根据点击率、CPA(每次行动成本)等做相应的调整,更好地保障投放成本以及效果。

9. 腾讯智汇推

腾讯智汇推是一种基于腾讯微博平台的信息流广告,包含腾讯网(日均 PV 达到 9.3 亿)、腾讯视频、天天快报资源。IOS 用户非常高,适合大规模放量,可以满足企业主实现精准推送以及高效曝光的双重需求。

优势：目标客户定位精准，精打细算见利益。硬广式曝光+软广式植入，广告成效更快实现！

10. Yahoo

Yahoo（雅虎）原生广告是能置入网友感兴趣的新闻或文章内容当中的一种广告形式，通过其特有的呈现方式，让用户认为自己正在阅读有用的资讯而非广告，在提升广告点击率的同时也能使品牌有效地曝光至更多消费者。

优势：每月 12 亿活跃用户数，移动活跃用户达 6 亿，积极抢攻亿万流量，同时并购 Flurry Network，成为强大联播网。多维度大数据分析，弹性点击计价方式，分众锁定，精准行销。一材多用，进阶性优化，降低广告制作成本，实现兴趣用户精准投放。

当然，除了上面介绍的信息流广告，还有凤凰新闻、360 等国内信息广告平台。润物细无声是信息流广告的特色，正因为这一特色，深受国内外广告媒体的青睐。移动端信息流广告的点击率要比 PC 端高出 187%，而点击成本却低了 22%。除了具有将品牌信息与媒介信息融为一体的原生性外，基于精准的大数据是高点击率的核心保障。显然，信息流广告更了解用户的喜好、洞察用户的心理，进而助力品牌用对的内容与对的人沟通。

资料来源：知乎

▶ 任务要求

企业如何选择信息流媒介？

▶ 相关知识

11.3.1 信息流广告媒体

信息流广告是目前很流行的广告形式之一，它夹杂在用户所浏览的信息当中，是与信息载体平台所对应的功能混在一起的原生广告。信息流广告媒体具体分为以下五大类别。

1. 新闻资讯类媒介

今日头条、一点咨询、智汇推、新浪扶翼、搜狐汇算、网易新闻客户端等，这些都是以资讯为主的信息流广告媒介物。其特点是用户使用时间长、频次高、黏性强；广告售卖和广告位样式多样；精准度有限，适合强曝光。

2. 社交媒体

陌陌、广点通、QQ 好友动态等属于此类。其特点是用户互动性强，信息可二次传播；拥有大量用户注册信息，用户自然属性判定精准度高，但它不像咨询类 App 有多个频道，广告形式和样式较单一。

3. 搜索引擎

例如，手机百度，其特点是双叠加功能（搜索+资讯），用户庞大；营销投放精准度高，可锁定用户近期购买需求；营销投资回报率高，由于用户量大，流量成本降低，且精准度高，相对于其他信息流营销投资回报率略高；起步较晚，投放形式和样式还较单一。

4. 视频类

例如，爱奇艺、腾讯、乐视、优酷等。鉴于互联网在线视频市场的前景提升，是目前比较受关注的信息流广告之一,但由于信息流原生广告的特点,使得视频类的信息流广告制作成本较高,需要整合多方资源。

5. 浏览器

例如,UC 浏览器、百度浏览器、搜狗浏览器等,其特点是用户基数大,多与其他平台整合,如 UC+阿里巴巴;仅首页触发,用户关注度低。

11.3.2 微信平台信息流广告投放

微信广告是基于微信生态体系,整合朋友圈、公众号、小程序等多重资源,结合用户社交、阅读和生活场景,利用专业数据算法打造的社交营销推广平台。

1. 朋友圈广告

朋友圈广告是指以类似朋友的原创内容形式在用户朋友圈进行展示的原生广告。它包括:常规式广告、基础式卡片广告、标签式卡片广告、行动式卡片广告、选择式卡片广告、全幅式卡片广告、全景式卡片广告、滑动式卡片广告、长按式卡片广告等多种形式,具体如图 11-4 所示。

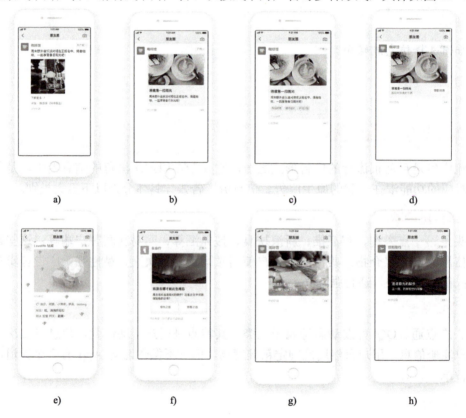

图 11-4 朋友圈广告形式

a) 常规式广告 b) 基础卡片式广告 c) 标签卡片式广告 d) 行动卡片式广告
e) 长按式卡片广告 f) 选择式卡片广告 g) 全幅式卡片广告 h) 全景式卡片广告

资料来源:腾讯广告 | 帮助中心

2. 微信公众号广告

微信公众号广告是基于微信公众平台生态,以类似公众号文章内容形式,在文章底部、文章中部、互选广告、视频贴片、返佣商品 CPS 广告等不同部位出现。具体如图 11-5 所示。

图 11-5 公众号广告

a) 文章底部　b) 文章中部　c) 互选广告　d) 视频贴片广告　e) 返佣商品广告

资料来源:腾讯广告 | 帮助中心

3. 小程序广告

小程序广告是基于微信公众平台生态,利用专业数据处理算法实现成本可控、效益可观、精准触达的广告投放系统。

小程序广告分为小程序 Banner 广告、小程序激励式广告、小程序插屏广告、小程序格子广告,具体如图 11-6 所示。

图 11-6 小程序广告

a) Banner 广告　b) 小程序激励式广告　c) 小程序插屏广告　d) 小程序格子广告

资料来源:腾讯广告 | 帮助中心

11.3.3 百度信息流广告的投放

百度信息流广告是在 App、百度首页、贴吧、百度手机浏览器等平台的资讯流中穿插展现的原生广告，广告即是内容。

百度于 2016 年 9 月开展信息流广告业务，开始业绩平平，但近来发展迅猛。如今百度信息流广告以"高流量、低价格、快速锁定、精准客户"等优势，走在行业前列。

1. 百度信息流广告种类

百度信息流广告目前有两种产品，一种是竞价产品，按照 CPC 进行购买，注重效果投放；另外一种是合约产品，按照 CPT 包段或者 CPM 保量方式进行购买，更注重品牌曝光。

百度信息流合约广告不需要广告主在后台设置出价。在广告投放前，广告主需先明确购买的产品类型、上线日期等信息，进行询价。百度会根据现有的价格策略报价，如果广告主接受报价则达成合作。

目前，百度信息流合约广告的相关数据会在广告投放完后反馈给广告主，广告主也可以加入第三方监测链接，方便广告主对投放的广告数据进行监控。

合约广告包时段、包次数，相对而言消费较高，有展现优先权。百度信息流展现顺序为 CPT、CPM、CPC。

2. 百度信息流广告付费形式

百度信息流广告有 4 种付费形式：CPC、oCPC、CPM、CPT。这里主要介绍一下 oCPC。

oCPC (optimization Cost Per Click) 的意思就是经过优化的 CPC，仍按点击付费，但是以目标转化为优化方式的点击出价。通常的解释是：oCPC 称为目标转化出价功能，采用更科学的转化率预估机制的准确性，可帮助广告主在获取更多优质流量的同时提高转化率。

百度信息流也有 oCPC 模式，不过在投放时，在推广单元项设置时，可以选择传统的 CPC，也可以选择 oCPC。具体如图 11-7 和图 11-8 所示。

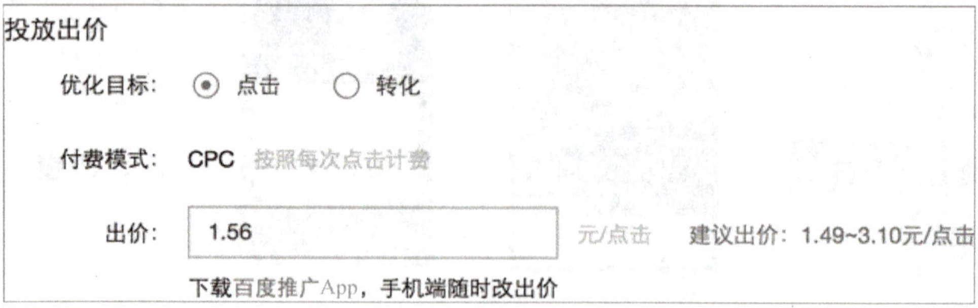

图 11-7 百度 CPC 出价

资料来源：肖运华个人网站

百度信息流 oCPC 同样分两个阶段，一是普通阶段，二是智能投放阶段。

3. 百度信息流广告平台

（1）手机百度　在所有百度信息流投放平台中，手机百度的广告投放效果，相对来说企业更认可。这主要是由于手机百度是 7 亿用户选择的移动端流量的第一入口，而且手机百度具有搜索咨询双叠加功能，使平台的信息推荐与用户搜索之间实现了完美结合。企业既可以做移动搜索广告，也可以做信息流广告。

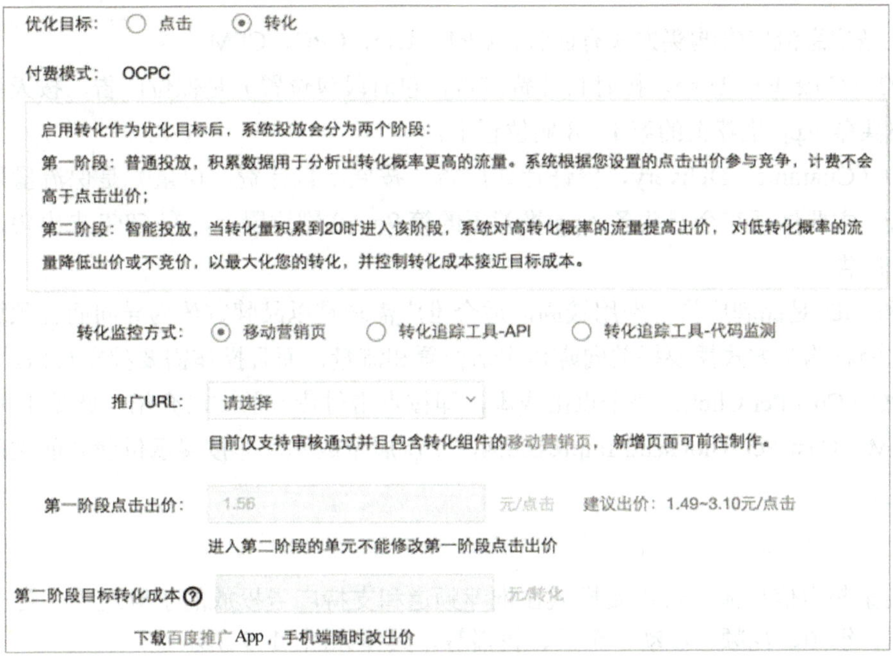

图 11-8　百度 oCPC 出价

资料来源：肖运华个人网站

（2）百度贴吧　百度贴吧是以兴趣主题聚合志同道合者的互动平台，同好网友聚集在这里交流话题、展示自我、结交朋友。贴吧的主题涵盖了娱乐、游戏、小说、地区、生活等方面。

目前，百度贴吧是全球最大的中文社区，它的月活跃用户超过 3 亿人，注册用户量超过 15 亿，日浏览量 35 亿以上，兴趣吧超过 2000 万个。

信息流广告可以在百度贴吧的移动端和 PC 端进行展现。与其他平台不同，百度贴吧的互动性强，便于信息在互联网中二次传播。

（3）百度浏览器　百度浏览器是一款简洁轻快、智能的浏览器。依靠百度强大的搜索平台，在满足用户浏览网页的基础上，它整合百度体系业务优势，带给用户更方便的浏览方式，更舒适的百度特色上网体验。

百度浏览器较其他两个平台用户量少些，所以企业在推广时广告流量也稍低一些。

11.3.4　今日头条信息流广告的投放

今日头条是北京字节跳动科技有限公司开发的一款基于数据挖掘的推荐引擎产品，能够为用户推荐信息、提供连接人与信息的服务。

今日头条于 2014 年正式上线信息流广告，其推广主要基于 QQ、微信、通讯录等社交数据和用户浏览数据，据此做出人群画像，然后将企业广告穿插在新闻资讯当中，并有针对性地推送给相应的用户。

1. 今日头条信息流广告购买方式

今日头条信息流广告购买方式有四种：CPT、GD、CPC、CPM。

1）CPT（Cost Per Time，按时长计费广告，包时段包位置）是保位广告，按天计价，主要展现在今日头条App推荐页的第1~8刷位置上。

2）GD（Guarantee Delivery，保证递送广告，按展示量计费，保量）是保流量型，按展现量定价广告，主要展现在今日头条App推荐页的第9~10刷位置上，在CPT未出售，前8位也可显示GD广告。

CPT和GD是品牌广告，费用较高，适合推广需求是以品牌宣传为导向而且预算充足的公司。使用这两种购买方式需要提前向媒体申请位置和流量，而且操作需要独立端口。

3）CPC（Cost Per Click，每个点击成本，即按点击付费）前文已介绍，此处不再讲述。

4）CPM（Cost Per Thousand Impressions，千次展示成本，即按展示付费）前文已介绍，此处不再讲述。

2. 今日头条信息流广告产品体系

今日头条频道信息流广告主要投放在推荐频道和支持广告投放的子频道。广告式样包括：小图、大图、组图、视频、微动、全景、轮播等，具体如图11-9所示。

图11-9　今日头条信息流广告式样

a) 小图　b) 大图　c) 组图　d) 视频　e) 微动局部（秋千）动　f) 全景VR、AR技术驱动下，新推出的广告形式，可360°全方位体验　g) 轮播

资料来源：巨量引擎

任务 11.4　通过电子邮件投放网络广告

● 任务引例

如果想要电子邮件广告取得好的效果，就不要在上午八九点钟发邮件。根据 Pivotal Veracity 公司的调查，清晨发出邮件的打开率最低。因为许多人开始工作的第一件事就是查看邮箱，习惯删掉一切不重要的、不相干的邮件，以便整理思绪，开始新的一天。

如果你给北美地区的用户发邮件，大多数人处于美国东部时间，因此你发邮件的时间最好就根据当地时间来定（除非你能把邮件列表根据地理位置细分，错开来发送）。

尽管每个人的习惯有所差异，但一般而言，在中午 12:00 到下午 1:00 发送的邮件打开率最高，因为人们在午饭时间通常会看看邮件放松一下。

资料来源：百度百科

● 任务要求

为了获得更好的效果，应如何发送电子邮件广告？

● 相关知识

11.4.1　电子邮件广告的概念

与传统广告中的邮寄广告类似的另一种网络世界的广告发布方式——电子邮件广告，正在被更多的商家所利用。传统的邮寄广告是广告主把印刷或书写的信息，包括商品目录、货物说明书、商品价目表、展销会请柬、征订单等，直接通过邮政系统寄达选定的对象的一种传播方式。电子邮件广告是广告主将广告信息以 E-mail 的方式发送给有关的网上用户的一种传播方式。

电子邮件广告之所以受到广告主的欢迎，主要是因为电子邮件本身具有以下一些优点。

1. 经济灵活

据美国一家销售和营销研究公司公布的一项调查报告显示，在网络商业营销方面，经用户允许的电子邮件营销方式，其成本比直销和网上的旗帜广告都要低出很多，回报率也相当可观。电子邮件广告比传统的直邮广告更加灵活，它既可以包括文字、图像、声音，还可以是动画的，它的感染力比传统的直邮广告要好得多。另外，电子邮件广告的发送和接收都不受时间、地点的限制，还可以方便地保留或删除，不论是对于广告主还是对于广告受众来说，都具有很大的自主权。

2. 高速快捷

现代信息社会，人们对商业信息传递的时效性要求越来越高，电子邮件正好适应了人们的这种需求，它突出的优点是快捷的传输速度，即使是跨洲跨洋，也只需几秒就能到达对方的电子邮箱。

3. 送达率高

利用电子邮件发送广告信息，不但快捷，而且可靠。如果遇到对方计算机关机或修理，或与网络断开，电子邮件广告暂时无法送达对方信箱时，则网络上的"邮局"会每隔一段时间自动重新发送邮件，直至对方计算机收到邮件为止。如果对方计算机较长时间仍不能收到邮件，则电子邮件系统会自动通知发送者并退回邮件。如果广告发送方认为有必要可重新发送，这样可以确保电子邮件广告信息到达广告接收方，提高广告信息的送达率。

4. 便于统计

每一个用户在第一次使用 E-mail 时，必须详细填写一张用户档案，这就使提供 E-mail 的网络服务商能详细地知道用户的具体情况。若企业想利用 E-mail 做广告，E-mail 服务商就会每月给出一份调查报告，告诉企业在这个月中有多少用户看了广告，又有多少用户进一步了解了广告的内容。在每月报告中，提供 E-mail 的网络服务商还会提供对企业的产品或服务感兴趣的用户的具体情况的统计资料。

5. 针对性强

广告主可以根据 E-mail 用户的特性（地域、年龄、性别、收入、职业、爱好等），有针对性地发布自己的广告。

11.4.2 电子邮件广告的内容设计

1. 邮件要短

主题栏尽可能简洁，不能超过 50 个字符（25 个汉字）。电子邮件应力求内容简洁，用最简单的内容表达出企业的诉求点，如果有必要，可以给出一个关于详细内容的链接。收件人如果有兴趣，会主动点击链接的内容。否则，内容再多也没有价值，只能引起收件人的反感。

2. 主题明确

邮件主题的设计要让收件人认可，并且有兴趣打开邮件。例如，"第一个查看秋季时装款式"等主题能够让收件人感到自己很特别，是公司的特殊用户，从而吸引收件人打开邮件。商务交往的电子邮件每封只有一个主题，是发件人撰写邮件的中心思想。很多用于宣传企业的邮件不写明主题，接收者一看就会误认为是垃圾邮件，使其面临被直接删除的后果。

主题撰写需要注意的事项如下。

1）避免主题栏出现大写字母、使用感叹号和其他符号来过分强调主题内容。通常这类符号会被当成垃圾邮件，被客户端自动扔到垃圾箱中。

2）注重礼貌。在语气、表达方式等方面一定要合理、恰当。

3）不要误导读者。不要在主题栏误导读者或让读者产生歧义。例如，主题栏写着"您订单的具体内容"，然而邮件内容却是营销信息。邮件内容中应尽量避免出现"免费""优惠""优惠券""送礼"等营销、促销文字。

4）防止重复。不要在连续几封邮件中使用相同的主题，应该更换主题，这样才能发挥作用。

3. 注意邮件发送方式

不要用附件形式发送电子邮件。由于收件人所用的操作系统、应用软件会有所不同，附件内容未必可以被打开,所以不要为了省事,将一个甚至多个不同格式的文件作为附件插入邮件内容,这样做会给收件人带来很大的麻烦。

11.4.3 电子邮件广告的发送

使用电子邮件发送广告信息必须注意以下事项。

1. 发送频率过于频繁

研究表明,同样内容的邮件,每个月发送 2~3 次为宜。不要错误地认为,发送频率越高,收件人的印象就越深。过于频繁的邮件"轰炸",只会让人厌烦。如果一周重复发送几封同样的邮件,肯定会被列入"黑名单",这样便永远失去了那些潜在客户。

2. 不及时回复邮件

有客户发来邮件,应当及时回复,然而并非每个公司都能做到。可以想象,一个潜在客户给企业发出了关于产品的询问,他一定在急切地等待回音,如果等了两天还没有结果,他一定没有耐心再等待下去,说不定早就成了企业竞争对手的客户。在现实生活中,大家都会有同样的感受:4~6 小时收到回复邮件,会让人感觉棒极了;8~12 小时回复邮件,说明对方一直在工作,同时自己仍被列为受重视的客户;一天内回复邮件,说明自己未被遗忘;两天后才回复邮件,说明自己对对方来说已无所谓;邮件得不到回复,让人彻底失望。

3. 要有的放矢

邮件一定要有的放矢,言之有物,让客户读后觉得没有白看,了解到了自己关心的问题,或者是对自己有用的信息。

习题

一、单选题

1. 多个网站结为一个网站群,网站群的每一个成员都在自己的网站上链接其他成员网站的网址,这样通过网站群成员互访,达到提高网站流量的目的,这叫作(   )。
   A. 加入流量联盟   B. SEO
   C. 论坛推广   D. 事件推广

2. 企业在选择网络广告交换服务时应首先注意(   )。
   A. 选择界定受众群体经常光顾的站点交换图标广告
   B. 考察交换站点本身的经营策略、经营方法以及效果
   C. 考察交换站点的信息量
   D. 考察交换站点提供的服务

3. (   )为目标转化出价。
   A. CPC   B. oCPC   C. CPT   D. CPM

4. 百度优先展示"高大上"的合约广告,最先展现的是(   )方式购买的广告。
   A. CPC   B. oCPC   C. CPT   D. CPM

5. 建立自己的网站，服务器选择方案，费用最高的方式是（　　）。
    A．自建自己管理方式　　　　　　　　B．虚拟主机方式
    C．服务器托管方式　　　　　　　　　D．主机租用方式
6. 建立自己的网站，服务器选择方案，费用最低的方式是（　　）。
    A．自建自己管理方式　　　　　　　　B．虚拟主机方式
    C．服务器托管方式　　　　　　　　　D．主机租用方式
7. 中小企业上网发布信息的最佳方式是（　　）。
    A．自建自己管理方式　　　　　　　　B．虚拟主机方式
    C．服务器托管方式　　　　　　　　　D．主机租用方式
8. 企业将自己的 Web 服务器放到因特网服务提供商的机房内被称为（　　）。
    A．自建自己管理方式　　　　　　　　B．采用虚拟主机方式
    C．服务器托管方式　　　　　　　　　D．主机租用方式
9. 今日头条信息流广告主要基于 QQ、微信、通讯录等社交数据和用户浏览数据，据此做出（　　），然后将企业广告穿插在新闻资讯当中，并有针对性地推送给相应的用户。
    A．人体画像　　　　　　　　　　　　B．阅读信息
    C．购买方式　　　　　　　　　　　　D．兴趣爱好

二、多选题

1. 高质量的网站应具备以下特点（　　）。
    A．定位好　　　　　　　　　　　　　B．互动性强
    C．内容新、价值大　　　　　　　　　D．只关注热点
2. 选择广告服务商时主要应考虑以下几个方面的要素（　　）。
    A．广告服务商提供的信息服务种类和用户服务支持
    B．广告服务商的通信出口速率
    C．广告服务商的设备条件和技术力量配备
    D．广告服务商的经营背景和收费标准
3. 微信广告是基于微信生态体系，整合（　　）等多重资源，结合用户社交、阅读和生活场景，利用专业数据算法打造的社交营销推广平台。
    A．朋友圈　　　B．公众号　　　C．小程序　　　D．贴吧
4. 百度信息流广告是在（　　）等平台的资讯流中穿插展现的原生广告，广告即是内容。
    A．App　　　　B．百度首页　　C．贴吧　　　　D．百度手机浏览器
5. 信息流广告中，以下（　　）计费方式按照转化率参与竞价曝光。
    A．CPC　　　　B．oCPM　　　　C．CPA　　　　D．oCPC
6. 建立自己网站的服务器管理的方式主要有（　　）。
    A．自建自己管理方式　　　　　　　　B．采用虚拟主机方式
    C．服务器托管方式　　　　　　　　　D．主机租用方式
7. 利用虚拟主机技术，每一台虚拟主机都具有（　　）。
    A．独立的域名　　　　　　　　　　　B．独立的 IP 地址
    C．独立的操作系统　　　　　　　　　D．具有完整的因特网服务器功能
8. 在他人网站发布广告应主要考虑的因素有（　　）。

A. 选择访问率高的站点投放自己的广告
B. 选择有明确受众定位的站点
C. 网站的运行水平
D. 网站的价格水平

9. 百度信息流合约产品，按照（　　）保量方式进行购买，更注重品牌曝光。
A. CPT　　　B. CPM　　　C. CPC　　　D. oCPC

10. 百度信息流竞价产品，按照（　　）方式进行购买，更效果投放。
A. CPT　　　B. CPM　　　C. CPC　　　D. oCPC

三、名词解释
电子邮件广告、oCPC

四、简答题
1. 简述企业选择 ISP 的标准。
2. 简述网络广告交换网的优点。
3. 企业在选择网络广告交换服务时首先应注意什么？

五、案例题
　　在 2009 年中国互联网大会反垃圾邮件年会上，Webpower 中国区总裁谢晶在答记者问的时候说道："当你们收到广告邮件的时候，是否把它们当成不速之客来看待呢？首先，请打消这种念头，邮件无缘无故是不会飞到你邮箱中的。接下来，我们想一下。第一，是否订阅过该邮件？第二，看看邮件内容与订阅内容的相关性如何？很多朋友可能会认为，营销邮件可以列入垃圾邮件的范畴，但我想要说的是，电子邮件营销（EDM）和垃圾邮件是完全不等同的。电子邮件营销之所以会在你邮箱中的一个重要前提是，你必定在某个网站或其他地方注册过的、信息是被你认可的、曾经订阅过的信息。换句话说，是在你允许的情况下才发送到你邮箱里面来的，并不是凭空产生的。邮件的内容也都是和订阅时候的关键词息息相关的，不是风马牛不相及的。"

资料来源：艾瑞网

你怎么看待电子邮件广告？

六、操作题
为泰康之家信息流广告宣传选择具体的媒介物。

学习情境 12　进行网络广告效果评估

计划、实施、评价是经营管理的 3 个步骤,许多人非常重视前两个步骤,却忽略了最后一个步骤——评价,广告也是这样。科学的广告效果评价体系是广告成功的关键,是广告策划案的焦点。

任务 12.1　认识网络广告效果评估

▶ 任务引例

2017 年 5 月 8 日,百雀羚推出 2.47m 长图广告——《一九三一》,如图 12-1 所示。广告一经推出惊艳业界,刷屏率极高。截至 2017 年 5 月 11 日中午 12 点止,据第三方监测平台数据显示,单独一个广告类 KOL 的文章阅读量接近 600 万,10 万+文章也有 10 多个,"百雀羚广告"相关各类微信文章有 2481 篇,粗算光微信平台总阅读量接近 3000 万。加上微博、客户端、网页、报刊、论坛等平台,加起来相关报道文章也近 1000 篇;加上微信近 3000 万阅读,总曝光量至少在 1 亿以上,总阅读量不少于 4000 万。而且自从百雀羚长图文广告刷屏后,全世界的广告都变长了!使得长图海报风行 2017 年。

不过,在当时,剧情很快反转,关于其广告失败,转化率低的文章相继推出。2017 年 5 月 11 日微信号"公关界的 007"发文《哭了!百雀羚 3000 万+阅读转化不到 0.00008》将事情的发展推向了另一个极端。

图 12-1　百雀羚长图广告截图

文章称：按理说，如此傲人的刷屏数据，应该让百雀羚本次主推的"月光宝盒"产品卖到脱销吧！但截至 2017 年 5 月 11 日中午 12 点，其淘宝旗舰店只有 2311 件预定，按照 40 元预定金额，总预定金额是 92440 元，按券后单价 346 元计算总销售额是 799606 元。要知道，这些销售数据的背后，百雀羚还做了大量的广告，包括淘宝首页焦点图等。据媒体统计，《一九三一》总投放预算估计在 300 万元左右。可以肯定本次百雀羚刷屏是成功的！但淘宝旗舰店的销售总额不到 80 万元。过亿量级的刷屏最后销售转化 40 元预定才只有可怜的 2311 件。在各界美誉百雀羚刷屏的背后，看到的却是如此可怜的销售数据，心哇凉哇凉的，难道我们还能片面地说百雀羚刷屏是极其成功的吗？

资料来源：搜狐

任务要求

1. 什么是网络广告效果？
2. 如何进行网络广告效果测评？

相关知识

一个好的广告作品，能否吸引广大消费者的注意，打动消费者，使消费者产生偏爱，最终促使其下决心购买，这是广告活动的中心目的。当然，广告活动还希望推出企业形象和产品形象。那么，如何才能知道广告活动达到了预期的目的呢？如何才能知道其活动效果达到目的的程度呢？对广告效果进行测定，是保证广告活动能够最好地达到预期目标的重要措施，也是支付广告费用的广告主最关心的问题。

12.1.1 网络广告效果的含义

网络广告是广告的一种形式，因此研究网络广告效果的测评，首先应从传统广告效果开始研究。

1. 什么是广告效果

广告界流传着这样一句话："我知道我有一半的广告费浪费了，但我不知道是哪一半。"我们也常常听到有些人议论，某一广告有效，某一广告无效。到底什么是广告效果呢？

广告效果是指广告作品通过广告媒体传播之后所产生的作用和影响，或者说是目标受众对广告的反应程度。这种影响可以分为对受众的心理影响、对受众社会观念的影响以及对广告产品销售的影响。对企业来说，就是广告能否达到预定的目的，比如提高知名度、美誉度、销售额、市场占有率等。广告效果关系到媒体和广告主的直接利益，也影响整个行业的发展。

2. 广告效果的特征

广告效果具有以下几个方面的特征。

（1）复合性　广告效果是多种因素复合的结果。首先，广告活动的各个环节都会影响广告效果；其次，企业产品策略、价格策略、渠道策略、促销策略的变化，以及竞争对手的广告策略的调整，都会给广告效果带来影响；最后，市场环境、社会环境、政治环境及文化心理等也会影响广告效果。

（2）滞后性　广告效果并非立竿见影，而是要经过一段时间或更长的时间才能显现。广告活动对受众产生心理影响，但销售效果要在一段时间后才表现出来。因此，不能简单地从眼前的效益来判断广告效果。

（3）迟效性　广告信息的发送与接收是一个连续、动态的过程，目标受众从接触广告到完成购买，中间有一个心理积累的过程，广告效果要在一段时间后才表现出来。例如，消费者看到了某品牌空调的广告，也产生了购买的欲望，但考虑到自己的经济实力，尚不能立即购买。所以，在研究广告效果时，不能简单地从眼前效益判断。

（4）间接性　广告促进受众达成认知、理解或态度改变，最终实施购买行为，使企业获得经济效益，这是广告的直接效果。但广告更多的是间接效果。例如，受众接收了某一品牌产品的广告信息，对品牌产生了好感，虽然由于某种原因而未实现购买行为，却会介绍他人购买，或者自己购买该品牌的其他产品。

3．网络广告效果测评的特点

网络广告效果是指网络广告作品通过网络广告媒体传播后所产生的作用和影响及目标受众对网络广告的反应程度。网络广告效果包括两个方面的含义：一方面是网络广告活动的效果；另一方面是网络广告本身的效果。这里所要探讨的是网络广告的活动效果。网络广告与传统广告效果一样具有心理效果、经济效果和社会效果。

计算机本身的数字编码能力，为测评网络广告传播效果提供了现实的基础，与传统广告测评相比，网络广告效果测评具有如下特点。

（1）及时性　网络媒体和受众之间的沟通交流远远快于传统媒体，网络广告受众访问广告所在站点时，能够在线提交 Form 表单或发送 E-mail，广告主能够在很短的时间里（通常只有几分钟，最多不超过一两个小时）收到信息，并根据大多数客户的要求和建议做出积极反馈。网络广告效果测评既迅速又直观，广告主可以随时了解广告被关心的程度如何、广告的传播效果如何、社会效果如何，甚至广告的经济效益如何等。同时，由于受众或访问者在回答问卷时，是在自己的家中进行的，舒适、安静的环境以及不受调查者的影响使回答问题变得从容、自信并可以进行认真思考，从而大大提高了回答问题的质量，增强了网络广告效果测评的可靠性。

（2）易统计性　方便统计是网络广告效果测评的又一特点。不论采用何种指标计量（如 Hit、Click Through、CPM、CPC 等），只要使用适当的软件工具，都能很容易统计出具体、准确的数据。这是传统媒体广告效果测评所无法比拟的。传统媒体广告效果测评无论是广播电视还是报纸杂志，都只有通过问卷、调查或专家评估得出一个粗略的统计数字，由于诸如选择调查对象不当（如选择的调查对象不具有典型性）、专家意见偏差等原因而造成的评估数据失真的情况很多，从而造成对广告主及广告发布者的误导。因特网从一开始就是一个技术型的网络，它的全数字化从一开始就表明了统计数字的准确性。

（3）自愿性　网络广告效果测评的第三个特点就是自愿性，这也是伴随网络技术特点而来的。网络广告本身就具有自愿的特点，这种特点使一向讨厌传统广告的人们对它网开一面，甚至产生了友好的感觉。因为传统媒体（如电视广告）不管观众愿不愿意，喜不喜欢，而一味地强行把广告推给观众，受众只能被动接受这些信息，几乎没有选择的权力。网络广告则能使受众充分享有主动选择的权力，可以按需查看。网络广告自身的自愿性带来了网络广告效果测评的自愿性，例如网络广告效果测评的调查表完全由网上用户自愿填写，没有任何压力和强迫行为。

（4）高技术性　网络广告效果测评比以往任何时候都更加依赖科学技术的进步和发展。因为，因特网本身就是高科技的产物，是信息时代的特征。美国的 Web 评级公司 Media Metrix 首先进入客户终端 Web 受众领域，它招募家庭用户在计算机上安装追踪软件，然后每月将磁盘寄给公司，这说明 Media Metrix 公司的测评方法依赖追踪软件的技术含量。另外一家美国 Web 评级公司 Relevant Knowledge 从 Media Metrix 借鉴了测量方法，并且把它的方法发扬光大，它一改等待用户将盘寄给公司的方法，直接通过互联网从用户的计算机上收集追踪数据。可以说，Relevant Knowledge 公司能直接从用户的计算机中收集追踪数据，这是技术的胜利。可见，不管网络评级公司采取什么样的测量方法，都必须通过一种手段去实现，而这种手段就是科学技术。

（5）广泛性　因特网是一个开放的全球化网络系统，它的受众是无限广阔的，它的时间是全天候的。对于一则网络广告来说，它可以被世界任何一个国家或地区的消费者看到并对其产生影响，甚至使其产生购买行为；从网络广告效果测评来说，测评的范围也同样是全球的受众，从全球的受众那里获得好的建议。因此，相对于传统的媒体广告效果测评来说，网络广告效果测评具有极其广泛的调查目标群体，网络广告效果测评的正确性与准确性得到空前提高。

（6）经济性　与其他传统广告媒体相比较，网络广告效果测评投入的成本最为低廉，这也是网络广告效果测评的特殊优势之一。我们知道，任何企业、团体在投入广告时都要首先考虑成本，或者更确切地说是首先考虑单位成本的效果。单位成本的效果越大，就越值得做；反之，就不值得做。网络广告效果测评以其针对性强、效果好、费用低而著称。对传统广告的测评，掺杂了太多的人为因素，而网络广告测评更多借助了技术优势，"一次投入，终身受益"，网络广告效果测评的这一特点大大增加了网络广告较之传统广告的先进性和竞争力。

12.1.2　网络广告效果的评估

2009 年 6 月 18 日，在中国互联网协会网络营销工作委员会成员大会上《中国网络营销（广告）效果评估准则》出台。该准则是由 99click、奥美世纪、易观国际、天极传媒、金山软件等企业共同起草的，目的是以行业准则的方式来规范、引导日益复杂的网络营销市场，推动网络广告市场的科学健康发展。

《中国网络营销（广告）效果评估准则》提出评价网络广告效果数据分析指标。具体包括广告展示量、广告点击量、广告到达率、广告转化率、广告二跳率共 5 个。

1. 广告展示量

广告展示量（Impression）是指网络广告投放页面的浏览量。广告展示量的统计是 CPM 计费的基础，通常反映所在媒体的访问热度。广告的每一次显示称一次展示。

这一数字通常用 Counter（计数器）来进行统计。假如广告刊登在网页的固定位置，那么在刊登期间获得的展示量越高，表示该广告被看到的次数越多，获得的注意力可能就越多。但是，在运用广告展示量这一指标时，应该注意以下问题：首先，广告展示量并不等于实际浏览的广告人数。在广告刊登期间，同一个网民可能光顾几次刊登同一则网络广告的网页，这样他就可能不止一次看到这则广告，此时广告展示量应该大于实际浏览的人数，两者并不是相等的；还有一种情况就是，当网民偶尔打开某个刊登网络广告的网页后，也许根本没有看上面的内容就将网页关闭了，此时的广告展示量与实际阅读次数也不相等。其次，广告刊登位置的不同，每个广告展示量的实际价值也不相同。通常情况下，首页比内页得到的展示量多，但不一定是针对目标群体的曝光。相反，内页的展示量虽然较少，但目标受众的针对性更强，实际意义更大。再次，通常情况下，一个网页中很少刊登一则广告，更多情况下会刊登几则广告。在这种情形下，当网民浏览该网页时，他会将自己的注意力分散到几则广告中，这样对于广告主的广告展示的实际价值到底有多大无从知道。总体来说，得到一个广告展示量，并不等于得到一个广告受众的注意，只能从大体上来反映。

2. 广告点击量

网民点击网络广告的次数就称为广告点击量（Click）。广告点击量的统计是 CPC 付费的基础，通常反映广告的投放量。点击量是网络广告最基本的评价指标，也是反映网络广告最直接、最有说服力的量化指标。点击量可以客观准确地反映广告效果，因为一旦浏览者点击了某个网络广告，说明他已经对广告中的产品产生了兴趣。

广告点击量与广告展示量之比，称为广告点击率，该值可以反映广告对网民的吸引程度。

3. 广告到达率

广告到达量是指网民通过点击广告进入推广网站的次数。广告到达量与广告点击量的比值称为广告到达率（Reach Rate），也可以说广告到达率是网民通过点击广告进入被推广网站的比例。广告到达率通常反映广告点击量的质量，是判断广告是否存在虚假点击的指标之一。广告到达率也能反映广告登录页的加载效率。

4. 广告转化率

网络广告的最终目的是促进产品的销售，而点击次数与点击率指标并不能真正反映网络广告对产品销售情况的影响，于是，引入了转化次数与转化率的指标。

转化是指网民的身份产生转变的标志，如网民从普通浏览者升级为注册用户或购买用户等。转化标志一般是指某些特定页面，如注册成功页、购买成功页、下载成功页等，这些页面的浏览量称为转化量。广告转化量的统计是进行 CPA、CPS 付费的基础。

广告用户的转化量与广告到达量的比值称为广告转化率（Conversion Rate）。广告转化率通常反映广告的直接收益。

5. 广告二跳率

广告带来的用户在登录页面上产生的第一次有效点击称为二跳，二跳的次数即为二跳量。广告二跳量与广告到达量的比值称为二跳率（2nd-Click Rate），或者说二跳率是通过点击广告进入推广网站的网民，在网站上产生了有效点击的比例。广告二跳率通常反映广告带来的流量是否有效，是判断广告是否存在虚假点击的指标之一。广告二跳率也能反映登录页面对广告用户的吸引程度。

任务 12.2　评估网络广告的效果

● 任务引例

"强生，因爱而生"是强生公司多年来的宣传主题。强生的关爱文化来源于强生的信条。信条要求每个强生人，在日常的工作中要始终遵循对病患和消费者、员工、社会负责的价值观。强生以优质的产品、持续性的公益项目和志愿服务，支持那些帮助他人的人，积极改善人们的健康福祉。

"因爱而生"弘扬了强生信条的核心理念：关爱是推进社会迈向更健康、更快乐、更长寿的重要力量之一，也是强生作为企业公民履行对病患、消费者、医护工作者、员工和社会的责任的出发点。

秉承"因爱而生"的公益理念，2015年以来，强生先后推出爱的呼吸、爱的微笑、天使有爱、心灵花语等主题活动，携手各方开展线上、线下多元传播，用行动讲述关爱，实践"关爱全世界，关注每个人"的承诺。

强生的关爱系列广告，让受众感动，成为爱的正能量传递。正如网友所说"关爱的场景和直透心底的广告词，一种亲切的感动油然而生。同时强生也准确地表达出了强生也是这些'巨人'中的一个。最后一句'强生，因爱而生'更是令人印象深刻。定位准确，感人肺腑，印象深刻，朗朗上口。强生广告是近年来少见的好广告。"

对于"因爱而生·心灵花语"活动，网上这样评价："公众参与度达到了传统公益活动无法企及的高度。此次募捐活动为患有精神障碍的病人换取了劳动价值，让他们再次有了正常的社会角色分工，重新找回了生活的信心。强生将在筹集到的目标善款的基础上，帮助更多精神障碍患者重拾自身价值，减轻家庭负担。"

从强生官网站可以看到不同活动的统计结果。2021年11月17日"关爱"系列活动统计数据如下。

活动一，主题网页浏览2582179次，线下参与人数达2000人，11万人参与在线轻松筹活动。

活动二，主题网页浏览1912386次，38796颗手绘爱心，251%超越预期浏览量目标。

活动三，225771人参与微笑周绘制笑脸，强生微笑周已帮助45名孩子重新绽放微笑，帮助3万名唇腭裂患儿重塑微笑。

这就是广告的力量，我们可以从强生身上看到一个企业不仅是完成利润收益，也不仅是把经济指标当作考核企业责任的唯一标准，还可以同时容纳多种标准，以衡量企业的发展和成就。从强生身上，我们可以感受到一个负责任的企业所散发的魅力。

资料来源：强生中国官网

➲ 任务要求

1. 了解网络广告效果测评的指标。
2. 掌握网络广告效果测评的方法。

➲ 相关知识

12.2.1 评估网络广告的经济效果

评估网络广告的经济效果可以通过网络广告的费用指标、网络广告的效果指标、网络广告的效益指标、网络广告的市场占有率指标、网络广告的到达率指标、网络广告的点击率指标进行分析，后两个前面已经论述，这里重点分析前四个。

1. 网络广告的费用指标

网络广告的费用指标表示网络广告费用与销售额或利润额之间的相对关系，包括销售费用率、利润费用率、单位销售费用率和单位费用利润率。销售费用率或利润费用率反映要获得单位销售额或单位利润所支出的网络广告费用。销售费用率或利润费用率越低,网络广告的效果就越好;反之,效果就越差。单位销售费用率和单位费用利润率分别是销售费用率和利润费用率的倒数,表示单位价值的广告费用所能获得的销售额或利润额。单位销售费用率和单位费用利润率越高,网络广告效果就越好。

2. 网络广告的效果指标

网络广告的效果指标表示广告费用每提高一个百分点,能增加多少百分点的销售额或利润额,它反映了广告费用变化快慢与销售额或利润额变化快慢的对比关系,包括销售效果比率和利润效果比率。销售效果比率或利润效果比率越大,广告的效果越好。

3. 网络广告的效益指标

网络广告的效益指标表示每付出单位价值点广告费所能增加的销售额或利润额。它反映出网络广告费用与广告后销售额或利润额增大的对比关系,包括单位费用销售额(广告销售效益)和单位费用增加额(广告利润效益)。广告效益越大,广告效果越好;反之,效果越差。

4. 网络广告的市场占有率指标

网络广告的市场占有率指标表示企业的某种产品在一定时期内的销售量占市场同类产品销售总量的比率,反映本企业产品在市场上的地位与竞争能力,包括市场占有率和市场占有率提高指标。企业市场占有率的提高意味着企业生产的产品的竞争能力增加和产品的市场份额增加。

12.2.2 评估网络广告的传播效果

广告的作用主要有两点:一是向受众传递某种特定的商业信息以促进企业的产品销售;二是建立或强化企业或产品的品牌形象。因此,衡量广告的效果不仅要看其促进产品销售的效果,还要关注其改善受众态度的社会效果。通过浏览率、点击率、交互率和行动率来综合衡量网络广告的心理效果、销售效果和社会效果,不能单一强调其中的某一指标。

由于浏览、点击、交互和行动伴随着认知心理的依次加深,4 种指标的效果层次也在加深,需要赋予不同的权重。对于不同的网络广告形式,其权重分配比例也不同。与传统媒体相比,网络媒体能够针对访问网站的人数做细致的记录,记录访客浏览网络广告的全过程,统计出网络广告的浏览率、点击率、交互率和行动率。

1. 传统媒体心理效果模式

广告心理效果测定,即测定广告经过特定的媒体传播之后对消费者心理活动的影响程度。当消费者接受广告信息后,会产生一系列的心理效应,最终付诸购买行动。广告对消费者的影响是多层次、多侧面的,广告研究者从 21 世纪初开始就对比进行了广泛的研究,至今已形成了一系列形形色色的广告心理效果模式。但影响较大,得到广告界认可的模式主要有以下两种。

(1)勒韦兹(R. J. Lavidge)和斯坦纳(G. A.Steiner)模式　勒韦兹和斯坦纳模式如图 12-2 所示。

知晓→了解→喜欢→偏好→信服→购买

图 12-2　勒韦兹和斯坦纳模式

勒韦兹和斯坦纳认为，消费者对广告的反应由 3 部分组成，即认知反应、情感反应和意向反应。认知反应包括知晓和了解。所谓知晓，是指消费者发觉产品的存在，它发生于消费者与广告接触之际；了解是消费者对产品性能、效用、品质等各方面特点的认识。情感反应包括喜欢和偏好。喜欢是消费者对产品的良好态度；偏好是消费者对产品的良好态度扩大到其他方面。意向反应包括信服和购买。由于偏好，消费者产生了购买欲望，而且认为购买该产品是明智的，这就是信服；购买是由态度转变为实际行为。

例如，"白加黑"的广告，以"白片+黑片"的形象顺势推出，并确定了干脆简练的广告口号"治疗感冒，黑白分明"。广告传播的核心信息是"白天服白片，不瞌睡；晚上服黑片，睡得香"，使产品名称和广告诉求具有一致性，迅速地建立起知名度。在后来的调查中，消费者认为"白加黑"的名称耳目一新，产品特性能"满足其实际生活需求"，从而记住了该品牌，成为感冒时的主要候选品牌之一。"白加黑"在今天的感冒药市场上仍占据强势地位，是与其针对消费者心理需求，进行简明、有效的传播活动分不开的。

（2）DMP（Dentsu Media Planning，电通传媒规划）模式　日本电通公司提出的 DMP 模式在过去广告效果测评模式中的效果指标仅限于媒体到达程度、广告到达程度、心理改变程度 3 个阶段。DMP 模式的效果指标进一步涵盖了"行动程度"。该模式认为广告发布是一个信息传播的过程，分为 4 个阶段：到达、认知、态度、行动。实际上也是广告通过媒介与消费者接触，影响消费者的知觉、记忆和情感，实现对企业产品、劳务或企业形象的认知和态度改变，产生购买欲望并付诸行动的过程。

2．网络广告独特的心理效果

网络广告和传统媒体广告一样，也是一个信息传播的过程。消费者接触网络广告同样也会产生认知、情感、态度、行为等心理效应。这些心理学指标同样也是网络广告心理效果评价系统的基本指标。但网络广告又是一个新兴的媒体广告，它有自己独特的手段和技术，对消费者的心理有着独特的影响效果。

网络广告是一种非强迫性传播，它不像电视、广播、报纸、户外广告等传统媒体广告具有强迫性，想方设法吸引人们的视觉和听觉，将有关信息塞给受众，以打动人们的无意注意。网络广告作为一种传播活动，毫无疑问要吸引人们的无意注意，吸引人们在信息的海洋中注意它，点击它，但它独特的交互性主要吸引的是人们的有意注意并力求调动人们的自觉性和主动性。一句话概括，在一般媒体上，广告找人看，在网络媒体上，人找广告看。所以吸引消费者有意注意的水平是评价一则网络广告心理效果的重要指标。

互联网是一个受众媒体，它提供的是一种双向的沟通方式，并能将信息按照用户的个人情况和需求进行"个人化定制"。人们在互联网上是一种自助的信息消费行为，信息的选择和使用完全按照用户个人的兴趣和需要而决定。只有引起消费者的兴趣，满足消费者的某种现实需要或潜在需要的网上广告信息，才能一步步吸引消费者深入了解、接受广告信息。因此，是否引起消费者的兴趣、满足消费者的需要是关系网络广告成败的一个重要因素。网络互动广告一对一模式要求信息传播的个人化，让每个接触广告的人都能感到广告产品是专门为自己准备的，让广告信息走到每个人身边来，贴近每个人的心，想其所想，爱其所爱。因此，广告信息是否针对性并富有个性，以及是否具有亲和力应都是网络广告心理效果测评系统中的重要指标。

网络广告是一种针对目标市场进行广泛劝说的传播活动，和其他大众传播方式相比，网络广告有更明确的广告对象。另外，网络技术可以帮助广告主选择用户，跟踪用户，多方面掌握用户资料，然后有的放矢，对症下药，因此有希望成为一种最有针对性的促销行为。网络这种全天候、全球性的市场交流媒介，不仅能建立品牌认知度，还能吸引人们去仔细打量一种产品，促成购买，并提供售后服务和售后支持。所以，网络广告是否能引起人们的直接在线购买行为，也是评价网络广告的重要指标。

12.2.3 测评网络广告的社会效果

网络广告的社会效果的测评是依据一定社会意识形态下的政治观点、法律规范、社会伦理道德和文化艺术的约束，对网络广告的社会影响进行检验。约束标准不同，测评的结果也不同。对网络广告效果的检验要通过大家公认的标准来衡量，其中包括以下标准。

1. 法律规范标准

利用广告法来管理广告是世界各国对广告活动进行监控和管理的主要方法，它具有权威性、概括性、规范性和强制性，适用于衡量广告中的普遍性问题。

2. 伦理道德标准

在一定社会和时期，各国和各民族都具有其特定的伦理道德标准，它受人们的价值观、宗教信仰、风俗习惯和教育水平等因素的影响。因此，广告的内容必须符合人们的基本伦理道德。

3. 文化艺术标准

每个民族和国家都有自己独特的文化和风俗习惯，广告必须符合人们的基本审美观和文化艺术标准，否则就会受到社会绝大多数人的反对和抵制。

对网络广告社会效果的测评，很难像对网络广告传播效果和经济效果测评那样用几个指标来衡量，因为网络广告的社会影响涉及整个社会的政治、法律、艺术、道德伦理等上层建筑和社会意识形态。所以，网络广告的社会效果只能用法律规范标准、伦理道德标准和文化艺术标准来衡量。

12.2.4 网络广告效果测评的方式

测评网络广告效果可以通过如下方式获得数据：一是通过服务器端的访问统计软件随时监测，目前有一些专门用于广告分析的软件，通过软件分析，广告主可以随时了解在什么时间、有多少人访问过载有广告的页面，有多少人通过广告直接进入广告主自己的网址等；二是通过查看客户反馈量。获得这些准确的数据之后，就可以运用对比分析法和加权计算法，在事前测评、事中测评和事后测评中，对网络广告进行全面测评。

1. 对比分析法

无论是 Banner 广告，还是邮件广告，由于都涉及点击率或者回应率以外的效果，因此除了可以准确跟踪统计的技术指标外，利用比较传统的对比分析法仍然具有现实意义。当然，不同的网络广告形式，对比的内容和方法也不一样。

对于 E-mail 广告来说，除了产生直接反应之外，E-mail 还可以有其他方面的作用。例如，E-mail 关系营销有助于我们与顾客保持联系，并影响其对我们的产品或服务的印象。顾客没有点击 E-mail 并不意味着将来购买的可能性或者品牌忠诚度不会增加。从定性的角度考虑，较好的评价方法是关注 E-mail 营销带给人们的思考和感觉。这种评价方式也就是采用对比研究的方法：将那些收到 E-mail 的顾客的态度和没有收到 E-mail 的顾客做对比，这是评价 E-mail 营销对顾客产生影响的典型的经验判断法。利用这种方法，也可以比较不同类型 E-mail 对顾客所产生的效果。

对于标准标志广告或者按钮广告，除了增加直接点击以外，调查表明，广告的效果通常表现在品牌形象方面。这也是许多广告主不顾点击率低的现实，仍然选择标志广告的主要原因。当然，品牌形象的提升很难随时获得可以量化的指标，不过同样可以利用传统的对比分析法，对网络广告投放前后的品牌形象进行调查对比。

2．加权计算法

所谓加权计算法就是在投放网络广告后的一定时间内，对网络广告产生效果的不同层面赋予权重，以判别不同广告所产生效果之间的差异。这种方法实际上是对不同广告形式、不同投放媒体或者不同投放周期等情况下的广告效果进行比较，而不仅仅反映某次广告投放所产生的效果。

显然，加权计算法要建立在对广告效果有基本监测统计手段的基础之上。下面以两个例子来说明。

例1：

第一种情况，假定在 A 网站投放的 Banner 广告在一个月内获得的效果：产品销售 100 件（次），点击数量 5000 次。

第二种情况，假定在 B 网站投放的 Banner 广告在一个月内获得的效果：产品销售 120 件（次），点击数量 3000 次。

如何判断这两次广告投放效果的区别呢？可以分别为产品销售和获得的点击赋予权重，根据一般的统计数字，每 100 次点击可形成 2 次实际购买，那么可以将实际购买的权重设为 1.00，每次点击的权重为 0.02，由此可以计算上述两种情况下，广告主可以获得的总价值。

第一种情况，总价值：100×1.00 + 5000×0.02 = 200。

第二种情况，总价值：120×1.00 + 3000×0.02 = 180。

可见，虽然第二种情况获得的直接销售比第一种情况要多，但从长远来看，第一种情况更有价值。这个例子说明，网络广告的效果除了反映在直接购买之外，对品牌形象或者用户的认知同样重要。

权重的设定对加权计算法的最后结果影响较大。例如，假定每次点击的权重增加到 0.05，则结果就不一样。如何决定权重，需要在大量统计资料分析的前提下，对用户浏览数量与实际购买之间的比例有一个相对准确的统计结果。

例2：

某企业在宣传方面选择了网络广告，并在一段时间内同时实施了 3 种方案，投放效果各有不同，基本情况见表 12-1。

表 12-1 基本情况表

方案	投放网站	投放形式	投放时间	广告点击次数	产品销售数量
方案一	A 网站	Banner	一个月	2000	260
方案二	B 网站	Banner	一个月	4000	170
方案三	C 网站	Banner	一个月	3000	250

从表 10-1 中的数据可以直接看出方案一获得了最高销售量，似乎是最好的效果。但是衡量网络广告投放的整体效果必须涉及很多方面，比如要考虑广告能够带来多少注意力、注意力可以转化为多少利润、品牌效应等问题。针对上例情况，就应该用科学的加权计算法来分析其效果。

这种计算方法很简单。首先，可以分别为产品销售和获得的点击赋予权重，权重的简单算法：（260+170+250）/（2000+4000+3000）≈0.07（精确的权重算法需要应用大量资料进行统计分析）。由此可得，平均每 100 次点击可形成 7 单位实际购买，那么可以将销售量的权重设为 1.00，每次点击的权重为 0.07。然后将销售量和点击数分别乘以其对应的权重，最后将两数相加，从而得出该企业通过投放网络广告可以获得的总价值。

方案一，总价值：260×1.00 + 2000×0.07 = 400。

方案二，总价值：170×1.00 + 4000×0.07 = 450。

方案三，总价值：250×1.00 + 3000×0.07 = 460。

由计算结果可见，方案三能为该企业带来最大的价值。虽然第一种方案可以产生最多的实际销售量，第二种方案可以带来最多的注意力，但从长远来看，第三种方案更有价值。

3．事前测评、事中测评、事后测评

网络广告效果测评独有的技术优势有效地克服了传统媒体的诸多不足，让广告主明确知道广告的影响范围，明确选择目标受众，缩短了交互的时空距离，也为缩减广告预算提供了可能性。如果借用管理上的"事前控制、事中控制、事后控制"，可以将网络广告效果测评分为"事前测评、事中测评、事后测评"。在这里提一下影响网络广告效果的因素主要有：网络广告本身、刊播广告网站与页面位置、广告面积、图片是否常换常新、文案是否引人入胜、链接是否合适、适当运用动画图片、适当运用纯文字广告等。

（1）网络广告效果的事前测评　对传统广告而言，也有一些专门人员在广告发布前，对广告的内容、形式、创意进行沟通效果的测试，比较典型的方法见表 12-2。这种测评的目的在于收集消费者对广告作品的反应，以便在广告发布前进行修正。

表 12-2　传统广告传播事前效果测评方法

测评方法	样本选择	测评目的	操作方法
专家评分测评法	专家	测评最佳广告作品	归纳广告要素，请专家对广告的注意力、易懂性、认识力等方面给予逐项评分，最后以累积分决定优劣
消费者评定法	消费者内部职工	评判广告优缺点	提供广告样本，请被调查人员观看，利用量表对不同评价指标打分，归纳总结
仪器测评法	消费者	测评广告受众的生理变化	利用各类电子仪器来测验受众看过广告后在血压、心跳、瞳孔直径等方面的变化，由此来判定广告的吸引力

从事广告研究的人都知道，上述各种测评方式因为样本量、地域、时间等因素的差异，并不能客观公正地为广告主提供参考依据，而网络广告则在给广告主展示广告定位时，就通过多种指标，近乎全方位地预测了广告效果。更准确地说，最初的广告预算方案就已经让广告主明确知晓了可能的广告传播效果，因此这里所指的网络广告事前测评，就是指网络广告测评中常用的客观指标。

（2）网络广告效果的事中测评　广告放到网站上之后，并不意味着可以万事大吉了，还要对广告的效果进行实时监测，动态跟踪，及时掌握第一手信息，根据监测结果来判断是否达到了预期效果以及未来的改进方向。例如，可以将某个广告每天的点击率在坐标轴上连成线，研究每个创意衰竭的时间，为设定更换广告创意间隔提供依据。网络广告效果的事中测评主要是

指借助信息技术，在发布网络广告的同时，动态监测网络广告的效果。

1）Nielsen/NetRatings 是 Nielsen Media Research 和 AC Nielsen 通过战略合作成立的公司，是唯一提供全方位互联网用户行为信息服务的公司，它从全世界将近 90000 个固定样本收集实时数据，这些用户广泛地代表了最大的互联网行业媒体研究样本。Nielsen/NetRatings 的标志广告监测重点在于跟踪并报告用户与网络广告之间的交互行为，标志广告是互联网上基本的广告媒体。

Nielsen/NetRatings 的用户行为跟踪软件主要用于传送最精确、最有用的信息，与其他方法相比，有以下几个方面的优点。

① 精确：Nielsen/NetRatings 的 Java 代理体系意味着"坐在数据流上"，使得收集各种网络行为无障碍。基于 Java 的软件也意味着不必考虑平台（PC、Mac、UNIX）的差异，用同样的方法收集同样的资料，确保记录行为的一致性。

② 可监测更全面的信息：现在，广告主和营销人员正在寻找一种比页面浏览和独立用户统计能够收集更多信息的方法，Nielsen/NetRatings 的用户跟踪技术有独特的能力，可以自动测量标志广告浏览和点击（Banner Track）、电子商务行为（Commerce Track）、缓存页面浏览（Cache Track）以及网页下载时间，这些可以全面观察用户和网络的交互行为。

③ 方便友好的跟踪：任何调查的关键在于尽可能不要让被调查者反感，以便取得无偏见的调查结果。一旦样本设置完成，NetRatings Insight 需要实行最小的干预，将资料实时上传到系统和用户资源上，同时，也为用户系统设置最小的负担——用户系统上没有历史文件，也不需要寄回软盘。

④ 安全可靠的跟踪：所有被调查者的行为资料都自动预先加密传输以确保被调查者的绝对安全。

⑤ 对新平台容易移植：随着新的网络接入设备逐渐流行起来，也需要跟踪用户行为资料，为每种不使用 Java 的设备都开发新的软件将是一件很麻烦的事情。Nielsen/NetRatings 的 Java 结构可以方便移植到便携上网设备上，移入网络电视、机顶盒以及其他允许使用 Java 的平台上。

2）Cookie 是由网站服务器发出的特有文件，由浏览器自动储存在用户的硬盘上。这种文件的数据不受任何限制，可以是时间/日期标记、IP 地址或用户 ID 等。一旦浏览器接收了 Cookie，只要浏览器向服务器发出访问某个网页的请求，浏览器都会在请求时将 Cookie 包含进去。浏览器只给原先发来 Cookie 的服务器发去 Cookie，这样网站就不可能看到其他网站的 Cookie，也不可能从其他网站请求 Cookie。Cookie 文件上有签名，所以网站可跟踪用户访问的次数及访问网站的路径。这种信息可用来获取用户行为数据，为网站和广告主起草营销方案，跟踪用户在某个网站的采购行为，或定制用户在这个网站的体验。

Cookie 技术在使用过程中可能会受到用户或第三方的反对。Cookie 存在于用户的硬盘上，如果改变其内容对用户有利的话，那么大多数用户都会这么做。另外，第三方网站也可能会篡改竞争对手的 Cookie 内容，或为了掌握用户的行为特征、购买特征而读取用户存储的数据，侵犯用户的隐私权。

虽然这种技术涉及安全、保密等问题，但这种定制营销方法具有很大的价值。如果与用户注册时所提供的数据结合起来，就可使广告主掌握关于用户年龄、性别、职业、购买偏好等的信息，无疑具有很大的吸引力。

（3）网络广告效果的事后测评　网络广告发布后，会引起不同程度的产品销售量和品牌知名度的提高，对这一系列效果的测定即为事后测评。

从传统广告来看，若在甲、乙、丙三家报纸上同时置放了分类广告，怎么知道哪家的效果好，哪家的不好呢？媒体自己说的发行量不可信，读者定位也很虚，但可以通过一定的标识来进行广告效果的监测。如果消费者打电话来，可以"顺便"问一下对方是从哪里看到广告的。对于传统来函，可以事先在甲、乙、丙的广告中，把联系地址稍加一两个既不影响准确投递、又可区分来自何处的简单标识，作为区别。客户的信一来，就能知道这是来自哪家报纸的读者。

　　尽管网络广告有准确计量的优势，但如果广告同时出现在若干个站点上，那么可以通过事前测评获知哪个站点的价格较为优惠，通过事中监测了解潜在客户身在何方，但依然无法监测哪个站点带来的最终影响效果更好、哪个站点的受众更符合目标定位，这时事后测评就该发挥功效了。如同在邮寄地址中加标识一样，可以在编写指向链接的 URL 标签时稍微增加一点东西。

　　例如，如果站点网址为 www.xyz.com，在 A 站点的广告链接，可以写成 http://www.xyz.com?a，在 B 站点的广告链接，可以写成 http://www.xyz.com?b，依此类推。如果对方是 X 站点，也可以写成http://www.xyz.com?x。然后，需要在网上找一个免费的计数器，放到相关的网页上。最后，为各网页设定一个单独的 ID 名，这样就可以在特定的网页上随时查看访问数量及准确来源（是 A 站、B 站还是 X 站）。

　　页眉广告是网络广告的一种基本形式，也是一种比较昂贵的形式。虽然目前的价格比传统媒体便宜，但对很多中小企业来说，也不是轻易敢想的。那么，对于通过分类广告站、BBS 甚至留言板等免费工具做网上广告的营销者来说，该如何监测广告效果呢？这里同样有一种简便可行的办法：在编写电子邮件的指向链接时，可以使网民在点击链接、弹出发送新邮件窗口时，自动填好"主题"一栏。例如，假如留的地址是 webmaster@xyz.com，并在 A、B、C 等若干站点投放了分类广告。对 A 站点，可以写成 mailto:webmaster@xyz.com, subject=a 分类广告（注意：主题词由广告主根据需要随意定）；对 B 站点，可以写成 mailto:webmaster@xyz.com, subject=b 分类广告，依此类推。这样，在统计一定时期的回函时，统计一下"主题"为"a 分类广告"和"b 分类广告"的回函数量，就能准确分析不同站点的反馈数量以及网民的个人特征了。

　　事后测评是对网民看到广告后的反应的定量分析，它和传统广告的销售效果测评有相通的地方，但一旦借助了网络这一数字时代的利器，它就变得更加具有可操作性，从结果上来看，也更加准确了。

习题

一、单选题

1. （　　）是指网络广告投放页面的浏览量。
   A．广告展示量　　　B．点击量　　　C．转化量　　　D．到达量
2. （　　）表示网络广告费与销售额或利润额之间的相对关系。
   A．网络广告费用指标　　　　　　　B．网络广告效果指标
   C．市场占有率指标　　　　　　　　D．网络广告到达率
3. （　　）的统计是 CPM 计费的基础。

A. 广告展示量　　B. 点击量　　C. 转化量　　D. 到达量
4. （　）通常反映所在媒体的访问热度。
A. 广告展示量　　B. 点击量　　C. 转化量　　D. 到达量
5. （　）统计是 CPC 付费的基础。
A. 广告展示量　　B. 点击量　　C. 转化量　　D. 到达量
6. （　）通常反映广告的投放量。
A. 广告展示量　　B. 点击量　　C. 转化量　　D. 到达量
7. （　）是指网民的身份产生转变的标志。
A. 广告展示量　　B. 点击量　　C. 转化　　D. 到达
8. （　）的统计是进行 CPA、CPS 付费的基础。
A. 广告展示量　　B. 点击量　　C. 转化量　　D. 到达量
9. （　）通常反映广告的直接收益。
A. 广告展示率　　B. 点击率　　C. 转化率　　D. 到达率
10. （　）是指网民通过点击广告进入推广网站的次数。
A. 广告展示量　　B. 点击量　　C. 转化量　　D. 到达量
11. （　）通常反映广告点击量的质量，是判断广告是否存在虚假点击的指标之一。
A. 广告展示率　　B. 点击率　　C. 转化率　　D. 到达率
12. （　）能反映广告登录页的加载效率。
A. 广告展示率　　B. 点击率　　C. 转化率　　D. 到达率
13. 广告到达量与广告点击量的比值称为广告（　）。
A. 二跳率　　B. 点击率　　C. 转化率　　D. 到达率
14. 广告二跳量与广告到达量的比值称为（　）。
A. 二跳率　　B. 点击率　　C. 转化率　　D. 到达率
15. 广告二跳量与广告（　）的比值称为二跳率。
A. 广告展示量　　B. 点击量　　C. 转化量　　D. 到达量
16. 广告到达量与广告（　）的比值称为广告到达率。
A. 广告展示量　　B. 点击量　　C. 转化量　　D. 到达量
17. （　）指标表示每付出单位价值点广告费所能增加的销售额或利润额。
A. 网络广告费用指标　　　　　　B. 网络广告效益指标
C. 市场占有率指标　　　　　　　D. 网络广告到达率

二、多选题

1. 网络广告效果具有（　）特征。
A. 复合性　　B. 滞后性　　C. 迟效性　　D. 直接性
2. 网络广告的二跳率（　）。
A. 通常反映广告带来的流量是否有效
B. 是判断广告是否存在虚假点击的指标之一
C. 反映登录页面对广告用户的吸引程度
D. 是通过点击广告进入推广网站的网民在网站上产生了有效点击的比例
3. 网络广告费用指标包括（　）。

A．售费用率　B．利润费用率　　C．单位销售费用率　　D．单位费用利润率
4．网络广告效果指标包括（　　　）。
　　　A．销售效果比率　　　　　　B．利润效果比率
　　　C．单位费用销售额　　　　　D．单位费用增加额

三、名词解释

网络广告效果

四、简答题

如何评价网络广告效果？

五、操作题

首先，在收集的网络广告案例中选取一个自己认为比较优秀的广告，从感性上列举本广告的特点和优点；其次，对照本书学习内容进行效果评估；再次，将自己的理解和体会以书面形式归纳出来；最后，将各自对优秀广告的理解进行交流。

学习情境 13　综合技能实训

综合技能实训是单项训练的集中运用，也是教学的重点内容。本学习情境将从真实、可用性原则出发，将真实背景提供给学生，对学生进行企业需要的网络广告设计综合技能的训练。

任务 13.1　毕业生求职电子名片的设计

➡ 任务引例

张文（化名），北京青年政治学院电子商务专业大三学生，爱好烘焙。在校期间曾结合自己的专业和爱好，创办烘焙小屋。张文通过微信等新媒体宣传自己的烘焙小屋，取得了较好的效果。

在校期间，张文主修的课程有电子商务概论、网页设计与制作、网络应用技术、网络营销、网络广告设计、基础会计实务、电子商务网站建设、电子商务解决方案、电子商务案例分析、现代物流、电子商务数据分析、管理信息系统等课程。

通过 3 年的学习和创业实践，张文认为自己擅长新媒体运营与推广，喜欢电子商务数据分析，决定利用招聘网站为自己寻求新媒体运营或电子商务数据分析岗位。在网上他发现两家中意企业。

第一家是上海品盈贸易有限公司。这是一家以互联网技术为核心的跨境电子商务企业。公司经营类目以服装为主，发展自有品牌，依靠高效运营模式、供应链垂直深度整合、长期稳定的创业团队，将产品通过 Amazon、eBay、Walmart、OnBuy 等多个跨境平台销往全世界。公司销售站点有美国、英国、德国、日本、印度等，业务覆盖全球多个国家和地区，为全球顾客提供便捷的在线咨询及销售服务。公司秉承"团结一致，合作共赢"的经营理念，为员工提供定期培训，创造一个良好的工作环境。该公司现招聘新媒体运营专员，信息具体如下。

（1）岗位职责

第一，了解不同新媒体平台（微博、小红书、抖音等）的用户习惯，策划并推进相应的各类线上活动、话题、专题等拉动目标人群粉丝增长，及提升用户活跃度和黏性，实现流量—转化—复购—裂变的闭环。

第二，负责执行推进各个渠道的营销活动、统筹协调活动资源，收集活动反馈并进行跟踪分析总结；对活动效果负责，不断完善活动方案。

第三，监测、搜集、整理和分析新媒体运营数据和信息，探索关键有效的渠道和推广方式，以及用户新增方法并持续优化。

第四，新媒体平台的日常运营及传播策划，达成品牌推广宣传目标。

(2)岗位要求

熟练使用微博、小红书、抖音等新媒体平台,并且了解各个平台的相应规则。

具备优秀的主动学习能力和探索精神。

对数据敏感,并具备不错的分析能力,善于从数据中发现问题并给出解决方案。

具备良好的职业道德、个人素养和团队合作意识;具有较强的沟通、理解能力和高度的工作责任心,能承受工作压力。

第二家是奕翔通信。其专注于为全国的客户提供呼叫专业人才输送服务和呼叫中心整体外包解决方案服务工作,可提供一站式呼叫外包服务,需要数据分析专员。具体情况如下。

(1)岗位职责

第一,负责运营日常后台数据整理、分析(数据汇总、调取、输出)。

第二,负责给运营团队提供数据支持。

第三,及时更新和维护运营部门行为数据和业绩情况,输出日/周/月报表,监控关键指标。

第四,做好各类数据及报表的备份工作,向未授权部门及个人提供各类信息数据。

(2)任职要求

第一,大专以上学历。

第二,Excel能力强。

第三,对数据敏感,有清晰的问题分析思路及分析框架,具备较好的逻辑思维能力、沟通及协调能力。

⊃ 任务要求

1. 为张文写一份求职名片的策划与设计报告。
2. 为自己设计一个求职电子名片。

⊃ 基本要求

13.1.1 撰写策划与设计报告

1. 撰写策划与设计报告的要求

通过撰写求职名片设计分析报告,提高学生的设计理论分析能力和文字表达能力,了解电子邮件广告设计的特点,优化广告设计能力。

个人求职名片设计分析报告实质上是个人求职名片的创意点分析,具体包括:构图特色,色彩搭配与处理的艺术效果,图片选用的效果,文字艺术,信息与内容的简洁性、有效性与完整性,整体要达到的效果。

个人求职名片设计分析报告是个人求职与企业需求吻合性分析。因此,在撰写报告时要有个性特长(包括经历、知识、技能)和用人企业的情况(如企业的性质、企业文化、岗位需求等主要信息)。

2. 策划与设计报告的交流

选出水平不同的求职名片设计分析报告进行班级交流,分析优点与不足。

13.1.2 求职名片的设计

1. 个人求职名片的信息要素

个人求职名片的信息要素主要有：①个人风采照片；②姓名、性格、民族、毕业学校、专业、学位等基本信息；③个人性格、爱好信息；④个人专长，主要是指专业技能和能够胜任的工作岗位；⑤个人的实践经历，突出职业技能；⑥自我评价等。

2. 个人求职名片类型

在职业设计中，有两种强有力并且能够发挥作用的名片类型：目标型名片和资源型名片。

如果你了解职位要求，熟悉想要进入的行业的情况，那么你适合使用目标型名片。简要地说，通过职务名称、行业等，你可以确认你打算从事什么职业。

如果你是一个通才，可以拥有多种选择或者不能确定自己打算从事什么职业，但是你能够确认自己的可售卖技能，那么你适合使用资源型名片。资源型名片可以向差别化的雇主们促销你的可售卖技能。

（1）目标型名片

目标型名片必须强调那些能够满足目标雇主需要的技能、能力和资质。名片内容的定位应当尽可能地贴近职位的要求。例如，求职推销员应强调：首先拥有出众的相关技能。其次在对未来雇主特别具有吸引力的地区，你拥有活跃的社会关系网络。再次，你曾在一家声誉较好的公司里接受过培训，因此几乎不存在新的学习曲线。最后，能够被证实的过去取得的销售业绩的历史记录。说明自己具备将业绩平平、麻烦不断的销售区域扭转为蒸蒸日上、业务繁荣的销售区域的能力。

（2）资源型名片

如果不能清楚地确认自己的目标，那么你的名片应当以更加宽泛的方式强调自己的成就和技能。如果未来的雇主雇用你，作为回报，你能给他带来什么利益呢？你有哪些技能，能够为他的组织做出贡献，增强组织实力呢？

让我们来看看某家银行分支机构经理的例子，他正在试图改变他的职业。这位经理可能拥有五种独特的技能，可以在很多种行业中售卖，因此他创作了一个资源型名片，其中建立的资产组合如下：第一，过硬的销售和营销技能。第二，优异的财务和预算技能。第三，良好的培训和发展能力。第四，成熟的经营管理技能。第五，出色的计算机运用能力。

在名片上列示出这些独特的技能之后，与之相互照应的部分就要集中论述在以上五个领域中的特别成就。

无论选择哪一种类型的名片，你都必须融入相关信息来迎合未来雇主或行业的需要、关注焦点和期望。

13.1.3 考核标准

考核标准的评分标准见表 13-1。

表 13-1 评分标准

考核内容	考核要求	考核比例（%）
自我认知	准确判断自己适合的工作岗位	30
文案	文字组织、设计合理、优美	20

（续）

考核内容	考核要求	考核比例（%）
图形	图形与文字、风格相配	20
风格	名片设计风格与求职岗位、求职人性格相配	20
技术	制作技术先进	10

任务 13.2　北京随园养老中心网络广告策划

▶ 任务引例

一、北京随园养老中心特点

北京随园养老中心是规模宏大的政企合作型养老项目，是万科打造的北方区域 CCRC 养老模式的养老标杆项目。相比其他养老机构，它具有如下特点。

1. 度假酒店及社区会客厅式的养老社区

万科秉承着"把自然带回都市，把人带回自然"的理念，将北京随园打造成超 35% 绿化景观空间社区。无处不在的弧形扶手和防滑地面昭示着对于老年人生理机能的关注，随园将适老化性能和美学体验精细地结合在一起，打造了一个舒适的度假酒店或是温馨的社区会客厅，如图 13-1 所示。

图 13-1　随园一角

2. 医养社区

北京随园养老中心提供以自理、介护、介助为一体的居住环境与服务，让老人在身体状况和自理能力发生变化时，依然可以在熟悉的环境中继续生活。

园内医务室设老年内科、中医科、康复科等，可提供 PT、OT、理疗、汤药、针灸、推拿等服务。与周边房山区良乡医院（120）、北亚骨科医院（999）打造 5 公里急救通道。与房山区良乡医院、北亚骨科医院、中科西苑医院、同济门诊部达成战略合作，便捷长者急救、取药、就诊。另外，半小时左右车程可达天坛医院（新院）、301 医院、空军总医院、首钢医院等三甲医院。

3. 智能化管理社区

除了理念上的创新，北京随园养老中心依托于北京万科养老开发的 V-Care 智能照护平台，更好地实现了服务的标准化和精细化。系统通过八大类服务模块、165 个服务细项，为每位长者提供个性化专属颐养方案，实现康复医生一对一疗养计划。

第一，利用平台对长者的健康状况进行管理。入住时，对每位长者进行入住评估，划分等级，了解健康状况、饮食习惯，建立个人健康档案，形成个性化医养结合照护计划；日常随时进行健康指数检测，根据数据调整照护计划。

第二，利用平台对护理员进行管理。规范了护理人员 64 项护理动作。护理员的每个动作都会被系统记录，以此作为考核护理员"热度"的依据。通过合理的奖惩制度，评选优秀护理标兵，同时设置末尾淘汰制度，严格规范管理护理团队，为长者打造舒适的环境、温暖的家。

第三，利用平台与长者的亲属互动。长者的亲属通过这个平台可以随时了解老人在园内生活的方方面面，掌握老人健康和护理数据。

4. 意识创新的社区

北京随园养老中心结合城市的实际情况与市场环境，在理念、服务、管理方面进行升级与创新，提出了"幸福银行"的概念，把在住老人"感觉自己没有用"的消极养老状态变成"赚钱、攒钱、花钱"的主动养老模式。在随园，每位老人都会得到一个幸福账户。在积极参与康复运动、社团、社交活动的时候，老人可以获得相应的奖励金，并存储进"幸福银行"，通过支取这些奖励金可以进而换取对等的福利内容。随园定期组织大型的"幸福集市""趣味运动"等，老人们可以在市集上根据自己的喜爱，购买到实用的日常用品、饮品、甜点等。

5. 没有围墙的社区

随园的服务理念是开放式养老社区。自理老人只需要在前台开具出门条后便可自由出入。允许高等学府的优秀大学生以实习生或志愿者的身份走进随园，共同探索新一代养老模式，定期与万科自营幼儿园进行老少派对互动活动，通过孩子带来更多的欢乐与朝气。

6. 长者构成

据资料统计，北京随园养老中心入住者男女比例为 2∶3；95%的人是 70 岁以上，其中 63%的人 80~89 岁；大部分来自海淀、西城、丰台，以高级知识分子为主；虽然 60%以上能够自理，但他们大部分都有基础病；入住的关注点中，环境占据首位。

7. 人性化管理

在很多养老机构，老人要想反映想法，得一层层往上找：护理员、层长、楼长、副院长、院长，耗费老人精力时间。随园的信息反馈只有两个层级：护理员、楼长，24 小时之内必须给老人反馈，解决实际问题。

二、全方位的网络广告推广

在网络经济高速发展的今天，北京随园养老中心展开了全方位的网络广告推广。努力打造品牌形象，让"因爱而生"的企业经营宗旨传递千家万户。改变人们对养老机构的偏见，传递"住随园，发现新的自己，开启精彩第二人生"的理念。北京随园网络推广有的是和北京万科养老一起做的，例如网站。据不完全统计，目前随园使用的网络广告类型有以下几种。

1. 网站广告

图 13-2 是北京万科养老官方网站的首页。这是一个全方位介绍北京万科养老机构下属单位（随园、怡园、嘉园、北京光熙康复医院等）的网站。

图 13-2 北京万科养老官方网站首页

资料来源：西部数码

2. 百度推广

百度推广主要是百度搜索推广和信息流广告，图 13-3 是随园在百度上做的互动性广告。随园的入住者很多是通过百度知道随园的。

3. 视频推广

随园的抖音号是"suiyuan820"，西瓜视频账号是"北京随园养老"。此外，其他一些视频网站，如好看视频，也有一些介绍随园养老的视频。

4. 专业养老网

在"养老网""养老之家网""养老天地""安养帮"等专业养老网站都有北京随园的介绍和相关的链接，便于人们进行咨询。

5. 微信

图 13-4 北京万科养老公众号，使人们在朋友圈也可以看到随园的相关宣传。

资料来源：百度

图 13-3 北京随园互动宣传页（局部）　　图 13-4 北京万科养老公众号

任务要求

分组为北京随园写一份年度网络广告策划书。

13.2.1 撰写企业年度网络广告策划书

1. 组建策划小组

根据任务要求组建网络广告策划小组,小组规模为 6~8 人为宜,小组人员要能力互补。分组完成后,小组人员共同讨论小组名称、标志、口号。

2. 撰写规范的网络广告策划书

1)策划书的结构完整,应包括封面、策划小组名单、目录、前言、正文、附录等几个部分。

2)至少有一个创意作品。

3)分组进行策划书演示交流,利用 PPT 做演示文稿。

13.2.2 考核标准

考核标准的评价标准见表 13-2。

表 13-2 评价标准

考核内容	考核要求	考核比例(%)
策划小组组建评价(占 10%)	小组名称含义清楚	2
	口号响亮、能够体现小组特色	3
	小组标志与名称相吻合	2
	小组成员分工明确、合理	3
网络广告策划书撰写(占 65%)	对工作的任务及内容的正确认识与把握	5
	对完成任务所需信息的认知情况	5
	能根据所要完成的工作任务制订出完美的工作计划	5
	能有效地组织工作计划的实施	5
	能根据资料制定出合理的年度网络广告活动方案	30
	用流畅的专业语言、规范的格式撰写出可行的策划文案	5
	创意的独特性、技术的先进性	10
沟通表达(占 10%)	利用沟通技巧与相关人员进行有效的沟通,达到目的	5
	利用展示技巧,较好地展示策划结果	5
分工协作(占 10%)	尊重团队成员,认真听取和分析他人的建议和意见	5
	在分工基础上与团队成员进行有效的合作	5
应急反应(占 5%)	能够发现和辨别突发事件和异常情况	2
	遇到问题能及时解决	3

任务 13.3　北京××科技有限公司网站构建与推广

⊙ 任务引例

北京××科技有限公司是一家刚刚成立的小微企业，主要生产经营信息安全产品和提供信息安全服务，是存储介质销售设备和信息安全服务供应商。

产品包括碎纸机系列和硬盘销毁机系列，可以实现对硬盘、笔记本计算机、磁带、光盘、优盘、芯片等存储介质和纸质文件的安全销毁，实现信息的安全。RD 硬盘销毁机是自主研发的新产品，是一款适合办公室内使用，低噪声、易清理、可灵活移动的硬盘销毁机，可销毁固态硬盘和机械硬盘，销毁后的硬盘经过特殊设计模具的挤压，表面发生变形，内部盘片扭曲，从而保证数据无法再恢复。产品数据如下：

工作电压为 220V/50Hz；最大功率为 600W；工作噪声小于或等于 55dB，适合办公环境使用；处理速度小于或等于 30s；处理能力 3.5in 硬盘每次一个、2.5in 每次最多两个；产品外观尺寸为 520mm×520mm×1150mm。产品具有过热保护和过载保护功能，确保机器稳定工作并延长了使用寿命；产品的安全保护功能确保操作人员和维修人员的安全。

本公司严格遵守"质量为本，信誉第一，客户至上"的宗旨，对所有产品实行以下承诺。

第一，凡本公司出售的产品保修期为两年，自出售日起两年内因产品自身机件、材料及工艺问题造成的质量问题，本公司负责免费修理。

第二，为保护客户的利益，凡本公司出售的产品，保修期过后，本公司免人工费修理。

⊙ 任务要求

为该公司撰写网站构建与网络推广方案。

⊙ 基本要求

13.3.1　撰写企业网站构建与推广方案

1. 策划小组分工

沿用上一任务的策划小组，根据此任务的工作性质和成员的特点进行分工，力求扬长避短。

2. 撰写公司网站构建与推广方案

第一，方案书的结构完整，应包括封面、策划小组名单、目录、前言、正文、附录等几个部分。

第二，公司网站构建方案应包括网站结构和网站服务器方案，以及构建网站预算和网站的主页。

第三，公司网站推广方案应按照网络广告策划书的要求完成，至少包含一个创意。

第四，分组进行策划书演示交流，利用 PPT 做演示文稿。

13.3.2 考核标准

考核标准的评价标准见表 13-3。

表 13-3 评价标准

考核内容	考核要求	考核比例（%）
策划小组分工评价（占 5%）	小组成员分工明确，保证完成任务，具体工作落实到具体人，实现任务责任制	2
	小组成员分工明确合理，充分发挥成员的特长	3
公司撰写网站构建与推广方案（占 70%）	对工作的任务及内容的正确认识与把握	5
	对完成任务所需信息认知情况	5
公司撰写网站构建与推广方案（占 70%）	能根据所要完成的工作任务制订出完美的工作计划	5
	能有效地组织工作计划的实施	5
	能根据资料制定出合理的公司网站构建方案	5
	能根据资料制定出合理的公司网站推广方案	30
	用流畅的专业语言、规范的格式撰写出可行的文案	5
	创意的独特性、技术的先进性	10
沟通表达（占 10%）	利用沟通技巧与相关人员进行有效的沟通，达到目的	5
	利用展示技巧，较好地展示策划结果	5
分工协作（占 10%）	尊重团队成员，认真听取和分析他人的建议和意见	5
	在分工基础上与团队成员进行有效的合作	5
应急反应（占 5%）	能够发现和辨别突发事件和异常情况	2
	遇到问题能及时解决	3

参考文献

[1] 杨宏伟，张兰芳，罗艳，等. 网络广告与设计行动式学习教程 [M]. 北京：中国水利水电出版社，2010.
[2] 杨坚争，汪芳，李大鹏. 网络广告学[M]. 北京：电子工业出版社，2002.
[3] 徐智明，高志宏. 广告策划[M]. 北京：中国物价出版社，1997.
[4] 史晓燕，单春晓. 网络广告设计与制作[M]. 2版. 武汉：华中科技大学出版社，2020.
[5] 张金海. 世界经典广告案例评析[M]. 武汉：武汉大学出版社，2000.
[6] 卢泰宏，李世丁. 广告创意[M]. 广州：广东旅游出版社，2000.
[7] 彭虹. 广告计算机应用[M]. 成都：四川大学出版社，2004.
[8] 陈培爱. 广告学原理[M]. 上海：复旦大学出版社，2003.
[9] 何修猛. 现代广告学[M]. 上海：复旦大学出版社，2003.
[10] 韩光军. 现代广告学[M]. 6版. 北京：首都经济贸易大学出版社，2014.
[11] 钟强. 网络广告[M]. 重庆：重庆大学出版社，2005.
[12] 刘友林，熊碧玲，刘治华，等. 网络广告实务[M]. 北京：中国广播电视出版社，2003.
[13] 刘友林. 广告效果测评[M]. 北京：中国广播电视出版社，2002.
[14] 朱海松. 无线广告[M]. 广州：广东经济出版社，2007.
[15] 斯达切尔. 网络广告：互联网上的不正当竞争和商标[M]. 孙秋宁，译. 北京：中国政法大学出版社，2004.
[16] 李德成. 网络广告法律制度初论[M]. 北京：中国方正出版社，2000.
[17] 屠忠俊. 网络广告教程[M]. 北京：北京大学出版社，2004.
[18] 冯晖. 网络广告实务[M]. 北京：中国水利水电出版社，2012.
[19] 余明阳，陈先红，薛可. 广告策划创意学[M]. 4版. 上海：复旦大学出版社，2021.
[20] 杨立钒. 网络广告理论与实务[M]. 北京：中国电力出版社，2014.
[21] 闫芳，郭宏霞. 网络广告策划[M]. 2版. 北京：电子工业出版社，2017.
[22] 陈超华. 网络广告设计[M]. 北京：北京邮电大学出版社，2016.
[23] 周洁. 网络广告设计与制作[M]. 上海：上海人民美术出版社，2015.
[24] 刘勇. 网络广告学[M]. 大连：东北财经大学出版社，2018.
[25] 罗丹，马明泽. 信息流广告实战[M]. 北京：电子工业出版社，2019.
[26] 杨连峰. 网络广告理论与实务[M]. 北京：清华大学出版社，2017.
[27] 刘文沛，应宜伦. 互动广告创意与设计[M]. 北京：中国轻工业出版社，2007.